U0616097

复杂信息网络建模与优化技术

齐小刚　刘立芳　刘美丽　著

西安电子科技大学出版社

内 容 简 介

本书主要研究复杂信息网络建模与优化技术，重点对基于节点构成与运行机理的网络结构特性进行分析，揭示高动态复杂网络的动力学规律；并通过大量的动态信息网络实例研究制约网络性能的关键因素以及与此相关的基础性问题，涉及卫星网络、空间信息网络、无线接入网络和军事信息网络等多个典型复杂信息网络的研究成果。全书共5章，具体内容包括绪论、网络建模分析与优化技术、军事信息网络抗毁性分析与关键因素挖掘技术、不确定条件下的复杂信息网络建模与优化技术、网络仿真等。

本书根据学生的知识基础与需要，在注重内容的系统性的同时，将理论应用于实际工程中。本书既可供高等院校数学、信息与通信、计算机科学与技术、管理科学与工程等专业的研究生使用，也可供信息系统、应用数学、智能控制等领域的研究人员参考。

图书在版编目(CIP)数据

复杂信息网络建模与优化技术/齐小刚，刘立芳，刘美丽著. —西安：
西安电子科技大学出版社，2023.3
ISBN 978 - 7 - 5606 - 6699 - 0

Ⅰ. ①复… Ⅱ. ①齐… ②刘… ③刘… Ⅲ. ①信息网络—研究
Ⅳ. ①G202

中国国家版本馆 CIP 数据核字(2023)第 030232 号

策　　划　戚文艳
责任编辑　王　瑛　阎　彬
出版发行　西安电子科技大学出版社(西安市太白南路 2 号)
电　　话　(029)88202421　88201467　　　邮　　编　710071
网　　址　www.xduph.com　　　　　　　　电子邮箱　xdupfxb001@163.com
经　　销　新华书店
印刷单位　陕西日报社
版　　次　2023 年 3 月第 1 版　2023 年 3 月第 1 次印刷
开　　本　787 毫米×1092 毫米　1/16　印张　12.5
字　　数　292 千字
印　　数　1～1000 册
定　　价　32.00 元
ISBN 978 - 7 - 5606 - 6699 - 0 / G

XDUP 7001001 - 1

* * * 如有印装问题可调换 * * *

前　　言

　　互联网的普及大大推动了社会信息的网络化进程。Web 网络、即时通信系统、P2P 信息共享网络、博客群落、邮件网络、短信网络以及各类专业的信息网络已经成为人们工作、生活、学习等的重要组成部分，构成了信息社会的基础环境。上述信息网络的节点数量从数千万到上百亿，其消息传播模式多样，信息内容复杂，交叉重叠的虚拟社区大量存在。信息网络越来越社会化、多样化、个性化，网络节点之间的关系日益复杂。尽管不同信息网络的差异性很大，但人们已经发现了这些信息网络呈现出的一些复杂网络的共性特征和规律。研究者将这些规模巨大、结构与关联关系复杂、存在大量动力学现象以及非线性不可逆的涌现特征的信息网络统称为复杂信息网络。复杂信息网络建模除了关注复杂信息网络的物理连接拓扑结构，还关注内容分布等其他相关属性特征，掌握这些特征和规律对复杂信息网络性能分析和网络资源优化与利用具有重要价值。

　　最新研究表明，网络节点功能差异、大规模网络异构组成、网络拓扑动态性以及网络链路可用资源与负载动态性给复杂信息网络建模与性能分析研究带来了前所未有的挑战，基于新网络模型的性能分析方法与抗毁性增强技术已经成为复杂信息网络研究领域的热点，并且已经产生不少复杂信息网络统计特性和相应度量方法方面的研究成果。然而，已有的网络抗毁性技术并不完全符合应用相关的复杂信息网络建模与抗毁性研究需要，因此本书重点研究基于节点构成与运行机理的网络结构特性分析，揭示高动态复杂信息网络的动力学规律，并通过大量的动态信息网络实例研究制约网络性能的关键因素以及与此相关的基础性问题。

　　本书共 5 章。第 1 章主要描述复杂信息网络建模与优化的研究背景及相关研究现状。第 2 章主要研究网络建模分析与优化技术，包括卫星网络、空间信息网络、无线接入网络、无线网络抗毁性技术、P2P 数据存储抗毁性分析与优化等内容，本章对网络复杂性的研究，为后续网络关键因素挖掘和评估奠定了基础。第 3 章主要研究军事信息网络抗毁性分析与关键因素挖掘技术，分别基于 OODA 循环(包以德循环)、接近中心性、任务链接和节点删除等对军事信息网络进行复杂性建模和优化。第 4 章主要研究不确定条件下的复杂信息网络建模与优化技术，分别从级联失效下的信息网络鲁棒性分析、信息网络拓扑结构弹性优化、节点移动性、Chord 网络模型的数据复制等方面进行探究。第 5 章介绍 OPNET、NS-3 以及 OMNeT＋＋三款常用的网络仿真软件的使用方法。

感谢书末参考文献的所有作者，正是他们出色的工作才使本领域如此精彩。感谢杨贵珍、陈春琦、强敏、侯力元、马久龙，本书的部分章节包含着他们的努力付出。刘美丽、潘浩、刘泽宇参与了书稿内容的整理与校对，在此表示衷心的感谢。

本书在编写和出版过程中得到了西安电子科技大学出版社有关负责同志的热情支持和帮助，尤其是李惠萍编辑为本书的出版付出了辛勤的劳动，在此一并深表谢意。

由于著者水平有限，书中不足之处在所难免，恳请读者批评指正。

著　者

2022 年 12 月

于西安电子科技大学

目　　录

第 1 章 绪 论

1.1 复杂信息网络建模与优化的研究背景及本书的知识结构

1.1.1 研究背景

　　网络是许多负载系统的结构形态。大量的真实网络介于规则网络和随机网络之间。具有与规则网络和随机网络都不同的复杂拓扑性质的网络，称为复杂网络。现实生活中的因特网、交通网、人际关系网等都是复杂网络，它们都是由某些规则自组织形成的，其度分布、鲁棒性（健壮性）等与随机网络有很大的区别。小世界网络模型（WS 模型）和无标度网络模型（BA 模型）的提出是复杂网络研究领域的重大成果，揭示了复杂网络整体结构中蕴含着不同于单节点或单连边所具有的重要信息。复杂网络的普遍特性包括小世界特性、无标度特性、不均匀性、脆弱性、抗毁性、鲁棒性以及级联故障等。复杂网络的基本统计特征一般用节点度分布、聚类系数、介数、平均路径长度等来刻画。

　　目前，随着信息网络的技术革新，网络作为一种基本的组织形态、社会形态，已经被广泛地应用到军事、社会、文化、经济、政治甚至航空航天等各个领域，给人类的生活方式、企业商业的交易途径、政府的运作方式以及军队的作战方式等都带来了革命性的变化和影响，对国家的发展和社会的进步都起到了举足轻重的作用。互联网、电子信息网络作为网络发展的催化剂，在社会生活、军事和航空航天领域掀起了网络化建设与优化技术研究的高潮。在网络发展过程中，人们先后构建了一些信息网络，它们不仅在网络规模、网络结构上具有组成的复杂性，而且在时间、空间和行为上具有动态的复杂性，同时，还有许多其他方面的复杂性不被我们所认识，这些信息网络即为复杂信息网络，是复杂网络的一种。

　　复杂信息网络主要具有以下几大特征：

　　（1）关系构成复杂。复杂信息网络是由大量互连的计算机、服务器、路由器、传感器等所组成的，能够进行数据/信息存储、传输和处理的信息网络。组成复杂信息网络的子系统的数量和种类很多，并且子系统之间的相互关系比一般信息网络的要更为复杂，通常复杂信息网络具有非线性、不确定性和模糊性等性质。此外，复杂信息网络还与其所处的外界环境存在着数据和信息交换。

　　（2）关联关系交织。复杂信息网络是一种经典的网络信息系统，它是以信息为主导、以网络为中心、以体系为支撑的复杂巨系统。其中信息主导起智能化作用，网络中心起黏合剂作用，体系支撑起催化剂作用。

　　（3）关系强弱不定。复杂信息网络是一种计算机网络，计算机是基础。所有与计算机和计算机网络有关的理论、方法及技术等都可以应用到复杂信息网络中。复杂信息网络的复杂性主要表现为：① 网络结构的复杂性。结构错综复杂，随时间变化而变化。② 网络节点的复杂性。由于复杂信息网络是复杂网络，绝大部分情况下网络中的节点都处于较大规模状态，而且每个节点都具有复杂事件的演变行为，因此会存在多种不同类型的网络节点。③ 影响因素关联的复杂性。各个影响因素之间都或多或少存在着相互制约的关系，因此，各个影响因素之间的关联性强弱不确定。

随着网络结构以及信息资源分布的不断演变，复杂信息网络规模也在不断扩大，局部表现出很强的脆弱性，即网络抗毁能力弱。保证复杂信息网络的高速率、高可靠性以及高抗毁能力是确保信息网络安全传输数据/信息、提高网络安全性的关键。目前绝大多数的信息网络服务是公开可用的，网络易因受到恶意攻击或自然灾害等而发生网络故障，这不仅影响故障节点所在区域，还会导致远程服务的中断。针对这些问题，亟须研究复杂信息网络建模与优化技术。

1.1.2 本书的知识结构

本书主要研究复杂信息网络建模与优化技术。本书的知识结构如图 1.1 所示。

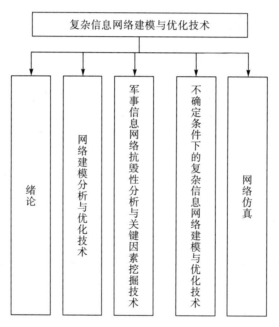

图 1.1 本书的知识结构

第 1 章主要描述复杂信息网络建模与优化的研究背景及相关研究现状，研究方法主要是图论模型和网络模型。第 2 章主要研究网络建模分析与优化技术，包括卫星网络、空间信息网络、无线接入网络、无线网络抗毁性技术、P2P 数据存储抗毁性分析与优化等内容，本章对网络复杂性的研究，为后续网络关键因素挖掘和评估奠定了基础。第 3 章主要研究军事信息网络抗毁性分析与关键因素挖掘技术，分别基于 OODA 循环（包以德循环）、接近中心性、任务链接和节点删除等对军事信息网络进行复杂性建模和优化。第 4 章主要研究不确定条件下的复杂信息网络建模与优化技术，分别从级联失效下的信息网络鲁棒性分析、信息网络拓扑结构弹性优化、节点移动性、Chord 网络模型的数据复制等方面进行探究。第 5 章介绍 OPNET、NS-3 以及 OMNeT++三款常用的网络仿真软件的使用方法。

1.2 研 究 现 状

1.2.1 复杂信息网络

1. 复杂信息网络概述

复杂信息网络是以组网技术、信息传输技术、信息融合技术、信息安全防护与对抗技术等为支撑，把多种不同类型的信息节点结合为一个整体而形成的互联网，可实现信息资源的高效传输、综合利用和共享。复杂信息网络的规模和功能都在不断地增大增强。复杂信息网络具有结构复杂性、连接复杂性、演变复杂性和时空复杂性等特性，这些特性使得复杂信息网络成为一个开放型的动态性复杂系统。现实世界中的很多网络都不是规则网络，也不是随机网络，而是介于规则网络和随机网络之间，具有小世界特性、无标度特性、自相似特性、高聚集特性、鲁棒性和脆弱性等特性的网络。而复杂信息网络也具有类似的特性，如存在少量核心节点和大量的普通节点，发展过程中呈现自组织特性并具有生长性和偏好依附性，重要节点同样存在异质性，表现出无标度特性。

复杂信息网络是复杂网络的一种，而复杂网络起源于图论，其可追溯到 18 世纪欧拉（Euler）对哥尼斯堡七桥问题的研究。Euler 将七桥问题用数学形式抽象出来，并进行了论证：如果走过多余两个奇数个连边的桥，那么不存在满足要求的路径；如果恰好走过两个奇数个连边的桥，那么可以从任何地方出发找到满足条件的路径；如果没有走过任何奇数个连边的桥，那么所有路径都可满足要求。随后，Euler 提出的有关凸多边形节点个数、边数与面数之间的关系是图论中的经典理论。因此，如今对复杂信息网络的研究与七桥问题的研究在原理上是一脉相承的，其网络结构和网络性质密切相关。20 世纪 50 年代末，匈牙利数学家 Erdos 和 Renyi 建立了随机图理论，他们从概率的角度出发研究节点与边构成的复杂图统计性质。但随机图理论无法反映现实世界中的网络。1998 年和 1999 年，WS 模型和 BA 模型被相继提出，从而打破了随机图理论在网络研究领域长达 40 年的统治地位，揭示了复杂网络整体结构中蕴含着不同于单节点或者单连边所具有的重要信息。对于 WS 模型，网络聚类系数远远大于相应的随机网络，而平均路径长度相当。对于 BA 模型，网络节点度满足幂律分布。这些网络拓扑结构能够反映现实世界中网络的重要性质。2000 年，Albert 等人分别把随机网络模型和无标度网络模型置于随机攻击和蓄意攻击策略下。他们发现，在随机攻击下，无标度网络相对于随机网络有着更强的承受能力；而在蓄意攻击下，无标度网络比随机网络更早崩溃。也就是说，对于无标度网络，只要少数的核心节点被攻击而出现故障，整个网络就会立即瘫痪，这种现象称为"阿喀琉斯之踵（Achilles Heel）"。此后，很多人对其他现实世界中的复杂网络性质做了研究，包括鲁棒性、脆弱性、容错性、抗毁性等，但所做的研究都比较分散。

对于 BA 模型，如果节点的初始度都为零，则无法利用构建规则进行网络构建。此外，对于每次只新增一个节点的情况，网络可以按照 BA 模型的择优规则进行连边。而 BA 模型并没有考虑每次新增两个或两个以上节点后每条连边如何选取旧节点的情况。针对以上 BA 模型的两大不足，Bollobas 等人提出了一个修正的 BA 模型，即将 BA 模型的初始状态修正为具有一个节点及一个自连环的随机图，然后将这些连线分解为多个独立的边，并加入网络中，同时加入节点和节点本身的自连以及节点之间的重连，将 BA 模型的无向图扩展到有向图。BA 模型按旧节点度择优连边的思想被提出之后，大量基于增长和度数择优机制的网络模型被相继提出，并得到了广泛的研究。但是，现实中的真实网络存在需要同时选择两个或两个以上相邻节点的情况，为此，Dorogovtsev 等人提出了按边选择旧节点连边的网络模型，即初始化一个具有三个节点的完全图，每个时刻随机选择一条已有的旧边，使得新增节点和被选择边的两个端点进行连边，得到网络规模趋于无穷大时，节点度分布近似为 $P(k) \sim k^{-3}$ 的结论（其中 k 为节点的度）。吴诗雯等人则是在每次新增一个节点的过程中加入了更新计数，使得网络节点的增加时间间隔和每个新增节点在网络中的连边数服从均匀分布。但是，真实网络很难做到连边数服从均匀分布，于是有学者提出了基于高斯更新计数过程的 BA 模型。此外，节点合并和再生是网络中的常见现象，这种临近的节点称为局域节点。局域节点相互作用的可能性比网络中任意两个节点相互作用的可能性要大得多。特别是在空间网络中，局域节点可以是空间距离小于给定范围的节点，也可以是空间距离很大但有共同连边的节点对。通过探讨局域节点对网络拓扑结构的影响，有学者认为在合并的同时向网络中添加一个新的节点，网络节点的总数不会因为合并过程而减少，因此他们提出了基于局域节点合并的网络演化模型。该模型缩短了节点间的距离和通信时间，可以高效地减少网络冗余。针对网络中两个节点间存在多条连边的情况，大多数学者认为一条多重边包含的单边越多，该边就越重要。有学者认为当节点之间存在多重边并且节点和连边的数量始终保持不变时，可以通过合并的方式重新配置网络连边，于是他们提出了基于局域节点合并的自组织网络模型。

2. 复杂信息网络建模与优化技术研究概述

复杂信息网络建模与优化技术是近年来网络领域研究的热点，这里对前人提出的多种建模与优化技术进行了提炼和整理。

1994 年，约翰·霍兰提出的复杂适应系统（Complex Adaptive System，CAS）理论是研究复杂信息网络的重要成果。"信息涌现理论"是其核心理论，已成为信息自组织研究的重要理论基础。自组织过程中会出现涌现现象。涌现是 CAS 的重要特征，指因局部组件/系统之间的交互所产生的系统全局行为的宏观效应。约翰·霍兰归纳了复杂适应系统通用的四个特性——聚集、非线性、流、多样性，以及三个机制——标识、内部模型、积木。周宗放等人指出通信网络具有非线性特性，利用复杂适应系统理论可论证复杂信息网络具有复杂适应性。针对复杂信息网络设计优化问题，赵东杰等人以融贯论为指导，采用系统分析、建模分析和仿真分析相结合的方法对复杂信息网络设计优化进行了多尺度研究，提出了基于演化涌现的复杂信息网络设计优化方案和拓扑结构演化模型。拓扑结构演化模型选取网络建设成本、时延、鲁棒性和吞吐量等网络工程特征参数作为网络演化的动力，通过调整参数权重来优化网络。结合易感染模型，Dadlani 等人提出了一种动态的感染延迟模型，用于研究和优化网络中数据/信息的传播过程。Medland 等人基于基因编程的方法提出了一种应用于有向图的自动构造网络模型，用于研究和优化网络结构。Fan 等人根据复杂信息网络理论知识提出了一种应用于电力网络的概率失效模型，针对系统的实际情况，对混合拓扑结构网络、卫星复杂信息网络、混合模型网络以及美国西部电力网络进行建模，并基于消息模式对网络动态性能进行分析和优化。这些复杂信息网络建模都是根据生活中的网络实例开展研究的,具有非常明显的现实意义。

除以上网络模型外,从网络拓扑结构、性能以及网络所处的环境出发,针对复杂信息网络建模,研究人员也做了相当多的探讨和实验,并取得了不错的成果。Kumar 等人从复杂信息网络拓扑结构出发,提出了 DLA(Diffusion Limited Aggregation)模型,用于构建弹性供应网络,分析网络拓扑对随机攻击和蓄意攻击的弹性。由于该网络建模不总是从头开始建立的,因此无法解决现有网络弹性优化问题,同时 DLA 模型只考虑了节点最大度这一约束条件,远不适用于现实网络的构建过程。李云冀等人考虑拥塞造成的网络故障,对网络节点和链路的重要度进行评估,基于网络的邻接矩阵,构建了度约束下最小化平均距离的优化网络模型,提高了网络的可生存性。针对复杂信息网络环境下,随机攻击和蓄意攻击可能会引起网络中节点或者链路故障,进而对网络服务的可用性造成破坏这一情况,齐小刚等人设计和构建了相对应的复杂信息网络失效的弹性网络拓扑模型(该模型可以延长网络寿命并节约网络成本),并在此基础上提出了一种基于迭代算法的启发式算法以优化网络拓扑,该算法通过添加链路改善了网络的平均效率函数,提高了网络弹性。综合考虑信息传递量和网络结构,有学者研究了通信网络出现级联故障时关键节点的识别问题,并利用复杂网络,结合信息数据网络建模技术构建了一种网络数据中心故障诊断框架。在网络拓扑优化方面也有不少学者做了大量研究,以改善现有的网络拓扑结构。于素梅等人将信息网络系统基于通信网络控制器局域网(Controller Area Network,CAN)实现了结构上复杂多变(即一对一、一对多、多对多)的节点通信(不需要中间服务器),其在数据传输要求上比传统的通信网络 Client/Server 结构有明显优势。在 CAN 中,一个通信节点既可以是接收方也可以是发送方,或者二者兼具。丁琳等人充分考虑大规模通信网络中的负载流量动态变化,以及局部拥塞状态对路由的影响,引入了带有可调参数的级联故障模型,探讨不同拓扑结构的网络数据包产生速率、路由参数和规模对故障传播的影响。他们发现拓扑结构对网络优化路由参数值以及不同网络规模上的攻击效果都会产生重要影响。对于受到攻击的网络,网络的鲁棒性是一个评价网络抵御破坏能力的重要指标,它还体现了网络遭受破坏之后的弹性恢复能力。现有关于网络鲁棒性的研究都针对的是网络对破坏的抵御能力,即破坏鲁棒性。破坏鲁棒性是网络表现出的一种正面的、刚性的鲁棒能力;而修复鲁棒性是网络表现出的一种柔性的、可持续的鲁棒能力。网络的自愈能力对网络的鲁棒性能影响很大。合理地设计网络结构,充分考虑网络的自愈特性可以有效提高网络的基础安全。依据破坏后的网络弹性能力来分析修复鲁棒性的研究不多,而且对受攻击的网络修复特性的研究仍不完善。大多数对于修复鲁棒性的研究在过程中忽略了网络动态行为对修复的影响。于是,考虑级联故障在网络修复过程中的影响,有学者提出了基于局部依赖的能量流动影响下的网络动态修复模型,该模型系统地划分了动态修复过程中的能量转移关系。针对动态修复过程中能量流动的影响,Chao 等人将故障的网络结构划分为强耦合网络结构、弱耦合网络结构和非耦合网络结构,进而提出了一种能够筛选出故障网络中满足无损修复条件的自愈节点,并以此作为网络修复鲁棒性的定义。但是,在级联故障网络中,强耦合网络结构是导致节点发生二次故障的关键。因此,为了有效破坏强耦合网络结构从而避免节点修复过程中发生二次故障,有学者提出了基于节点扩容的动态修复策略和链路截断的动态修复策略,并且利用贪心算法找出了对耦合网络结构影响最大的节点和链路,实现了以较小代价高效修复受损网络的目标。针对大规模网络下贪心算法计算复杂度高的问题，有学者结合节点扩容修复策略和链路截断修复策略的特点，提出了在相应指标下筛选对耦合网络结构影响较大的节点或链路的简化扩容策略和链路截断策略。刘震鑫等人基于复杂网络理论的基本原理和空间信息服务体系结构，构建了空间信息服务体系结构的网络拓扑模型和特征参数，分析了连接机制、通信节点数以及节点数对空间信息服务体系结构特征的影响规律。

绝大多数的异构复杂信息网络都是从异常数据和系统资源调度角度出发进行建模及优化的。异构复杂信息网络承载着不同的协议和网络信道，并且通过云存储实现资源调度，由此产生的异常数据会给网络信息空间带来安全威胁和存储开销，因此，能够准确检测到异常数据对网络维持正常运行是非常重要的。此外，链路预测是数据挖掘和知识发现领域的一个开放问题，对于理解现实世界的网络类系统组成和演化具有深远意义。Miorandi 等人引入信道分配和信息排队分析机制，构建了数据信息链优先链路选择规则，实现了复杂信息网络的异常数据检测。使用该规则虽然取得了一定的检测效益，但是吞吐量、延时、CPU 使用率等指标并不理想。饶雨泰等人提出了一种基于时间-频率结合的网络异常数据检测与参量估计算法，实现了异构网络的复杂信息过滤和异常数据检测。该算法减小了包络线失真，但计算量大、收敛性差。有学者提出了基于特征选择和支持向量机（Support Vector Machine，SVM）参数同步优化的异常数据检测算法，该算法通过分析网络异常数据的聚类特征，对异常数据的流量进行估计和预测，但是该算法没有实现挖掘流量序列的非线性特征信息，且检测率不高，还提高了虚警率，导致正常网络传输数据被误删。针对上述问题，穆丽文等人提出了一种自适应陷波级联算法的异常数据检测算法，并构建了异构复杂信息网络系统和信息流模型，用以提取异常数据特征。Fu 等人从信息论的角度审视网络结构在预测缺失链路方面的作用，提出了基于信息论的链路预测模型，该模型利用邻居集合刻画节点的局部结构，从而制定邻居集合信息 NSI（Neighbor Set Information）预测指标。根据局部网络结构带来的互信息可以得到加权互信息网络模型，该模型充分考虑且利用了结构和权重信息。

在复杂信息网络研究中，网络所承载的信息是核心。信息网络最本质的特征之一是网络基础设施的建设者、管理者和使用者能够了解其所处的周围环境，预测环境的变化，并按照设定的目标对信息网络进行优化设计。为了量化网络信息，一些基于网络描述量概率分布的香农熵被提出，如度分布熵、度相对值熵和剩余度熵等，但是这些熵是基于描述网络某一特征的分布而构建的，只反映了局部特征，不能表征网络整体的拓扑结构。为了解决这一问题，Domenico 等人提出了复杂网络谱熵的概念，该思想基于密度矩阵的冯·诺依曼熵，密度矩阵依赖于网络的拉普拉斯矩阵谱，而不是依赖于某一网络不变量的概率分布。Chen 等人基于网络节点间的通信能力提出了通信序列熵的概念，由于网络节点之间的通信能力基本都考虑了节点之间的所有可能路径，因此，通信序列熵有可能体现网络的整体拓扑性质。石丹丹等人从信息的角度看待网络系统并提出了蕴含网络整体信息的测度是网络信息理论的关键这一概念。有学者将通信序列熵作为量化网络信息能力的测度，研究了模型网络的拓扑结构对通信序列熵的影响，表征了网络整体信息能力，发现了异质性越强，度-度关联性就越强，社团结构网络具有越小的通信序列熵，为通信序列熵具有量化网络整体信息的能力提供了证据。军事信息网络是复杂信息网络中常见的一类网络，很多研究人员对其进行了研究。基于军事信息栅格构建的指挥信息系统，是网络化体系作战的基础支撑，一旦指挥信息系统受到攻击，产生的级联故障和系统崩溃将对整个军事系统造成极大的影响，因此提升指挥信息系统的攻防能力十分重要。Dekker 提出将复杂信息网络理论应用于指挥信息系统，建立了 FINC(Force Intelligence Networking C2) 模型。研究人员分别针对指挥信息系统的拓扑结构和负载特性等问题建立了网络模型，分析其异构性、拓扑结构和动态交互等特征。张杰勇等人对指挥信息系统的网络节点进行攻击并分析了其机理故障特性，较好地度量了指挥信息系统网络结构的鲁棒性，但其所考虑的指挥信息系统功能层面单一。沈迪等人从节点和业务两个层面构建了双层军事指挥信息系统网络模型，克服了单层网络结构建模的不足，但是该模型的攻击策略单一，无法从不同的角度考察系统级联故障特性，不能适应多样化攻击的现实情况。针对上述问题，崔琼等人依据指挥信息系统的结构特征和功能特征构建了双层耦合网络模型，分析了其级联故障机制，并根据攻击方式和攻击强度的不同，设置了不同的攻击策略，建立了指挥信息系统级联故障特性模型。在战场通信系统中，网络的规模庞大，所用的网络拓扑结构形式多种多样，所处的环境也与社交网络等所使用的环境不同，而这些因素都或多或少地增加了网络抗毁性的研究难度。从跳面节点角度评估战场通信网络抗毁性，可以通过串联相乘的思想将节点与跳面串起来，但是同一跳面内的节点的连接状况并没有被考虑在内。也有学者认为跳数多的比跳数少的路径的可靠性要差，只有在最短路径被破坏的情况下，系统才会选择相对较长的路径。对于鲁棒性健壮的通信网络来说，最短路径的数量越多，拓扑节点越紧凑，这个网络的抗毁性就越高。因此，最短路径是评价网络抗毁性的一个重要指标，只要得到网络拓扑图的最短路径数，就可以评价实际网络的拓扑节点的抗毁性。然而，这种模型只适合一般的拓扑结构，当网络拓扑结构存在割点时，采用该模型无法进行准确判断。有学者提出可以利用结构熵模型来探索复杂网络，将不重叠路径作为评价网络抗毁性的指标来克服这一不足。

1.2.2 图论模型

图论是研究复杂网络的数学基础，其起源可追溯到 18 世纪 Euler 对哥尼斯堡七桥问题的研究。1967 年，哈佛大学心理学教授 Milgram 进行了连锁信实验。Milgram 将信交给自己的学生，通过社交关系网进行传递。实验发现，平均通过六个人即可将信传递到目标人手中。这就是著名的六度分离理论。六度分离理论首次涉及"朋友的朋友"概念，并通过实验证明了"世界看似很大，其实很小"的结论，从而催生出了"小世界"的概念。虽然六度分离理论从提出就一直受到学者的议论和抨击，但是不可否认的是它表达了早期的复杂网络概念——任何个体之间，通过一定的联系，总能产生关系，这为复杂网络奠定了基本的拓扑特性。受到"小世界"观点的影响，1998 年，美国社会学家 Watts 和美国数学家 Strogatz 共同提出了小世界网络模型，即 Watts-Strogatz 模型(简写为 WS 模型)。该模型借鉴了随机图理论，从具有固定节点数的最近邻耦合规则网络开始，选取网络中的节点，每个节点以一定概率被重连，即保持一端不变，另一端随机连接网络中的另一个节点，重复该过程直到遍历完所有节点。该模型介于规则图与随机图之间，具有高聚类系数和低路径长度的拓扑特性，成功为六度分离理论建立了数学模型，从此真正步入复杂信息理论新时代。然而，WS 模型在建模过程中非常容易产生孤立节点，而在现实世界网络中，新添加的网络节点很可能会与网络核心节点连接。因此，Watts 与英国物理学家 Newman 提出了另一种小世界模型，即 Newman-Watts 模型（简写为 NW 模型）。该模型在 WS 模型的基础上稍做了改进，依然从最近邻耦合网络出发，随机选取一对没有连接的节点，以一定概率进行加边，这样可以避免产生孤立节点。经过研究人员的不断探索，发现在连接概率很小而网络节点数足够大的情况下，WS 模型和 NW 模型在本质上是相同的。可见，WS 模型和 NW 模型成功地诠释了复杂网络的部分拓扑特性。因此，现实生活中很多网络都采用小世界网络作为参考模型，例如基因网络、交通网络、互联网，以及动力学、社会学、计算机科学、统计数学中常用的网络。1999 年，Barabási 教授和他的博士生 Albert 发现现实世界网络中的节点度分布并不服从随机图和 WS(NW) 模型中节点度分布呈现出的泊松分布规律，而是以一种无标度分布特性极度不均匀地分布。于是他们提出了一种新的无标度网络模型，即 BA 模型，揭示了复杂网络的另一个重要特性——无标度特性。BA 模型主要考虑到两类实际情况：一是增长情况，即现实中的网络会随时间的推移而不断扩大，例如社交网络中新增朋友、引文网中新增论文、万维网中新增网站等；二是优先连接情况，即新增的节点总是会优先选取知名度高的节点，例如新机场会优先考虑与大机场之间的航线、互联网中的新网站会优先添加重点网站的链接等。由于 BA 模型为现实网络建模提供了清晰的思路，因此 BA 模型是被使用得最多的复杂网络模型，其实现了大部分节点只与少数节点相连，而极少数枢纽节点与很多节点相连的功能（如金融网络、因特网、飞机航线网络、蛋白质相互作用网等）。

1.2.3　复杂网络

前述典型的网络模型都是由大量节点以及节点之间的连边构成的。而现实生活中的很多复杂系统基本上都能够用前述典型的网络模型来描述，即将真实系统中的组件或设备抽象成网络模型中的节点，将组件或设备之间的关系抽象成网络模型中的边。一般而言，如果节点之间存在某种特定的联系，那么这两个节点之间就有连边，反之则没有连边。真实系统通过这种高度抽象后得到的具有复杂结构和特性的网络称为复杂网络。

1. 复杂网络的基本特征

现实生活中的大部分复杂网络都具有如下五个基本特征：

（1）网络行为的统计特性。通常情况下，复杂网络都包含上千个节点，属于大规模网络。而大规模网络的行为都具有统计特性，如网络的平均路径、聚类系数、节点度分布等，可以通过移动的规则构建相应网络模型。例如，可以依据节点度分布情况对网络进行划分。对于随机网络，节点度分布满足泊松分布；对于规则网络，每个节点度一样；对于无标度网络，节点度分布近似服从幂律分布；对于小世界网络，节点度介于规则网络和随机网络之间。

（2）网络拓扑结构的复杂性。复杂网络的全局结构特性一般包括小世界特性和无标度特性，并且由前述介绍的随机网络、小世界网络和无标度网络可知，网络拓扑结构都有一定的规律，表现出不同的特性，即网络的拓扑结构既不是完全随机的，也不是完全规则的。网络的拓扑结构有时会发生改变，主要体现为边或节点的增加与消失等多种情形。

（3）网络时空演化的复杂性。复杂网络具有空间和时间的演化复杂性，呈现出纷繁复杂的行为，尤其表现在网络同步问题上。对于大型动态网络的同步问题，绝大多数针对的是具有完全规则连接结构的网络，如最近邻耦合和全局耦合结构等；少数研究工作探讨的是具有完全随机连接结构的动态网络同步问题。在规模足够大的情况下，网络耦合强度会产生网络节点之间的同步化行为，但是这并不能解释在弱耦合情形下，现实世界中真实网络节点之间为什么依然会产生同步化行为。

（4）网络节点的复杂性。节点的复杂性主要表现在节点的动力复杂性上。任何一个节点的状态都能够用连续的或者离散的微分方程来描述，都可以视为一个具有分岔和混沌动力行为的非线性系统。每个节点的动力学行为不仅依赖于个体的特征，而且受与之相连的节点的影响。例如，人际关系网络中的节点可以是人的抽象体、万维网中的节点可以是网页的抽象体等。

（5）网络连接的稀疏性。当一个网络的结构是全局耦合且节点数为 N 时，这个网络的连边总数为 $O(N^2)$，但是真实社会中大规模网络的连边数通常为 $O(N)$。

2. 复杂网络的研究重点

复杂网络的研究重点如下：

（1）网络抗毁性。网络抗毁性是指当信息网络中携带信息传递功能的节点或连边因出现内部故障或遭受外部攻击而产生故障时，网络传递信息功能的适应性以及恢复能力。复杂网络抗毁性的研究主要集中在网络级联故障模型构建，以及级联故障下如何度量网络抗毁性和修复故障网络等问题上。

（2）网络节点间不重叠信息传递。在复杂网络中，节点间传递信息的路径数量越多，对于攻击者来说越是难以得手，而对于防御者来说却是提高了网络安全性。如果节点间传递信息的路径过于单一，那么攻击者通过数次试探攻击节点就能在短时间内搜集到网络传递信息的特点，并对这些采集到的网络信息加以分析，从而找到攻击入口，此时，网络应对攻击者的入侵能力就相当弱，网络抗毁性也差。因此，如何尽可能地实现节点或连边之间的不重叠信息传递是网络安全维护中的一项重要研究内容。

（3）异质信息融合和传播扩散。复杂网络的复杂性也包含了节点所携带的信息存在的异质性和复杂性，将这些异质信息融合为一体，才能使其发挥更为有效的作用。如何设计合适的融合模型，以便将不同类型的节点映射到同一空间中，并建立合理一致的特征空间，从而实现节点异质信息融合，是复杂网络研究面临的挑战。

1.2.4 网络科学

由 WS 模型和 BA 模型引起的学术风暴，极大地推动了复杂网络这门学科的发展。2006 年，美国国家科学研究委员会首次提出了"网络科学"的概念（即研究物理、生物和社会现象的网络化表述并构建能有效预测这些现象的模型），并出版了《网络科学》一书，专门向美军和情报机构介绍网络科学，以贯彻美国的"网络中心战"思想。2007 年，Watts 在 *Nature* 期刊上发表文章评论网络科学，其主要断言基于两点：首先，网络科学是一门全新的从交叉学科研究中发展出来的新领域；其次，网络科学将成为 21 世纪的科学。2012 年，Albert 等人指出基于数据的复杂系统的数学模型正以一种全新的视角快速地发展为新的学科——网络科学。

网络科学作为一种新的研究范式，是以复杂网络为研究对象的跨学科研究领域，着眼于探究复杂网络的性质（如拓扑特性），并将这些性质应用于不同网络（如计算机网络、信息网络、生物网络、金融经济网络、社交网络以及交通网络等）的分析之中。网络科学以数学中的图论为理论基础，充分利用了复杂系统的多年研究成果，如统计学中的建模分析、物理学中的统计力学、计算机科学中的数据挖掘和信息传播，以及社会学和经济学中的社会结构理论。但实际上，网络这一概念并不"新鲜"，从1763年开始，网络就作为一种"图"的数学对象而被关注，经过 Euler 对七桥问题的研究，图论开始成为数学中的一个重要分支，并且应用到各个研究领域。对网络科学影响最为深远的是社会网络，社会网络分析很早就具有网络科学的研究内容。美国社会学家 Anatol Rapoport 研究了网络结构对流行病的传播影响，并且采用了随机网络模型，这就是当时网络科学研究的方法。由于当时通信设备、计算设备不发达等原因，Anatol Rapoport 的研究并没有引起网络研究这一领域的重视。直到20世纪末，随着计算机、互联网等通信设备的快速发展，网络科学才逐渐出现在科研人员的视野中，并使科研人员享受到了高速计算与数据获取的便利。1998年和1999年，Watts 和 Barabási 等人以随机图为起点，从网络的整体特性与形成机制角度出发，对网络进行了建模研究，这才开始了复杂网络的研究。

第 2 章　网络建模分析与优化技术

2.1　卫星网络及其建模

2.1.1　卫星网络概述

近年来，卫星网络以大面积的区域覆盖范围、广播能力和高带宽的服务水平吸引着越来越多人的注意，已成为实现全球信息传输和获取的桥梁，因此卫星节点的瘫痪必将导致卫星网络性能的急剧下降。卫星网络具有以下特点：任何时刻卫星节点都在绕地移动，链路会时断时通，因此网络结构表现出了明显的拓扑时变特征；卫星存储数据的能力和处理数据的能力受限；卫星网络中节点和节点之间的空间通信链路位于复杂的空间物理环境中，链路具有高误码率；卫星节点和链路可能遭受随机攻击和蓄意攻击。

在一个含有 $m \times n$ 颗卫星的单层卫星星座网络中，卫星会被大致均匀地分布在地球上空，并被布置到 m 个轨道上。除了第一个轨道和最后一个轨道，一般相邻轨道之间是等间隔的。在任意一个卫星轨道上均匀地放置 n 颗卫星，卫星之间的间隔角距为 $360°/n$。对于极轨道卫星星座网络，每个轨道平面的上升卫星节点在 180° 范围内沿赤道具有相等的偏移量，即 $180°/m$。类似地，对于倾斜轨道卫星星座网络，每个轨道平面的上升卫星节点在 360° 范围内沿赤道具有相等的偏移量，即 $360°/m$。任意一个卫星节点都可能与其较近的若干个邻居卫星拥有通信链路。由于同轨平面上的相邻卫星间的相对位移不会随节点移动而改变，因此这些链路不会出现随时间变化而时断时通的情况。而对于其他链路，卫星之间的相对空间方向和空间距离会随时间而变化，因此这些链路可能会出现时断时通的现象。这种卫星间链路打开或关闭的现象会导致单层卫星星座网络拓扑结构的剧烈变化。单层卫星星座网络的拓扑结构如图 2.1 所示。

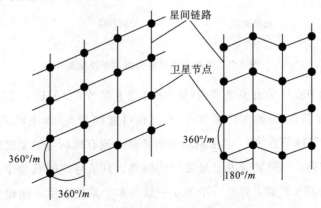

图 2.1　单层卫星星座网络的拓扑结构

　　多层卫星星座网络一般认为是由中轨道(Medium-Earth Orbit，MEO)卫星星座层、近地球轨道(Low-Earth Orbit，LEO)卫星星座层以及高轨道(Geosynchronous-Earth Orbit，GEO)卫星星座层中的两个或三个卫星星座层组成的，同时星座与星座之间的结合能够实现对整个地球表面的完全覆盖，且上层一般能基本覆盖下层。多层卫星星座网络中除每个单层星座内部的星间链路外，各个星座之间的卫星节点也需要建立通信链路。相比单层卫星星座网络，多层卫星星座网络节点间连接关系的改变随时间改变得较多，这是因为除每层星座网络内部的星间链路会发生状态变化外，地面层与卫星星座层、卫星星座层与卫星星座层之间都会发生频繁的链路切换。另外，部分卫星节点的失效和部分星间链路的失效也会导致网络拓扑结构的改变，甚至卫星网络的拓扑结构会随星座参数、链路建立条件等因素而改变。多层卫星星座网络的拓扑结构如图 2.2 所示。

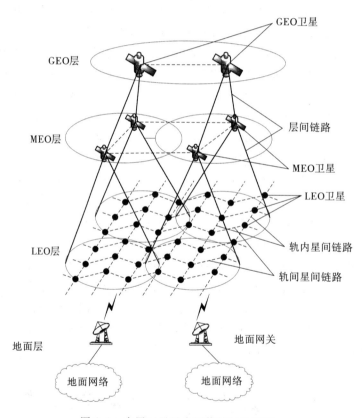

图 2.2　多层卫星星座网络的拓扑结构

　　卫星网络中的节点一般有卫星节点(如 GEO 层卫星节点、MEO 层卫星节点、LEO 层卫星节点等)、地面节点(即地面终端节点)和其他可能的节点(如飞机节点、无人机节点、航天器节点、空中气球节点等)。卫星网络中的链路一般有地面与卫星之间的链路、同一星座内卫星之间的链路、不同星座内卫星之间的链路、卫星与空间其他节点之间的链路等。这些链路一般是全双工链路，并且一个卫星一般与多个其他卫星之间建立星间链路，一个地面终端也可能同时和多个卫星建立通信链路。

卫星网络中的地面节点相对地面保持静止,除 GEO 层卫星节点外,其他卫星节点相对地面绕着地球做圆周运动。因此,网络中的大部分节点在随时间移动,进而导致网络中星间链路随时间打开与关闭。此外,卫星网络中的地面节点和卫星节点之间的相对运动会导致星地链路的连通与间断,不同层卫星之间的层间链路的通断也会导致拓扑结构的剧烈变化。

2.1.2 卫星网络路由算法

1. 路由算法的特点

卫星网络的一系列特点导致地面网络组网与通信协议不能被直接应用到卫星网络,要想高效地利用卫星组网,必须设计一个高效、合理的路由协议和方案。一般而言,一种既高效又合理的路由算法应当具有以下特点:路由算法的计算应尽可能地简单,即拥有较低的时间复杂度;路由算法能够适应网络的拓扑时变特征;路由算法计算出来的路径应该是最佳的,且具有稳定性;路由算法应当具有一定的抗毁性和鲁棒性;路由算法应当具有高效性,即以较小的代价获得较好的服务质量;路由算法应该具备较高的适应性,即能够按照网络负载的变化适当调整并平衡网络流量,以避免网络性能下降。设计较好的路由算法是卫星网络构建以及空间组网面临的重要挑战。而对于卫星网络的路由,星上路由问题最为关键。星上路由可以解决从卫星源节点到目的节点的满足一定服务质量的寻路问题。

2. 单层卫星星座网络的路由算法

在单层卫星星座网络中,根据不同的网络拓扑处理方式,路由算法主要分为两种:虚拟节点路由算法(即按照虚拟节点处理网络拓扑的路由算法)和虚拟拓扑路由算法(即按照虚拟拓扑处理网络拓扑的路由算法)。下面详细讨论这两种路由算法并给出实例。

1) 虚拟节点路由算法

虚拟节点路由算法的原理是:将一颗卫星按照地理上的经纬度坐标表示,地球表面会被分割成与卫星等数量的逻辑区域,任意一个逻辑区域对应一个距离该逻辑区域最近的实际物理卫星;假设在某一时刻有一颗卫星即将离开它当前的逻辑区域,这时下一颗即将会进入此逻辑区域的被称为继承卫星的卫星就接替了即将离开的这颗卫星;该继承卫星会接收上一颗卫星传送给它的路由表以及其他相关信息。通过这种处理方式,在设计路由算法时,可以不考虑实际物理卫星而只关注固定在地球上的逻辑区域。

局部区域分布式路由(Localized Zone Distributed Routing,LZDR)算法就是根据虚拟节点路由算法原理而设计的。LZDR 中,带有极轨道的卫星网络被规则化为曼哈顿街道网。LZDR 将几个相邻节点并为一个区域而不是使用孤立的单个虚拟节点,路由算法被分为域间路由算法和域内路由算法。对域间路由算法来说,算法视任意区域的某个虚拟节点为这个区域的路由管理者,并使用曼哈顿中的二进制进行编码,将最小跳数作为决定传送数据包的准则;对域内路由算法来说,所有节点会与其他节点交互和自己状态相关的有用信息,根据时延最优来决定数据包的传输和发送。LZDR 通过分层路由方式来减小路由中的通信开销。但是,此算法无法从根本上确保计算域间的路由算法一定是最优的,同时,它是基于极轨道卫星网络的算法,故不能用于倾斜轨道的卫星网络。

基于极轨道的数据报路由算法(Datagram Routing Algorithm,DRA)是经典的基于逻辑区域的卫星网络路由算法。该算法和最短路径算法都是将时延作为优化目标。DRA 明确提出了虚拟节点路由策略,即充分利用极轨道卫星星座的拓扑特征为数据包选择下一跳。从设计和实现上看,DRA 算法相对比较简单,而且由于不交换任何拓扑信息,因此不会产生卫星之间因交换信息而引起的一些额外通信开销,路由决策使用的时间也很短。然而,由于每颗卫星对整个网络拓扑的信息获取来自于固定在地面上的逻辑区域的预先估计和计算,因此该算法的抗毁性较差,在某些节点出现故障或通信链路被破坏的情况下,网络性能可能会有大幅度的变化。DRA 算法以规则对称的 LEO 极轨道星座作为网络模型,因此其适用范围受限。尽管如此,DRA 中关于虚拟节点路由算法的意义重大,为之后的学者进行网络路由设计提供了重要思路。在 DRA 的基础上,出现了各种各样的基于虚拟节点路由算法的卫星网络路由算法。

在虚拟节点路由算法的基础上,有学者从被服务的足印区所需要的卫星数量出发提出了一个一般的虚拟节点网络链路的切换机制,该机制考虑了多个卫星覆盖一个足印区的情况,进而设计出软移交和半软移交两种链路切换机制,完美地实现了卫星网络链路的切换。与一般的虚拟节点路由算法相比,在该机制下网络的可用性大幅提升,但这两种链路切换机制增加了卫星的数量,因此也提高了代价。

在经典的将极轨道星座作为路由算法的模型中,当网络中的某个卫星节点接收到分组后,可以使用基于负载平衡的低复杂性路由算法(Low Complexity Routing Algorithm,LCRA)来选择下一跳节点。LCRA 通过利用源节点和目的节点的位置信息,采用分布式计算,获得基于传播时延的最优路径。每个节点通过向它的邻节点告知自己的拥塞情况来使数据包能够动态地选择下一跳节点。根据网络流量的拥塞情况适当地调整路径,可降低队列时延,从而缩短端到端队列时延并减少丢包率。经仿真验证,LCRA 比基于 Dijkstra 方法的最短路径(Dijkstra Shortest Path,DSP)算法和 DRA 具有更优的网络性能。

在 LEO 层卫星网络中,当有一个节点或者一条链路发生故障时,对网络进行修复可以使用抗破坏的按需路由(Destruction-resistant On-Demand Routing,DODR)算法。DODR 算法的工作原理如图 2.3 所示。DODR 算法在路径发现过程中使用路由应答包和局部修复的策略来修复已经被破坏的路径。在该网络模型中,有两个可能发生的故障实例,一个是链路被破坏,另一个是节点出现故障。

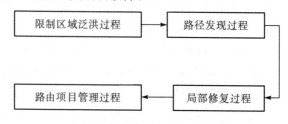

图 2.3 DODR 算法的工作原理

2）虚拟拓扑路由算法

离散时间动态虚拟拓扑路由（Discrete Time-Dynamic Virtual Topology Routing，DT-DVTR）算法通过将卫星网络的整个拓扑分割为若干数量的虚拟静态拓扑来处理网络的动态性，它是一种面向连接的路由算法，该算法第一次根据虚拟拓扑路由算法原理设计卫星网络的路由。DT-DVTR 算法将卫星网络完整的周期按照拓扑变化的时间分为若干个离散的时间片，在每个时间片内将网络拓扑视为是静态的，这样计算路由的任务变成了这些若干个时间片下的静态拓扑路由计算问题。该算法分两步进行：第一步，对划分好的虚拟拓扑建立结构；第二步，对路由选择进行优化。在第一步中，此算法把具有拓扑时变性的网络拓扑按照虚拟拓扑路由算法离散化，使网络拓扑在一个非常小的时间片内被视为是固定的，离散化后的动态卫星网络就成了一系列周期性重复的结构。在第二步中，路由是根据最短路径的准则和度量被确定的。上述算法在预先计算完路由后，将路由计算的结果上传给卫星节点。DT-DVTR 算法的优点是能够较好地处理网络的动态性；缺点是不能及时处理因通信链路变化而导致的重新路由的情况。

有限状态自动路由（Finite State Automata Routing，FSAR）算法是从链路分组的角度，根据拓扑结构以及业务流量的特点来设计路由的，旨在提高星间链路的利用率。与DT-DVTR 算法相同，FSAR 算法也使用了虚拟拓扑路由算法原理，并且此算法也是面向连接的。不同之处在于，FSAR 算法是将所有时间片内的卫星网络结构视为一种状态，这样网络被建立成状态机。因此，网络的周期就被转化成了一系列的相关状态，每个状态下网络对应着固定的一个拓扑，这样在一个完整的周期内网络在每个状态上的最优路由可以被建立。此算法同时将路由和星间链路的分配相互结合，通过动态地分配星间链路来处理卫星网络中的路由，这样路由计算问题便变为状态机下最优链路分配的规划问题。FSAR算法的优化包括拓扑优化和路由优化两部分，在拓扑优化中选择星间链路，在路由优化中将流量合理分配至所有已被选择的星间链路上。FSAR 算法可节约计算复杂度，且在卫星上存有大量路由表，能降低通信开销，但对卫星的存储空间要求较高，可以选择合适数量的网络控制中心来解决此问题。FSAR 算法并不是根据最短路径进行数据包路由的，而且分配链路的技术实现较为困难；此外，源节点到目的节点的路由路径不能保证时延一定是最优的，网络的抗毁性也较差。

动态检测路由算法（Dynamic Detection Routing Algorithm，DDRA）也是一种典型的虚拟拓扑路由算法，其设计思想是通过对卫星发送队列内数据包数量的周期性检测以及确认字符（Acknowledge Character，ACK）来判断链路是否可以正常通信，对链路的突发状况能够及时感知并做出相应的调整。DDRA 算法流程图如图 2.4 所示。当网络出现突发性变化时，DDRA 算法通过发送队列检测以及回传 ACK 的方式及时适应这种突发状况，从而克服了时间虚拟化方案对拥塞和链路故障适应性差的问题。也就是说，DDRA 算法的主要优点是当网络出现突发性变化时，算法具有低时延的特性。

低轨道和静止轨道星座的双层网络路由算法利用低轨道卫星及其星间链路构成的网状拓扑对星上路由进行计算，并通过拥塞避免和数据包分类机制进行优化，解决了卫星网络中由于业务流量大而导致的网络拥塞问题。仿真结果表明该算法降低了网络平均端到端的时延和平均丢包率，提高了网络性能。

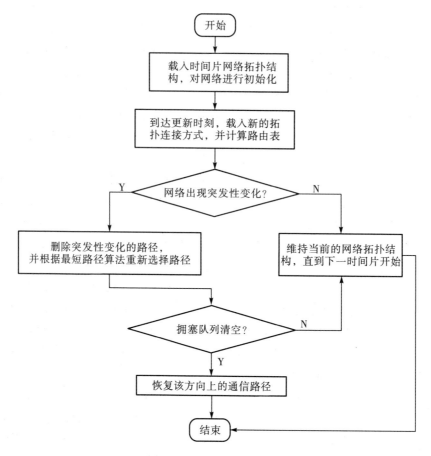

图 2.4 DDRA 算法流程图

单层卫星星座网络中，虚拟节点路由算法和虚拟拓扑路由算法各具优势：虚拟节点路由算法实现较为简单；虚拟拓扑路由算法适用于任何周期性网络，可扩展性好，可被应用到多层卫星星座网络中，计算路由的任务由地面网关承担，能够降低星上负担。但是，虚拟拓扑路由算法可能会产生较大数量的时间片，对星上的存储要求较高。

3. 多层卫星星座网络的路由算法

一般地，单层卫星星座网络无法满足网络高生存性、高效性、强抗毁性，因此研究者们提出了组建多层卫星星座网络的方案。与单层卫星星座网络相比，多层卫星星座网络的功能更加多样化，频谱利用率较高，组网灵活，抗毁性较强，能够与各种单层卫星星座网络互连。

作为一种基于三层网络模型的路由算法，多层卫星路由（Multi-Layered Satellite Routing，MLSR）算法被深入探讨和研究。该算法的设计思想是：GEO 层卫星间隔性地取得在其覆盖范围内的那些卫星的相关时延和拓扑信息，这些信息经 MEO 层传送到 GEO 层，GEO 层确定和实时更新下层组成员内的路由表，然后通过 MEO 层通知 LEO 层此路径信息。MLSR 算法能够有效地管理网络拓扑，但该算法仅考虑了传播时延，没有考虑排队时延，并且路由表的更新仅发生在上层卫星对下层卫星的覆盖关系改变时，故该算法不能适应网络业务流量的突然变化。

在卫星分组和路由协议（Satellite Grouping and Routing Protocol，SGRP）下，MEO 层和 LEO 层两种卫星按照承担的功能区分，LEO 层用于流量传送，MEO 层用于网络管理。在相同的 MEO 层卫星下方足印区范围内的 LEO 层卫星形成一个分组，同组内的卫星间隔性地通知 MEO 层卫星它们在通信链路上的时延、拓扑等相关信息，这些信息通过 MEO 层进行交互并用于实时更新 LEO 层的节点的路由表。MEO 层卫星计算完路由表后发送给它的组成员，组成员按照收到的最新路由表的路径信息进行分组转发，同时通过检测队列容量来处理 LEO 层的网络拥塞，使流量不在拥塞链路上传输。然而，仅在 LEO 层控制流量是十分受限的。典型的 SGRP 的主要过程如图 2.5 所示。

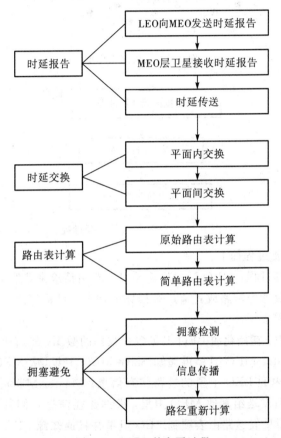

图 2.5　SGRP 的主要过程

基于快照的自治路由算法（Snap-based Autonomous Routing Algorithm，SARA）利用星间链路的连接规则来划分网络拓扑并计算路由表。当某个节点发生故障时，GEO 层的管理者能够再次计算路由表。该算法具有自治性。该算法针对卫星故障做如下操作：由故障节点的相邻节点（非同轨道）生成和传输故障卫星报告，并传输至 GEO 层卫星；由 GEO 层卫星生成新的路由表并往下分发。

基于两层卫星网络的 A-Star 算法按需路由（A-Star Algorithm On-demand Routing，ASOR）协议使用了 A-Star 算法，该算法是一种有效的路径搜寻算法，它缩小了路径搜寻范围，而且减小了计算代价。ASOR 协议中使用的双层网络模型如图 2.6 所示。ASOR 协议的主要过程如图 2.7 所示。

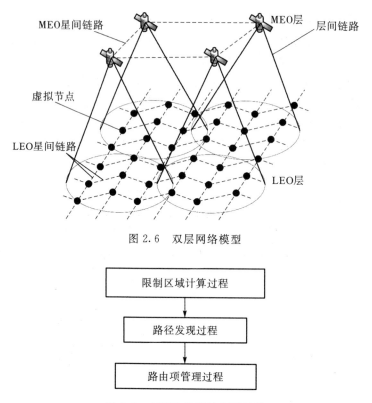

图 2.6　双层网络模型

```
┌─────────────────────────┐
│      限制区域计算过程      │
└─────────────────────────┘
            │
            ▼
┌─────────────────────────┐
│       路径发现过程        │
└─────────────────────────┘
            │
            ▼
┌─────────────────────────┐
│      路由项管理过程       │
└─────────────────────────┘
```

图 2.7　ASOR 协议的主要过程

ASOR 协议的主要过程如下:

(1) 限制区域计算过程: MEO 层卫星需要发送路由请求来获取 LEO 层卫星的链路状态,为了减小开销以及考虑链路或者节点有损坏的情况,可适当地扩大区域范围,并对扩大的区域进行详细计算。

(2) 路径发现过程:初始化源 LEO 卫星缓存收到的数据,然后通知 Master-MEO 卫星(主 MEO 卫星),Master-MEO 卫星再通知 Slave-MEO 卫星(从 MEO 卫星)和其他 MEO 卫星获取在限制区域内的 LEO 卫星的链路状态信息;Master-MEO 卫星计算最优路径和路径的过期时间,然后发送给其他 MEO 卫星,根据路径信息它们可以很容易地计算出路由表项;其他 MEO 卫星发送路由表项到 LEO 卫星并且通知源 LEO 卫星路径发现过程已经完成;源 LEO 卫星使用上述发现的路径去发送数据包。

(3) 路由项管理过程:为防止数据到达目的卫星之前路径变为无效,在路由表中到达下一跳的路由项会被定期检查,只有那些正在传输数据的路径才有可能触发此过程。

GEO/LEO 双层卫星网络在路由设计方面具有较大的优势。首先 LEO 层卫星网络是近似的极轨道卫星网络,可以使用虚拟节点路由算法来屏蔽卫星的移动,而 GEO 本身相对地面静止,这样一来,卫星网络的拓扑动态性被完全屏蔽,这对路由设计是非常有利的。其次,该网络兼顾了 GEO 和 LEO 层卫星网络的优点。在这个网络下,一种基于数据驱动机制的层间路由被提出,它通过数据包分类的路由机制和改进的短跳路径方法降低了排队时延和丢包率。该网络在卫星分组的基础上增加了数据驱动机制。数据驱动机制中使用了 Speaker 卫星,即首先选择用户上方的卫星作为 Speaker 卫星,然后选择与该 Speaker 卫星在不同轨道平面的同一个相对位置的卫星作为其他 Speaker 卫星。在数据驱动机制中，使用 Speaker 卫星来收集同一个轨道平面的状态信息。当一个用户发送数据时，该用户首先发送一个信号给控制机构，然后该控制机构指示用户上方的卫星去收集同轨道平面卫星的状态信息，并且通知其他轨道的 Speaker 卫星去收集所有卫星的状态信息。当所有平面的 Speaker 卫星收集到整个网络的状态信息时，它们开始计算整个网络的路由表，然后将必要的信息发送给同轨道平面的卫星，最后它们通知用户去发送真实的数据包。综合考虑低轨道和静止轨道卫星网络各自的优势，建立一种适合空间组网的双层卫星网络模型，提出了基于拓扑控制的路由算法（Topology Control-based Routing Algorithm，TCRA）。TCRA 算法使用虚拟节点路由算法和卫星分组的思想，将每个低轨道卫星的覆盖区作为网络的虚拟节点。

时延容忍网络（Delay Tolerant Network，DTN）可以为链路具有间歇性的 GEO 层卫星网络和中继卫星网络提供存储转发的路由策略，然而当前的包括接触图路由（Contact Graph Routing，CGR）在内的动态路由选择算法在离散的时间片下都无法通过链路片找到端到端的路由。为了解决这个问题，有学者在 DTN 协议体系结构基础上提出了一种扩大范围的路由选择算法，该算法通过计算每个时间片可以找到最优路径。该算法分为两部分。第一部分是建立路由表，这是在地面上完成的，即使用时间片去描述动态网络的拓扑结构并记录所有可达的路由，在每个时间片内，网络拓扑保持不变。第二部分是路由选择。仿真结果表明，该算法不仅能够减小端到端的传输时间，而且可以明显增加网络的吞吐量。

2.2　空间信息网络节点价值分析技术

空间信息网络是由包括卫星、航天器、空中气球、空间站、地面站等网络通信节点和卫星间链路、地面和卫星间链路以及其他通信链路组成的一个空间网络系统，可对各种各样的空间数据与信息进行实时采集、传送和有效处理，且能够融合其他网络，使得卫星、航天器、空间站等空间设备和地面站可以互联互通。空间信息网络具有高复杂性、拓扑时变性、空间跨度大、高度自治的特点。

空间信息网络的功能表现在多个方面：能够提供较为准确的导航信息；能够对各种突发事件和人员进行快速定位；能在任何时候、任何地点获取大量数据并及时传送和处理，并将各种类型的有用信息及时、准确地传送给需要的终端用户；能够保证精密授时服务。总之，空间信息网络能够克服地面网络的缺陷，实现地球的无缝通信，提高数据传输质量服务。

近年来，随着空间通信技术的发展，空间信息网络受到广泛的关注，社会生活中对于空间通信资源的需求也日趋增长。在空间信息网络中，由于卫星网络层次复杂，层间卫星节点连接不固定，不同卫星节点在网络拓扑中的重要度不同，再加上地理环境以及人口等因素的影响导致的业务分布不均衡，空间卫星节点在数据通信过程中的节点重要度存在较大差异。

当前的节点重要度评估方法主要有两种：

（1）基于拓扑结构的节点重要度评估方法。该方法主要考虑了节点在网络中的位置、连通性以及介数等，并运用图论的方法进行研究。

（2）基于节点贡献度的节点重要度评估方法。该方法通过移除节点后网络性能的下降情况来反映节点在网络中的重要程度。

针对空间信息网络中的拓扑时变性，有学者提出了适用于卫星网络的节点重要度评估方法。该方法能够根据卫星网络数据传输的实时情况建立卫星节点重要度评估方法，通过节点间距离与节点介数对卫星网络的节点进行评估。本节将通过动态卫星网络来获取卫星网络中节点的重要度，并通过破坏度来验证节点重要度评价方法的有效性，同时对具有不同重要度的卫星节点进行失效仿真，研究不同节点重要度的卫星失效对卫星网络性能的影响。另外，针对网络节点遭到破坏的情况，本节给出了一种空间信息网络中具有抗毁性的路由算法，并通过仿真验证了该算法的有效性。

2.2.1　空间信息网络建模

研究中使用的网络模型组成包括：3 颗 GEO 层卫星＋66 颗 LEO 层卫星组成的双层卫星网络、地面节点层。不同网络层中的节点采用弱连接方式，即地面层节点与 LEO 层卫星节点、地面层节点与 GEO 层卫星节点、LEO 层卫星节点与 GEO 层卫星节点都采用单连接方式。同层中的卫星节点采用多连接方式，即每个节点同其周围多个节点进行连接。

LEO 层卫星网络由 66 颗卫星组成，共 6 条轨道，每条轨道中有 11 颗卫星。LEO 层卫星网络与周围 4 个节点都有链路连接，其中两条链路为轨道内链路，另外两条链路为轨道间链路。

GEO 层卫星网络由 3 颗卫星组成，实现对地球中低纬度的覆盖。

地面节点层包含三种类型的节点，即数据传输节点、数据接收节点和地面控制中心节点，其功能分别如下：

（1）数据传输节点负责向其他节点发送数据；

（2）数据接收节点主要用于接收其他节点发送的数据包；

（3）地面控制中心节点用于计算和更新路由。

在研究中往往采用虚拟拓扑路由算法来降低卫星节点的移动性对路由计算的影响，即将卫星网络的运行周期按照拓扑结构划分为不同的时间片，在每个时间片内网络的拓扑结构是稳定的。

在 LEO 层卫星网络中，同轨道卫星节点间的距离保持不变，但不同轨道卫星节点间的距离在低纬地区和高纬地区有所不同。在每个时间片开始时，对网络路由进行更新，地面控制中心节点获取各个卫星节点的位置信息，再根据位置信息得到卫星节点之间的距离。在 LEO 层卫星网络中使用 Dijkstra 最短路径算法来计算 LEO 层卫星网络中传输时延最短的路径。

由于极地轨道卫星网络会出现卫星轨道接缝区域，在此区域不同轨道的卫星相向运行，星间的相对速度较快，星间链路建立的时间较短，因此当卫星节点处于极地区域时，卫星轨道的接缝区域两侧的卫星节点间不能进行通信。

2.2.2　空间信息网络节点重要度评估

在空间信息网络中，LEO 层卫星节点与周围节点的连接关系较为简单，链路状态比较稳定，节点的重要度呈现动态变化的特征，因此以节点度数作为节点重要度的评估参数不能有效地反映空间信息网络中节点的重要性，而应将节点间距离、节点介数作为空间信息网络节点重要度的评估参数。

1. 节点重要度评估参数

1）节点间距离

在空间信息网络中，如果节点 v_i 和节点 v_j 是连通的，那么将节点 v_i 到节点 v_j 的跳数距离作为节点间距离，记为 $D_{i,j}$；如果两个节点不是连通的，则令节点间距离 $D_{i,j}=\infty$。在进行网络最优路径的选取时，跳数最短的路径通常为最优路径，跳数距离反映了通信距离。

　　2）节点介数

　　在空间信息网络中，节点介数为通信链路中经过当前节点的路径条数与总路径条数的比值。LEO 层卫星节点有两个功能，即数据接入功能和数据中继功能。数据接入功能即卫星节点作为地面节点的接入卫星节点，将地面数据传输到卫星网络中。数据中继功能即卫星节点作为中继节点，转发来自其他卫星节点的数据。在本节的卫星网络仿真中，节点 v_i 的介数 B_i 的计算公式如下：

$$B_i = \mu_1 \times \frac{p_{\text{self}}}{p_{\text{total}}} + \mu_2 \times \frac{p_{\text{relay}}}{p_{\text{total}}} \tag{2.1}$$

其中：μ_1 和 μ_2 为权值，与 LEO 层卫星节点相关，在网络拓扑结构随时间变化时频繁发生变化；p_{self} 为以节点 v_i 作为接入卫星节点的路径数；p_{relay} 为以节点 v_i 作为中继节点的路径数；p_{total} 为网络中需要进行传输的路径的总数。

　　节点介数能够有效地反映在当前传输条件下，通过当前节点进行传输的实时路径数量。卫星节点的重要度会受到当前节点的介数以及其他节点对当前节点的贡献度的影响。在空间信息网络中，节点 v_j 对当前节点 v_i 的贡献度为 $\text{Con}_j = \dfrac{B_j}{D_{i,j}} (i \neq j)$，其中 B_j 为节点 v_j 的节点介数，$D_{i,j}$ 为节点 v_j 到当前节点 v_i 的跳数距离。

　　网络中节点的重要度计算公式如下：

$$I_i = B_i \times \sum_{j=1}^{N} \text{Con}_j \quad (i \neq j) \tag{2.2}$$

其中，N 为网络中的节点总数。

2. 空间信息网络拓扑特征分析

　　在空间信息网络中，卫星节点具有移动性和周期性。在每个时间片内，经过各个卫星节点的传输路径数是一定的。如果用通过每个卫星节点的传输路径数来反映通过卫星节点的业务量，则在每个时间片内卫星节点的重要度是一定的，因此卫星节点的重要度为每个拓扑时间片内节点的重要度与时间片权重乘积之和。设卫星网络周期为 T，根据卫星网络拓扑结构的变化可以将卫星运行周期分为 n 个不同的时间片，即 $[T_1, T_2, \cdots, T_{n-1}, T_n]$。

　　不同时间片在整个卫星网络周期中的权重的计算公式如下：

$$\langle w_1, w_2, \cdots, w_{n-1}, w_n \rangle = \left\langle \frac{T_1}{T}, \frac{T_2}{T}, \cdots, \frac{T_{n-1}}{T}, \frac{T_n}{T} \right\rangle \tag{2.3}$$

　　因此，在整个卫星网络周期中，卫星节点 v_i 的重要度为

$$I_{i\_\text{total}} = w_1 \times I_{i\_1} + w_2 \times I_{i\_2} + \cdots + w_{n-1} \times I_{i\_n-1} + w_n \times I_{i\_n} \tag{2.4}$$

其中，$I_{i\_j} (1 \leqslant j \leqslant n)$ 表示在第 j 个时间片内节点 v_i 的重要度。

3. 节点重要度评估与仿真验证

　　1）节点重要度评估

　　在本节的仿真实验中，GEO 层卫星节点主要用于卫星分组管理，LEO 层卫星节点组成了空间信息网络的通信骨干网，同时 LEO 层卫星节点距地高度较小，容易受到干扰。因此，这里主要对 LEO 层卫星节点进行节点重要度评估。

仿真时间设定为100 s。在100 s的时间内网络拓扑结构的变化可以分为四个阶段：0~21 s，21~63 s，63~86 s，86~100 s。在每个时间片内，卫星网络的拓扑结构保持稳定。

在空间信息网络中，LEO层卫星节点通过定期地向周围节点发送节点的位置信息来使地面终端接入，在每个时间片内整个网络进行终端的接入更新。因此，在LEO层卫星节点重要度评估中，节点的中继功能对网络性能的影响大于节点的接入功能对网络性能的影响，即$\mu_1 < \mu_2$。在仿真中，设置$\mu_1 = 0.4$，$\mu_2 = 0.6$。

LEO层卫星节点的节点重要度如表2.1所示。表中节点编号为i_j，其中i为卫星轨道编号，j为轨道中卫星节点的编号。

表 2.1   LEO 层卫星节点的节点重要度

节点编号	节点重要度	节点编号	节点重要度	节点编号	节点重要度
1_1	0	3_1	0	5_1	0
1_2	0.0290	3_2	0.0438	5_2	0.0629
1_3	0.1971	3_3	0.2926	5_3	0.2210
1_4	0.1366	3_4	0	5_4	0.0282
1_5	0.1488	3_5	0	5_5	0.0345
1_6	0.0834	3_6	0.0182	5_6	0.0273
1_7	0.0221	3_7	0	5_7	0
1_8	0.0196	3_8	0	5_8	0
1_9	0.0189	3_9	0	5_9	0
1_10	0.0359	3_10	0.0513	5_10	0.0484
1_11	0.0107	3_11	0	5_11	0
2_1	0.0324	4_1	0.0198	6_1	0.0299
2_2	0.0499	4_2	0.0495	6_2	0.1023
2_3	0.2776	4_3	0.2607	6_3	0.1328
2_4	0.0492	4_4	0	6_4	0.0191
2_5	0.0652	4_5	0	6_5	0.0276
2_6	0.0402	4_6	0.0171	6_6	0.0200
2_7	0.0171	4_7	0	6_7	0.0090
2_8	0.0207	4_8	0	6_8	0.0126
2_9	0.0158	4_9	0	6_9	0.0136
2_10	0.0566	4_10	0.0509	6_10	0.0450
2_11	0.0157	4_11	0.0120	6_11	0.0316

　　从表 2.1 中可以看到不同 LEO 层卫星节点的节点重要度存在较大差异，在每条轨道上编号为 3 的卫星节点的节点重要度都相对较高，这是由于地面节点在北半球分布较多，同时编号为 3 的卫星节点距离北极地区较近，因此轨道间的距离较小，能够保证数据的传输时延最小。图 2.8 所示表明了在传输过程中数据的传输方向，其中 103 表示节点编号 1_3，其他以此类推。由表 2.1 还可知，某些卫星节点的节点重要度为 0，这表示该节点未参与当前卫星网络的传输，对整个卫星网络的性能无影响。

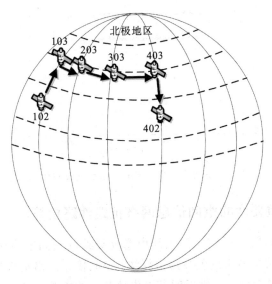

图 2.8　数据传输方向

2）节点重要度仿真验证

　　从表 2.1 中选取节点编号为 1_5(105)、2_3(203)、3_8(308)、4_10(410)的 4 个节点对卫星网络进行相应的失效仿真，4 个节点的节点重要度大小关系为 $I_{3\_8\_total} < I_{4\_10\_total} < I_{1\_5\_total} < I_{2\_3\_total}$，数据接收量大小关系为 $R_{3\_8} > R_{4\_10} > R_{1\_5} > R_{2\_3}$，通过节点移除的操作对卫星网络进行节点重要度验证。

　　设置仿真时间为 100 s，每个地面终端的数据发送速度为 400 packet/s，分别对上述 4 个具有不同节点重要度的卫星节点进行失效仿真，仿真结果如图 2.9 所示。从图 2.9 中可以看出，在仿真进行到 30 s 时，卫星网络出现节点失效。节点失效意味着该节点完全不能工作，即不能进行数据的转发和信息的发送与接收。

　　由图 2.9 可知，在 30 s 时节点 1_5、2_3、4_10 的数据接收量均有一定程度的下降，而节点 3_8 的数据接收量没有变化，这是由于节点 3_8 未参与当前数据传输过程，因此对整个卫星网络的传输性能没有影响。在 30～60 s 内 $R_{1\_5} < R_{2\_3}$，这表明经过节点 1_5 的路径数量大于经过节点 2_3 的路径数量。在仿真进行到 60 s 时，空间信息网络进行了接入卫星更新，通过接入卫星更新有效地降低了失效节点的接入功能对网络性能的影响，所以在 60 s 以后 $R_{1\_5} > R_{2\_3}$。可见，本节提出的节点重要度评估方法能够有效地对空间信息网络中的卫星节点的重要度进行评估。

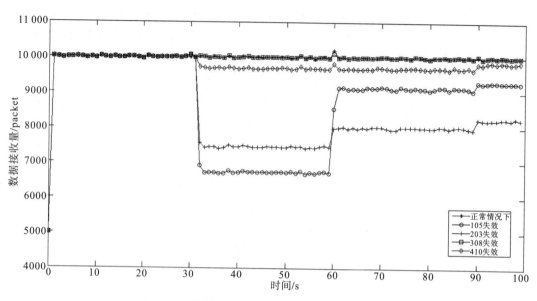

图 2.9　不同节点重要度的卫星节点失效仿真结果

2.2.3　基于节点重要度的空间信息网络抗毁性路由算法

空间信息网络的抗毁性研究主要关注由意外导致的空间节点失效情况下的抗毁性技术，从而设计出空间信息网络抗毁性路由算法。空间信息网络抗毁性路由算法的基本原理是当有节点失效时，整个网络能够及时获取失效节点的相关信息，并更新网络路由算法。

1. 空间信息网络抗毁性路由算法设计

空间信息网络抗毁性路由算法设计主要包括以下几个环节：

（1）失效节点信息的获取。LEO 层卫星节点定期向邻居节点发送数据包，通知邻居节点本节点是否能够正常工作。每个 LEO 层卫星节点都会建立本节点的邻居节点状态表，用来记录其邻居节点的状态。

（2）失效节点信息的传输。一旦邻居 LEO 卫星发现有节点失效，就向 GEO 层管理卫星节点发送失效节点的相关信息，同时更新自身的路由表。当失效节点的路径不可达时，经过失效节点的数据就通过其他节点进行迂回传输。失效节点信息在 GEO 层卫星节点中洪泛，GEO 层卫星节点判断失效节点是否是地面节点的接入卫星，若不是，则直接向地面控制中心发送失效信息；若是，则 GEO 层卫星节点向 LEO 层卫星发送信息，要求 LEO 层卫星节点向地面节点发送"hello"数据包，用于更新地面节点的接入 LEO 层卫星节点，同时向地面控制中心发送失效信息。

（3）重路由计算。地面控制中心在获取到失效节点的相关信息后，根据当前卫星节点位置信息重新计算路由。路由信息计算完成后将更新的路由信息发送到 LEO 层卫星节点。

（4）数据传输。LEO 层卫星节点重新获取本节点的相关路由信息后，建立到达其他节点的路由表。当有数据传输到本节点时，根据路由表发送相应的数据。

空间信息网络抗毁性路由算法流程图如图 2.10 所示。

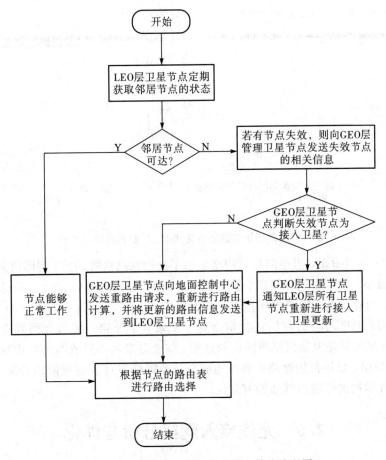

图 2.10　空间信息网络抗毁性路由算法流程图

2. 仿真验证

在当前卫星网络模型中添加抗毁性路由算法，分别对节点 1_5(105)、2_3(203)、3_8(308)、4_10(410)失效的情况进行仿真验证，并且对采用抗毁性路由算法前、后卫星网络的数据接收量进行比较，验证结果如图 2.11 所示。

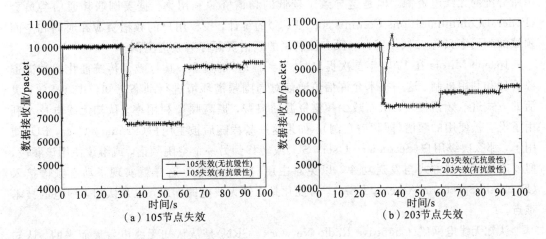

（a）105节点失效　　　　　　　　　（b）203节点失效

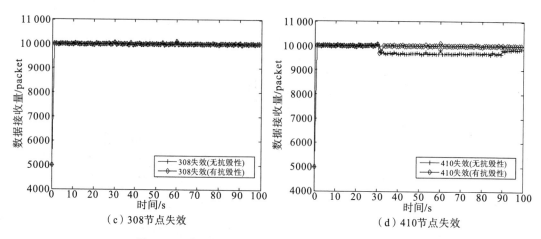

（c）308节点失效   （d）410节点失效

图 2.11　采用抗毁性路由算法前、后数据接收量比较

从图 2.11 可以看出，当空间信息网络采用了抗毁性路由算法后，空间信息网络的数据接收量变化较小，节点失效对网络整体性能的影响明显降低。由于节点 308 未参与网络数据传输过程，因此节点失效对网络传输性能无影响。从图 2.11(a)、(b)、(d)中可以看出，在节点失效后，卫星网络的数据接收量会有一个短暂的下降，随后会回到正常的接收水平，这个恢复过程就是卫星网络重路由的过程。整个卫星网络完成路由更新的时间为 2～3 s。仿真结果表明，采用抗毁性路由算法能够有效地降低节点失效对网络传输性能的影响，验证了所设计的抗毁性路由算法的有效性。

2.3　无线接入网络分析与优化

2.3.1　无线接入网络的频谱接入

随着无线设备的普及，无线设备数量的日益增加导致了非授权用户频谱资源的不足，拥塞、延迟、可靠性低等一系列问题随之出现。与此同时，授权用户的频谱资源被分成一些段，并利用各种无线技术进行部署以实现适当的管理。虽然授权用户可以不受干扰地使用所分配的无线电资源，但是这导致了较低的频谱资源利用率。据美国联邦通信委员会(Federal Communications Commission，FCC)的统计，授权用户的频谱资源在时间和空间领域的利用率只有 15%～85%，没有被利用的频谱资源称为频谱空洞。

Jpseph Mitola 在 1999 年首次提出"认知无线电"的概念，其打破了传统僵化的频谱资源管理和利用机制。这一技术允许信道通信对周围频谱环境进行动态感知，并以高效、灵活的方式进行频谱接入，从而减少频谱资源的浪费，提高频谱利用率。认知无线电技术利用了没有被使用的频谱(即频谱空洞)。如果这一频段随后被主用户(Primary User，PU)使用了，那么次级用户(Secondary User，SU)或转移到另一个空闲频谱，或继续使用该频段，但要改变其调制方式与发送功率，以免对主用户产生干扰，这样就实现了动态频谱接入(Dynamic Spectrum Access，DSA)。智能化是认知无线电的标志，也是认知无线电的技术难点。

认知无线电网络(Cognitive Radio Network，CRN)是从认知无线电发展而来的。认知无线电网络由授权的主用户(PU)和非授权的次级用户(SU)组成,每个 SU 都有感知频谱空洞的能力,并且 SU 可以在不影响 PU 的情况下利用自身感知到的频谱空洞进行信息传递。由于 PU 的优先级高于 SU,SU 可以采用底层 underlay 和上层 overlay 的频谱共享机制实现和 PU 的共存。同时,SU 可以动态地访问未许可信道,但前提是 PU 不占用信道频谱。因此,如果多个 SU 受到影响,在没有其他备份通道的情况下就会导致网络分区。将功率控制和信道分配相结合,可以以最少的所需信道构建双通道连接和无冲突拓扑。本节将构建一个能够抵抗 PU 活动中断的底层拓扑,并根据图着色为每个 SU 分配信道,以实现无冲突传输。

认知无线电网络本质上是一种多信道无线网络,在该网络中有两个问题需要解决:一是接入协商,即发送者和接收者能够在同一时刻的同一信道上进行通信;二是避免和解决多用户冲突。信道交会算法用于解决接入协商问题,即采用不同的方法实现发送者和接收者在同一时刻的同一信道上的通信。信道交会是完成控制和数据信息传输最基础且不可缺少的过程,是实现网络管理和控制的前提条件。为了防止恶意节点对感知系统的感知性能造成严重影响,需要通过合作感知来提高感知性能,并使 SU 可以根据合作感知结果动态地调整其发射频率。特别地,在 CRN 中,PU 的动态接入和退出导致了 SU 的可利用信道的时间差异性(不同时间段内的 SU 可能有不同的信道可利用性)和空间差异性(不同地理位置的 SU 可能有不同的信道可利用性)。因此,研究信道交会算法对于实现认知无线电网络组网有重大意义。

2.3.2　信道交会算法

目前主流的信道交会算法有公共控制信道(Common Control Channel,CCC)算法、分簇(Cluster Based,CB)算法和信道跳频(Channel Hopping,CH)算法。

当在 CRN 中存在稳定的 CCC 时(即频谱空间从未被 PU 占用时),发送者在 CCC 上与接收者进行协商并选择公共信道建立通信链路,进而实现通信。一旦发送者或接收者感知到所使用的信道被 PU 占用或受到干扰,它们将返回 CCC 重新进行协商并建立另一通信链路。如果特殊的公共控制信道在所有的时间内对于每个 SU 都是可以利用的,则在网络中采用一个公共信道对于要访问大量信道的 SU 来说是相对有效且稳定的。然而,在 CRN 中,由于频谱感知环境的动态性以及每个 SU 要求在不同的信道上进行交会,因此要获得一个稳定的公共信道几乎是不可能的。除此之外,CCC 算法还有以下缺点:

(1) 在未许可频谱中分配 CCC 将加重其拥塞;

(2) 在 CCC 中,单一的控制信道容易受到干扰攻击而出现单点故障。

2005 年,Zhao 等人首次提出了根据 SU 在网络中的频谱感知的差异性而对不同区域的 SU 进行分布式协调以构造"簇"的思想。具体来说,由组内 SU"投票"选择最多邻居数量的信道作为控制信道,并在控制信道上广播和交会信息。该控制信道称为"簇头"。在分簇算法中,根据簇的形成算法将 SU 分为不同的簇,在簇内投票推选一名簇员作为"簇头","簇头"履行中心协调的职责。在基于分簇算法的簇内,多个 SU 使用同一交会信道能够提高 SU 之间的广播效率,但是 CB 算法的鲁棒性差,任意一个 PU 的随机占用都可能使其分解,此时就需要重新构造簇,这会极大地增加协议开销并降低通信质量。

当网络中的 CCC 受到干扰或者网络中不存在 CCC 时,CH 算法可以克服 CCC 算法和

CB 算法的一些问题。CH 算法中，每个 SU 按照一个特殊的信道跳频序列，在 SU 的可利用信道中不断地跳频搜索，直到实现信道交会。SU 在不同信道上搜索的顺序即为 SU 的信道跳频序列。但是 CH 算法也存在一些问题，例如如何给 SU 分配授权信道，如何避免 SU 之间的冲突，如何增加用户的交会度和最小化最大交会时间等。

图 2.12 给出了 CCC、CB、CH 三种算法的优缺点。

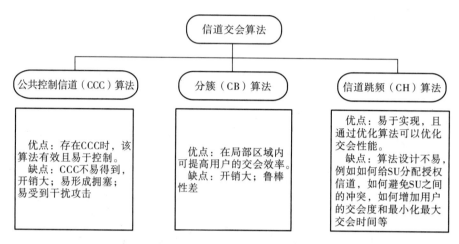

图 2.12   三种信道交会算法的优缺点

2.3.3   信道跳频算法策略分类

1. 两用户/多用户信道交会

根据参与信道交会的 SU 个数可将 CH 算法分为两用户信道交会算法和多用户信道交会算法。目前研究 CRN 的文献大多关注的是两用户信道交会算法。

在两用户信道交会中，只有两个 SU 参与信道跳频，有唯一的发送者和接收者。如图 2.13(a)所示，假设网络中有两个用户 SU_a 和 SU_b，且 SU_a 和 SU_b 分别在对方的传输范围内，两个用户的信道搜索序列分别为 S_a 和 S_b。图 2.13(a)中的两个用户在第 4 个时间片实现信道交会。

多用户信道交会一般是指多个用户在同一时刻的同一信道上相遇的过程。在多用户信道交会中，有两个或两个以上 SU 参与信道跳频，并且每个用户希望和一个或者多个用户建立通信链路，因此网络中有一个或多个发送者和接收者。如图 2.13(b)所示，假设网络中有三个用户 SU_a、SU_b 和 SU_c，其信道搜索序列分别为 S_a、S_b 和 S_c。图 2.13(b)中的三个用户在第 15 个时间片实现信道交会。

（a）两用户信道交会   （b）多用户信道交会

图 2.13   两用户和多用户信道交会

　　无线发射器的普及使得使用无线发射器的花费降低，而增加用户的无线设备可以明显地降低用户信道交会的时间，从而提高网络的交会性能，因此，目前有些用户配备了多个无线发射器。但使用多个无线发射器的多用户交会和传统的多用户交会有所不同。给定多跳的 CRN，传统的多用户交会认为所有的用户必须在同一信道上交会成功。而如果用户配备了多个无线发射器，则只要求保证所有用户与至少一个用户在至少一个信道上交会成功。如果网络中的用户只有一个无线接口，则多用户交会过程要求所有用户在同一信道上实现交会。相反地，如果网络中的用户有多个无线接口，则信道交会过程一直执行到所有用户都在任一信道上实现交会为止。因此，多无线发射器可以明显地提高网络的交会性能。在图 2.14 所示的信道交会模型中，一个用户可以和多个不同用户在不同信道上同时进行信息传输。

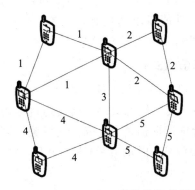

图 2.14　多无线发射器的信道交会模型

2. 时间同步/时间异步信道交会

　　根据参与信道交会的 SU 是否具有相同的时钟，可将信道交会分为时间同步信道交会和时间异步信道交会。时间同步信道交会是指所有 SU 都有相同的时钟，SU 开始信道搜索的时间相同；反之，则为时间异步信道交会。时间同步的网络模型有益于加速信道交会，但是在分布式 CRN 中要求用户具有相同的时钟是不切实际的。

3. 模型异质/模型同质信道交会

　　根据节点的感知能力，可将网络分为模型异质和模型同质，对应的信道交会分别为模型异质信道交会和模型同质信道交会。若网络中所有 SU 具有相同的感知半径，且所有 SU 的可利用信道集合相同，则称该网络中的节点同质；若 SU 的可利用信道集合不相同，则称该网络中的节点异质。对于规模较小的网络，SU 之间的距离较近，因此 SU 具有相同的可利用信道集合。而对于一些规模较大的网络，SU 的差异性大，其可利用信道集合差别较大。

4. 角色对称/角色不对称信道交会

　　根据 SU 在开始信道交会之前是否已知信息发送的方向，可将 SU 分为角色对称和角色不对称。在角色对称的信道交会模型中，SU 在开始信道跳频之前并不知道自身是发送者还是接收者，因此在该模型中，发送者和接收者采用相同的算法生成跳频序列。在角色不对称的信道交会模型中，发送者和接收者采用不同的算法生成跳频序列。角色不对称的信道交会模型可以加速 SU 实现信道交会，但是这种先验信息不容易得到。

5. 用户署名/用户匿名信道交会

根据网络中每个 SU 是否依靠自身的 ID 来设计信道跳频序列，可将网络分为用户署名网络和用户匿名网络。在用户署名网络中，每个 SU 有唯一的 ID，该 ID 是 IP 地址或 MAC 地址。SU 在信道交会之前已知目标 SU 的 ID 信息，其依据自身和目标用户的 ID 信息可以生成信道跳频序列。这种方法在很大程度上可以加速信道交会，但是当用户 ID 信息被泄露时使用该方法很容易受到攻击。在用户匿名网络中，每个 SU 没有唯一的 ID 或者不利用 ID 信息进行信道交会。

6. 单无线发射器/多无线发射器信道交会

根据 SU 配备的无线发射器的数量，可将网络分为单无线发射器模型和多无线发射器模型。目前大多数 SU 都配备单个无线发射器，但是随着无线发射器的普及、多个无线发射器花费的降低和对网络传输性能需求的提高，对多无线发射器的需求越来越多。然而，多无线发射器的花费仍然明显高于单无线发射器。

7. 稳定网络/不稳定网络信道交会

根据信道交会进行时 SU 信道的可利用性是否会发生改变，可将网络分为稳定网络和不稳定网络。目前大多数 SU 在进行信道交会之前会通过频谱感知得到当前可利用信道集合，然后从该可利用信道集合中选取信道，生成信道跳频序列，并假设感知到的信道的可利用性在信道交会过程中不会改变。但是由于 CRN 中 PU 的随机占用，这种假设有时候是不成立的。

8. 确定模型/不确定模型的信道交会

根据有交会需求的 SU 之间是否一定存在公共信道，可将网络分为确定模型和不确定模型。一般的 CH 算法中都假设 SU 之间一定存在公共信道，但是这种假设在网络中信道总数少或者 PU 多的情况下是很难满足的，因此有学者提出了不确定模型，将 SU 的感知范围分块，从而提高 SU 的交会性能。但是这种不确定模型又极大地增加了 SU 实现信道交会所需要的时间。

2.3.4 度量标准

1. CH 算法度量标准

综合多方面因素，本节介绍五个评价 CH 算法的度量标准，分别是保证交会（Guarantee Rendezvous，GR）概率、最大交会时间（Maximum Time to Rendezvous，MTTR）、平均交会时间（Expected Time to Rendezvous，ETTR）、交会度（Rendezvous Degree，RD）和交会的公平性（Fair Rendezvous，FR）。

约定当所有用户都开始跳频搜索时计时。不失一般性，假设 SU_b 是所有信道交会需求的 SU 中最后开始信道跳频的用户。当 SU_b 在 t 时刻实现交会时，信道交会的时间为 t，表示为 $T(\delta)$，其中 δ 为第一个开始信道跳频的 SU 和最后一个开始信道跳频的 SU 的时间差。

GR 是一个二元变量，当用户在有限的时间内一定可以实现信道交会时，GR＝1，否则 GR＝0。其定义的数学形式如下：

$$GR = \begin{cases} 1, & T(\delta) \leqslant T_h \\ 0, & 其他 \end{cases} \tag{2.5}$$

其中，T_h 为信道交会时间的阈值。

MTTR 表示最坏情况下实现信道交会所需的时间，定义如下：

$$\text{MTTR} = \max_{\forall \delta \geqslant 0} \min T(\delta) \tag{2.6}$$

ETTR 是至少在一个信道上实现交会的平均时间，定义如下：

$$\text{ETTR} = E[\min T(\delta)] \tag{2.7}$$

其中，$E[\cdot]$ 表示数学期望。

RD 是信道交会算法结束后搜索到的交会信道的个数和用户之间实际存在的公共信道的个数之比。RD 越大，说明交会多样性越强。假设网络中有 n 个用户参与信道交会，则 RD 定义如下：

$$\text{RD} = \frac{|C(\delta)|}{\left| \bigcap\limits_{i=1}^{n} C_i \right|} \tag{2.8}$$

其中：$C(\delta)$ 表示用户的交会信道集合；C_i 表示用户 i 的可利用信道集合。

FR 表示网络中信道交会算法的公平性。公平的信道交会算法必须满足以下三点：

(1) 用户搜索不同信道的次数相同；

(2) 在任何时间片内搜索信道的用户个数相同；

(3) 任何用户的信道交会度相同。

FR 是一个二元变量，当 CH 算法满足上述三个条件时，FR＝1，否则 FR＝0。假设网络中有 n 个 SU，S_i 为各自的跳频序列，网络中有 m 个信道，U_j^t 表示 t 时刻搜索信道 j 的 SU 个数，则上述三个条件可表述为：

(1) $\forall i = 1, 2, \cdots, n, \forall j, k = 1, 2, \cdots, m$ 且 $j \neq k$，有 $|S_i^j| \approx |S_i^k|$，$S_i^k = \{S_i \setminus \{l\} \mid l \in S_i, l \neq k\}$；

(2) $\forall j = 1, 2, \cdots, m$，$\forall t_1 \neq t_2$，有 $|U_j^{t_1}| \approx |U_j^{t_2}|$；

(3) $\forall i, j = 1, 2, \cdots, n$，有 $\text{RD}_i \approx \text{RD}_j$。

2. CH 算法面临的挑战

对于 CRN 信道交会问题的 CH 算法，设计信道跳频序列的目的是希望在保证信道交会的同时，尽可能满足信道的公平性，并降低 MTTR 和 ETTR，提高 RD。为了达到上述目的，CH 算法的设计主要面临以下挑战：

(1) 由于 CRN 环境复杂，PU 可能随时出现并占用信道，信道可利用性不可预估；SU 在进行信道交会过程中信道的可利用性可能也会发生改变，从而造成资源浪费或者对 PU 产生干扰。

(2) SU 的信道交会可能会受到其他 SU 竞争信道的影响，造成交会失败。

(3) 在分布式 CRN 中，SU 拥有唯一的 ID、SU 时钟同步、SU 角色不对称等先验信息，这些都可以加速信道交会，减少 MTTR，但是这些先验信息不容易获取。

(4) 对于异质无线网络，不同 SU 的可利用信道集合不相同，若 SU 之间不存在公共可利用信道，则怎样改变传输范围，增加其有公共可利用信道的概率，从而增加交会概率，也是 CH 算法所面临的一个重大挑战。

2.3.5 信道跳频算法

下面介绍几种 CH 算法，并深入剖析相关工作的基本原理以及面临的挑战。

1. 基于 Quorum 系统的信道跳频算法

为了便于读者理解基于 Quorum 系统的 CH 算法，首先给出如下几个定义。

定义 2.1（Quorum 系统）　给定集合 $\mathbf{Z}_n = \{0, 1, \cdots, n-1\}$，基于集合 $\mathbf{Z}_n$ 的 Quorum 系统 Q 是 $\mathbf{Z}_n$ 非空子集的集合，也就是 $\forall G, H \in Q$，有 $G \cap H \neq \varnothing$。

定义 2.2（Quorum 的旋转循环）　给定一个非整数 i 和基于集合 $\mathbf{Z}_n$ 的 Quorum 系统 Q 的一个 Quorum G，定义 $rotate(G, i) = \{(x+i) \bmod n, x \in G\}$ 表示 Quorum G 基于 i 的旋转循环。

定义 2.3（Quorum 的 k-closure 闭包特性）　若基于 $\mathbf{Z}_n$ 的 Quorum 系统 Q 满足以下条件，就认为其满足 k-closure 特性：对于 $k \geq 2$，如果 $\forall G_1, G_2, \cdots, G_k \in Q$，且 $\forall i_1, i_2, \cdots, i_k \in \mathbf{Z}_n$，都有 $rotate(G_j, i_j) \neq 0$。

定义 2.4（k-arbiter Quorum 系统）　基于集合的 k-arbiter Quorum 系统 Q 是一系列 Quorum 的集合，满足 $\forall G_1, G_2, \cdots, G_{k+1} \in Q$，$\bigcap_{i=1}^{k+1} G_i \neq \varnothing$。

基于集合 $\mathbf{Z}_n$ 的 Quorum 系统 $Q = \{\{0, 1, 2\}, \{0, 1, 3\}, \{0, 2, 3\}, \{1, 2, 3\}\}$ 是一个 2-arbiter 的 Quorum 系统。因为该系统中任何三个 Quorum 都存在公共元素。

若 k-arbiter 的 Quorum 系统满足：

$$Q = \left\{ G \subseteq \mathbf{Z}_n : |G| = \left(\left\lfloor \frac{kn}{k+1} \right\rfloor + 1 \right) \right\} \tag{2.9}$$

则该系统是均匀的 k-arbiter Quorum 系统。

上面给出的 2-arbiter 系统就是一个均匀的 2-arbiter 系统，其中每个系统包含的元素个数为 $\lfloor 2 \times 4/(2+1) \rfloor + 1 = 3$。均匀的 k-arbiter 系统具有 $(k+1)$-closure 性能。图 2.15 给出了一个具有 3-closure 的均匀的 2-arbiter Quorum 系统的实例。

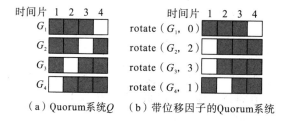

（a）Quorum 系统 Q　　（b）带位移因子的 Quorum 系统

图 2.15　具有 3-closure 的均匀的 2-arbiter Quorum 系统

由于 Quorum 系统的这种 k-closure 性能，一个 Quorum 系统在经过 k 次循环后里面的元素一定会重复，因此利用 Quorum 系统的 k-closure 性能构造信道跳频序列能够保证用户在确定时间内必然会在至少一个信道上相遇。不同的算法给出了不同 Quorum 系统的构造方法，其目的在于在保证信道交会的前提下通过减小 Quorum 系统中元素的个数和 k-closure 中 k 的值来减小 MTTR。

基于 Quorum 系统元素的 k-closure 性能设计信道交会算法中构造 Quorum 系统所依赖的元素是通过将某一宽松循环差集进行模加运算得到的，利用算法给参与交会的用户分配不同的 Quorum 系统，给处于系统中的时间片的元素分配信道 h_1，其余时间片在可利用信道集合中随机选取。若参与交会的 SU 的公共信道中有信道 h_1，则其一定会在 k 次循环中实现交会，否则继续选择信道 h_1 并重复上述操作。基于信道跳频的信道排序（Channel Ranking based Channel Hopping, CRCH）利用了一个环面网格的 Quorum 系统。一个大小

为 $h \times w$ 的环面网格由一个 h 行 w 列的矩阵组成。对于 $1 \leqslant i \leqslant h-1$ 行，i 行后是 $i+1$ 行，h 行后是 1；对于 $1 \leqslant j \leqslant w$ 列，第 $j+1$ 列接着第 j 列，第 1 列接着第 w 列。h 代表可以利用的信道的个数，网格中的每个数字代表时间片。CRCH 首先生成基于质量服务的信道排序，在环面网格的 Quorum 系统中选择一列和三个相关的对角线元素分配给信道排序最靠前的信道，接着重新生成环面网格 Quorum 并给次优信道分配信道，以此类推。

利用 Quorum 系统构造信道跳频序列的难点在于设计 Quorum 系统和选择其中的一个或者多个 Quorum 分配给 SU，在保证信道交会及其公平性的前提下减小 Quorum 中元素的个数和 k-closure 中 k 的值，从而达到减小 MTTR 的目的。

2. 基于中国剩余理论的信道跳频算法

首先给出中国剩余定理的具体内容。

定理 2.1（中国剩余定理）　用 x_1，x_2，$\cdots$，x_k 表示 k 个互素的正整数，即 $\forall i$，$j \in \{1, 2, \cdots, k\}$，有 $\gcd(x_i, x_j) = 1$，其中 $\gcd(x_i, x_j)$ 为 x_i 和 x_j 的最大公约数。令 $y = \prod\limits_{l=1}^{k} x_l$，用 z_1，z_2，$\cdots$，z_k 表示 k 个整数且 $\forall i \in \{1, 2, \cdots, k\}$，有 $z_i < x_i$，从而，同余方程组：

$$z_1(\bmod x_1) \equiv z_2(\bmod x_2) \equiv \cdots \equiv z_k(\bmod x_k) \tag{2.10}$$

存在解 I。而且，任何上述系统的两个解模 y 都有相同的余数，即 $I_1 \equiv I(\bmod y)$，也就是说，在 0 到 $y-1$ 之间上述系统只存在唯一的解。

定理 2.2　用 x_1，x_2，$\cdots$，x_k 表示 k 个互素的正整数，令 $y = \prod\limits_{l=1}^{k} x_l$。基于中国剩余定理构造的系统 $Q = \{G_1, G_2, \cdots, G_k\}$ 具有 k 闭包的特征，其中 $G_i = \{x_i c_i, c_i = 0, 1, \cdots, y/x_i - 1\}$。

给出一个中国剩余定理系统的简单例子。考虑三个互素的正整数 $x_1 = 2$，$x_2 = 3$，$x_3 = 5$，从而 $y = x_1 x_2 x_3 = 30$。我们可以构造系统 $Q = \{G_1, G_2, G_3\}$，其中 $G_1 = \{0, 2, 4, \cdots, 28\}$，$G_2 = \{0, 3, 6, \cdots, 27\}$，$G_3 = \{0, 5, 10, \cdots, 25\}$，令 $z_1 = 0$，$z_2 = 1$，$z_3 = 0$。如图 2.16 所示，给 SU_i 分配 G_i，选择一个信道 h_1，在 G_i 的时间片内搜索信道 h_1，若 h_1 是所有参与用户的公共信道，则其一定会在时间片内实现交会。在图 2.16 中有 $\bigcap\limits_{j=1}^{3} \mathrm{rorate}(G_j, z_j) = 10$，系统 Q 在时间片 10 实现信道交会。

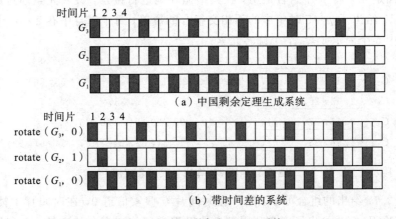

（a）中国剩余定理生成系统

（b）带时间差的系统

图 2.16　中国剩余定理 CH 系统

在利用中国剩余定理设计信道跳频算法中，素数模运算的模值 p 为大于自己可利用信道总数 N 的最小素数。在该算法中，SU_i 在第 t 个时间片内切换的信道由公式 $C_i^t = t \cdot r_i + C_i^0 \mathrm{mod}(p_i)$ 确定，其中 r_i 表示 SU_i 的跳转步长，C_i^0 表示 SU_i 的初始选择信道。在同步信道跳频（Synchronization Channel Hopping，SCH）算法中，时间片被分为一系列周期，每个周期由一些帧组成，每个帧又分为多个时间片。对于每个信道 i，该算法利用三元组给每个周期生成两个素数和一个比例，该素数按比例分配相应的帧，进而在相应帧的时间片内（即在该素数倍数的时间片上）搜索信道 i。有学者为 SU 分配了两种跳频序列，当没有信息需要发送时，SU 按照接收机序列进行周期跳频，当有信息需要发送时，SU 按照发送机序列进行周期跳频。将素数按照从小到大的顺序排列，发送机选择该排序中偶数位的大于可利用信道数的素数，记为 L_1。在 L_1 长度的跳频序列中，首先将所有可利用信道遍历一次，接着随机地选择可利用信道进行搜索。接收机选择上述排序中奇数位的大于可利用信道数的素数，记为 L_2，接下来的过程与发送机的周期跳频相似。

利用中国剩余定理设计信道跳频算法需要解决的关键问题是怎样将最可能小的素数分配给不同的信道，从而在有限的时间片内实现信道交会。对于多用户信道交会，假若信道的个数多，给不同用户的不同信道分配不同的素数，则分配的素数会较大，$y = \prod\limits_{l=1}^{k} x_l$ 的值会增长得更快，从而导致很长的交会时间。此外，由于 SU 不同信道分配不同的素数，因此不同信道搜索的时间片的个数不相等，利用该思想构造的跳频序列一定不满足公平性度量标准。

3. 基于组合学理论的信道跳频算法

在基于组合学理论的信道跳频算法中，首先通过一定的方法给出相应的组合，进而根据给定组合的相应特征和信道跳频算法建立相应的跳频。

不相交集合覆盖交会（Disjoint Set Cover Rendezvous，DSCR）算法基于不相交组合覆盖的思想给出相应组合，其中每个组合代表一个信道，组合中的元素代表时间片。例如，组合 n 中包含元素 i，表示在时间片 i 上搜索信道 n。

DSCR 算法假设网络中有 N 个主用户，p 为大于 N 的最小素数。构造 p 个不相交组合的覆盖，每个组合代表一个信道，组合数大于 N 时，对其进行取余运算，得到的余数代表相应的信道。每个组合包含 $2p + \lfloor p/2 \rfloor$ 个元素，其中包含 p 个固定元素和 $p + \lfloor p/2 \rfloor$ 个旋转元素。固定元素将 p 个组合遍历，在其中循环地进行搜索，旋转元素通过欧拉五角数生成。图 2.17 给出了 $p=5$ 时生成的不相交组合的覆盖，每个组合中有 $2 \times 5 + \lfloor 5/2 \rfloor = 12$ 个元素，其中 5 个固定元素，7 个旋转元素。

$$C_0: \{\underline{0, 12, 24, 36, 48,}6, 9, 11, \qquad\qquad 43, 44, \quad 53, 58\}$$
$$C_1: \{\underline{1, 13, 25, 37, 49,}5, 10, \quad 18, 21, 23, \qquad\qquad 55, 56\}$$
$$C_2: \{\underline{2, 14, 26, 38, 50,}7, 8, \quad\quad 17, 22, 30, 33, 35\}$$
$$C_3: \{\underline{3, 15, 27, 39, 51,} \qquad\quad 19, 20, \quad 29, 34, \quad 42, 45, 47\}$$
$$C_4: \{\underline{4, 16, 28, 40, 52,} \qquad\qquad\qquad 31, 32, \quad 41, 46, \quad 54, 57, 59\}$$

图 2.17　DSCR 算法生成组合实例

通过图 2.17 给出的组合可知，用户在时间片 0 搜索信道 0，在时间片 1 搜索信道 1，以此类推。DSCR 算法给出了一个利用组合的思想实现信道交会的实例，而利用组合生成信道跳频序列需要解决两个问题：一是如何将组合和信道序列建立联系，该组合应该具有什么特征；二是通过已知条件如何构建组合，才能满足其需要具备的特征，使得最终设计的 CH 序列能够具有优良的性能。

调整的不相交有限覆盖交会（Adjusted Disjoint Finite Cover Rendezvous，ADFCR）算法可用于更一般的认知无线电网络，如同步时钟、异构模型、角色对称和用户匿名的网络。ADFCR 算法建立了不相交有限覆盖 DFC（Disjoint Finite Coverage）和交会过程之间的关系。ADFCR 算法通过构造 DFC 产生信道序列，而 DFC 是网络规模 LOCK 的函数，因此通过调整 LOCK 值，该算法可以满足网络需求的多样性。

利用组合的思想设计 CH 算法的难点在于如何将组合和信道序列建立联系，使得构建的组合能够很好地体现 CH 序列的特征并通过对组合的优化来提高信道交会的公平性。

4. 基于 Markov 理论的信道跳频算法

信道交会过程中信道的可用性可以认为是一个 Markov 过程。假设每个信道有三个状态：空闲状态（状态 1）、被 PU 占用状态（状态 2）和被 SU 占用状态（状态 3）。这三个状态之间的转换可以看作 Markov 链，其状态空间 $S=\{1,2,3\}$。如图 2.18 所示，对于任意状态，用一个非负数 $a_{ij}^{(m)}$ 表示信道 m 从状态 i 转到状态 j 的概率，由于 SU 不允许接入被 PU 占用的信道，因此状态 2 转到状态 3 的概率为 0。

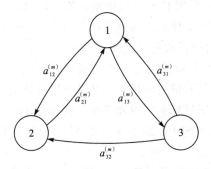

图 2.18　信道 m 的状态转移图

$\boldsymbol{A}^{(m)}=[a_{ij}^{(m)}]_{i,j}$ 表示信道 m 的状态转移矩阵，$\boldsymbol{P}_t^{(m)}=[p_t^{(m)}(i,j)]_{i,j}$ 表示信道 m 的时间状态转移矩阵，其中 $p_t^{(m)}(i,j)$ 表示信道 m 在时刻 t 从状态 i 转移到状态 j 的概率，从而有 $\boldsymbol{P}_t^{(m)}=\mathrm{e}^{t\boldsymbol{A}^{(m)}}$。假设 PU 占用信道 m 的概率为 $\lambda_{\mathrm{PU}}^{(m)}$，释放信道 m 的概率为 $\mu_{\mathrm{PU}}^{(m)}$，则 $\lambda_{\mathrm{PU}}^{(m)}$、$\mu_{\mathrm{PU}}^{(m)}$ 服从泊松分布。相似地，SU 占用信道 m 的概率为 $\lambda_{\mathrm{SU}}^{(m)}$，释放信道 m 的概率为 $\mu_{\mathrm{SU}}^{(m)}$，$\lambda_{\mathrm{SU}}^{(m)}$ 和 $\mu_{\mathrm{SU}}^{(m)}$ 同样服从泊松分布。因此，可以得到信道 m 的稳态分布为

$$\begin{cases} \pi_1^{(m)}=\dfrac{\mu_{\mathrm{PU}}^{(m)}(\lambda_{\mathrm{PU}}^{(m)}+\mu_{\mathrm{SU}}^{(m)})}{(\lambda_{\mathrm{PU}}^{(m)}+\mu_{\mathrm{PU}}^{(m)})(\lambda_{\mathrm{SU}}^{(m)}+\lambda_{\mathrm{PU}}^{(m)}+\mu_{\mathrm{SU}}^{(m)})} \\[4mm] \pi_2^{(m)}=\dfrac{\lambda_{\mathrm{PU}}^{(m)}}{\lambda_{\mathrm{PU}}^{(m)}+\mu_{\mathrm{PU}}^{(m)}} \\[4mm] \pi_3^{(m)}=\dfrac{\mu_{\mathrm{PU}}^{(m)}\lambda_{\mathrm{SU}}^{(m)}}{(\lambda_{\mathrm{PU}}^{(m)}+\mu_{\mathrm{PU}}^{(m)})(\lambda_{\mathrm{SU}}^{(m)}+\lambda_{\mathrm{PU}}^{(m)}+\mu_{\mathrm{SU}}^{(m)})} \end{cases} \qquad (2.11)$$

事实上，可以通过大量的统计和观察得到相应的参数，从而利用 Markov 思想求得信道的稳态分布或者 $\boldsymbol{P}_t^{(m)}$，从而加速信道交会过程或提高信道交会的成功率。Tan 等人设计

的信道跳频算法对自身的可利用信道进行了编号,所有用户的全局编号都是一致的,利用 Markov 链的思想预测了用户信道的可利用率,并且在每个时间片中,所有用户统一搜索最小编号的可利用信道,在很大程度上减少了 MTTR。Pu 提出的信道跳频算法包括两个阶段——感知阶段和尝试阶段。在感知阶段,用户尝试访问每个信道,通过结果(访问成功与否)可以得到这些信道可利用的概率。在尝试阶段,首先构造可利用信道集合,利用两个素数选择两个信道;接着,利用双信道 CH 算法各生成一个序列,该序列的长为 L,每 L 个时间片都会重新随机碰撞,选择两个信道生成跳频序列,直到完成信道交会。

利用 Markov 理论设计信道跳频算法的难点在于通过大量的统计方法获得 Markov 的参数,并合理利用这些参数预测该时刻信道的可利用性和使用该信道时的稳态性。但是由 Markov 过程得到的信道跳频序列具有较大的随机性,信道的稳态性不能得到保证。

5. 基于跳频接入的信道跳频算法

基于移位信道排序的信道跳频(Shift Channel Ranking based Channel Hopping, SCRCH)算法可以实现信息的持续传送。假设发送者可以通过目标函数唯一 ID(比如 IP 地址或者 MAC 地址)的哈希函数来获得接收者的信道跳频序列,则发送者通过哈希函数可以将自己的信道序列调整为接收者的信道序列。每个 SU 拥有自己默认的信道跳频序列 Peri。发送者将自己的信道跳频序列通过一定的规则转换为 Seqr 来实现与接收者的信道交会。一般地,每个 SU 循环地根据 Peri 进行搜索。当一个 SU 需要发送消息时,通过哈希函数对自己的信道序列进行调整,使其和接收者的信道序列一致,即 Seqr。发送者将 Seqr 循环 N 次,并在每次循环的内部再次进行循环。

Song 考虑了网络中信道个数少或者 PU 个数多的情况——若 SU 之间不存在公共信道该如何提高 SU 之间拥有公共信道的概率,提出使用有向天线来代替传统的无向天线的算法。因为有向天线可以根据目标调整感知角度,从而在不同的方向进行信息传输,既避免了对处于传输半径内相反方向 PU 的干扰,又增加了 SU 之间至少存在一个公共信道的概率。

Hello 是一个能量有效的邻居发现算法。该算法中,假设 SU 的无线设备只在相应的时间内选择搜索,其余时间该无线设备处于休眠状态,即将时间分为 n 圈,圈长为 c,对这 n 个圈进行循环,每个圈的第一个时间段和第一个圈的第一个时间段到第 $\lfloor c/2 \rfloor$ 个时间段被唤醒,其余时间段 SU 的时间片都处于休眠状态。该算法通过调整 c 和 n 使其满足不同的网络模型。

Jia 提出了基于信息传递的信道跳频算法。该算法中,假设系统中所有用户使用同一个算法生成初始化信道跳频序列。当两个用户实现交会时会交换自己拥有的信息,并保存邻居用户的跳频序列信息。在重置自身的信息后,用户会调整接下来一段时间内的跳频序列,一段时间后用户又恢复原始的跳频序列。Jia 提出的算法只能加速多用户的信道交会。能否保证信道交会以及信道交会的 MTTR、ETTR 取决于生成初始信道跳频序列的算法。

Pu 在感知阶段获得了信道可利用率的累计函数,为后续的信道交会算法提供了建议。Mohammad 提出了利用 Markov 过程来描述信道可利用性的变化过程。Tan 等人给出了时间同步和时间异步的信道交会算法。在该信道交会算法中,用户对自身可利用信道进行编号,所有用户的全局编号都是一致的。在时间同步的网络中,每个用户搜索该序列中大于等于时间片的最小编号信道;在时间异步的网络中,每个用户搜索最小编号的可利用信道。该算法在很大程度上减少了信道交会时间，但没有考虑信道利用率的问题，小编号信道被频繁利用，大编号信道几乎不被使用，这会导致拥塞延迟等一系列问题。

对于信道交会的公平性算法，Chao 提出了一个有效的时间同步的信道跳频算法，即阿达玛矩阵和哈希函数跳频（Hadamard Hash Channel Hopping，HHCH）算法。HHCH 算法在保证信道交会的同时保证了信道交会的公平性，但是该算法并没有考虑信道的时间差异和空间差异，这种网络模型在现实生活中是很难得到满足的。

2.3.6　时间同步与时间异步信道跳频算法

本节主要描述动态环境下异质认知无线电网络的时间同步信道跳频（Fair Channel Hopping_Synchronous，FCH_S）算法和时间异步信道跳频（Fair Channel Hopping_Asynchronous，FCH_A）算法。FCH_S 算法和 FCH_A 算法分别利用 Joseph 环生成序列和 Jenkins 哈希函数来保证信道交会的公平性。

1. 问题假设

这里只考虑两个用户 SU_A 和 SU_B 的信道交会问题。假设网络中共有 n 个信道，其 ID 依次从 1 到 n。一个二进制向量 $\boldsymbol{A}^t = (A_1^t, A_2^t, \cdots, A_n^t)$ 表示 SU_A 在 t 时刻所有信道的可利用状态，如果信道 i 在 t 时刻是可利用的，则 $A_i^t = 1$，反之 $A_i^t = 0$。向量 $\boldsymbol{B}^t = (B_1^t, B_2^t, \cdots, B_n^t)$ 表示 SU_B 在 t 时刻所有信道的可利用状态。信道交会问题可以表示为 $\forall \delta, t, \exists i \leqslant n$，满足 $A_i^t = B_i^t = 1$。

通过频谱感知过程，SU_A 和 SU_B 都知道自身可利用信道的状态信息。然而在分布式网络中，SU_A 和 SU_B 都只知道自身可利用信道的状态信息，并不知道对方可利用信道的状态信息。

我们考虑的网络环境为动态环境，在该环境中，用户信道的状态信息随时间的变化而变化。此外，假设 SU_A 和 SU_B 之间至少存在一个公共可利用信道，在每个时间片内，每个用户将尝试访问一个信道一次。

假设在任一时间片内，信道 i 对用户 SU_A 和 SU_B 是可利用的概率分别为 p_A 和 p_B。用 t_A 和 t_B 分别表示 SU_A 和 SU_B 的本地时间，用 δ 表示两用户的时间差，约定当 SU_A 和 SU_B 都开始跳频搜索时开始计算信道交会所需要的时间。不失一般性，假设 $t_A = t_B + \delta$。

2. Jenkins 哈希函数

FCH_A 算法在执行过程中利用了信道交会用户的 ID 信息，通过 Jenkins 哈希函数可以将该 ID 信息哈希映射为一个不大于 n 的整数，且哈希映射后得到的数服从 1 到 n 均匀分布。

3. Joseph 环

为了避免信道使用不公平的问题，FCH_S 算法利用 Joseph 环来生成信道搜索的步长 r，具体规则如下：

$$\begin{cases} \text{Joseph}(n, r, t) = \text{Joseph}(n, r, t-1) + (r-1)\%(n - (t+1)) \\ \text{Joseph}(n, r, 1) = 1 \end{cases} \tag{2.12}$$

图 2.19 给出了利用 Joseph 环生成序列的实例，其中 $n = 4$，$r = 2$，生成的序列为 $\{1, 3, 2, 4\}$。Joseph 环可以保证所有编号在 n 个时间内都遍历一次。

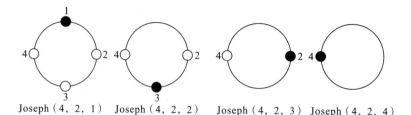

图 2.19 利用 Joseph 环生成序列的实例

表 2.2 给出了 FCH_S 算法的具体过程。该算法中，假设用户 SU_A 给 SU_B 发送消息，两个用户利用 SU_B 的 ID 信息通过 Jenkins 哈希函数得到大于 1 小于 n 的整数 start，进而利用 Joseph 环生成序列 $\{Joseph(n, r, 1), Joseph(n, r, 2), \cdots, Joseph(n, r, t)\}$。两个用户每次都搜索信道序号大于 $Joseph(n, r, t)$ 的第一个数。比如用户 SU_A 在 t 时刻的信道状态向量为 $\boldsymbol{A}^t = (1, 0, 0, 1)$，假设信道状态向量不会发生改变，则对于图 2.19 生成的序列 $\{1, 3, 2, 4\}$，用户在第一个时间片搜索序号大于等于 1 的第一个可利用信道，在第二个时间片搜索序号大于等于 3 的第一个可利用信道，以此类推，用户最终的搜索序列为 $\{1, 4, 4, 4\}$。

表 2.2　FCH_S 算法

算法：FCH_S
输入：n，r
输出：a^*
步骤：
1　$t=1$，SU_A 和 SU_B 利用 SU_B 的 ID 信息，通过 Jenkins 哈希函数得到一个大于 1 小于 n 的整数 start
2　$Joseph(n, r, t) = \begin{cases} start & t=1 \\ Joseph(n, r, t-1) + (r-1) \% (n-(t+1)) & t>1 \end{cases}$
3　SU_A 选择序号大于 $Joseph(n, r, t)$ 的第一个可利用信道： 　　$a^* = \min\{a \mid A_a^t = 1; Joseph(n, r, t) \leqslant a \leqslant n\}$ 　　SU_B 同样选择序号大于 $Joseph(n, r, t)$ 的第一个可利用信道： 　　$b^* = \min\{b \mid A_b^t = 1; Joseph(n, r, t) \leqslant b \leqslant n\}$
4　如果 $a^* = b^*$，则交会成功，否则返回步骤 2

定理 2.3　在异步的认知无线电网络环境下，FCH_S 的平均交会时间 $ETTR = \dfrac{1}{p_A p_B}$。

证明：$T=1$ 时，存在 $A_{Joseph(n, r, 1)}^t = 1$，且 $B_{Joseph(n, r, 1)}^t = 1$，因此有 $P(T=1) = p_A p_B$；

$T=2$ 时，存在 $A_{Joseph(n, r, 2)}^t = 1$，$B_{Joseph(n, r, 2)}^t = 1$，且 $A_{Joseph(n, r, 1)}^t$ 和 $B_{Joseph(n, r, 1)}^t$ 不同时为 1，因此有 $P(T=2) = p_A p_B(1 - p_A p_B)$；

$T=3$ 时，存在 $A_{Joseph(n, r, 3)}^t = 1$，$B_{Joseph(n, r, 3)}^t = 1$，且 $A_{Joseph(n, r, 1)}^t$ 和 $B_{Joseph(n, r, 1)}^t$ 不同时为 1，$A_{Joseph(n, r, 2)}^t$ 和 $B_{Joseph(n, r, 2)}^t$ 不同时为 1，因此有 $P(T=2) = p_A p_B(1 - p_A p_B)^2$；

$\vdots$

$T=j(j>1)$ 时，有 $P(T=j) = p_A p_B(1 - p_A p_B)^{j-1}$。

对 T 求期望，有 $E[T] = \sum\limits_{j=1}^{\infty} j \cdot p_A p_B (1 - p_A p_B)^{j-1} = p_A p_B \lim\limits_{N \to \infty} \sum\limits_{j=1}^{N} j \cdot (1 - p_A p_B)^{j-1} =$

$\dfrac{1}{p_A p_B}$，故得证。

表 2.3 给出了 FCH_A 算法的具体过程。从表 2.3 中可以看出，用户在搜索过程中不需要时间同步的条件。当网络中信道的可利用状态信息不变时，FCH_A 算法是不适用的，因为当交会用户选择大于 start 的第一个可利用信道不存在时交会不会实现。

表 2.3　FCH_A 算法

算法：FCH_A
输入：n, r
输出：a^*
步骤：
1　$t=1$，SU_A 和 SU_B 利用 SU_B 的 ID 信息，通过 Jenkins 哈希函数得到一个大于 1 小于 n 的整数 start
2　SU_A 选择序号大于 start 的第一个可利用信道：$$a^* = \min\{a \mid A_a^t = 1;\ \text{start} \leqslant a \leqslant n\}$$ 如果不存在大于 start 的可利用信道，则从序号 1 开始选择第一个可利用信道；SU_B 同样选择序号大于 start 的第一个可利用信道：$$b^* = \min\{b \mid A_b^t = 1;\ \text{start} \leqslant b \leqslant n\}$$ 如果不存在大于 start 的可利用信道，则从序号 1 开始选择第一个可利用信道
3　如果 $a^* = b^*$，则交会成功，否则返回步骤 2

SU_A 选择信道 i 当且仅当 $i \geqslant \text{start}$，且信道 $\{\text{start}, \text{start}+1, \cdots, i-1\}$ 的状态为 0，信道 i 的状态为 1。因 start 的产生是一个 1 到 n 的均匀分布，故 SU_A 选择信道 i 的概率为 $p_A(1-p_A)^{i-\text{start}} \mid i \geqslant \text{start}$。$SU_A$ 和 SU_B 在信道 i 上实现交会的概率为 $p_A p_B(1-p_A)^{i-\text{start}}(1-p_B)^{i-\text{start}} \mid i \geqslant \text{start}$，$SU_A$ 和 SU_B 在时刻 t 实现交会的概率为 $\displaystyle\sum_{i=\text{start}}^{n+\text{start}} p_A p_B(1-p_A)^{i-\text{start}}(1-p_B)^{i-\text{start}}$。

定理 2.4　在异步的认知无线电网络环境下，FCH_A 的平均交会时间 $\text{ETTR} = \dfrac{1}{p_A} + \dfrac{1}{p_B} - 1$。

证明：SU_A 和 SU_B 在时刻 t 实现交会的概率为

$$P(T=1) = \sum_{i=\text{start}}^{n+\text{start}} p_A p_B(1-p_A)^{i-\text{start}}(1-p_B)^{i-\text{start}} = \sum_{i=1}^{n} p_A p_B(1-p_A)^{i-1}(1-p_B)^{i-1}$$

$$= p_A p_B \sum_{i=1}^{n} [(1-p_A)(1-p_B)]^{i-1}$$

$$= p_A p_B \frac{1}{1-(1-p_A)(1-p_B)} = \frac{p_A p_B}{p_A + p_B + p_A p_B}$$

类似于定理 2.3，$T=1$ 时，有 $P(T=1) = \dfrac{p_A p_B}{p_A + p_B + p_A p_B}$；

$T=2$ 时，有 $P(T=2) = \left(1 - \dfrac{p_A p_B}{p_A + p_B + p_A p_B}\right) \cdot \dfrac{p_A p_B}{p_A + p_B + p_A p_B}$；

$T=3$ 时，有 $P(T=3)=\left(1-\dfrac{p_A p_B}{p_A+p_B+p_A p_B}\right)^2 \cdot \dfrac{p_A p_B}{p_A+p_B+p_A p_B}$；

$\vdots$

$T=j$ 时，有 $P(T=j)=\left(1-\dfrac{p_A p_B}{p_A+p_B+p_A p_B}\right)^{j-1} \cdot \dfrac{p_A p_B}{p_A+p_B+p_A p_B}$。

对 T 求期望，有

$$
\begin{aligned}
E[T] &= \sum_{j=1}^{\infty} j\left(1-\frac{p_A p_B}{p_A+p_B+p_A p_B}\right)^{j-1} \cdot \frac{p_A p_B}{p_A+p_B+p_A p_B} \\
&= \frac{p_A p_B}{p_A+p_B+p_A p_B}\lim_{N\to\infty}\sum_{j=1}^{N} j \cdot \left(1-\frac{p_A p_B}{p_A+p_B+p_A p_B}\right)^{j-1} \\
&= \frac{1}{p_A}+\frac{1}{p_B}-1
\end{aligned}
$$

故得证。

2.3.7　公平性分析

FCH_A 算法将接收者的 ID 信息通过 Jenkins 哈希函数产生一个服从 1 到 n 的均匀分布的整数 start，编号 i 被选择为 start 的概率是 $\dfrac{1}{n}$。假设所有信道的可利用率 p 对特定用户是相同的，则该信道 i 被访问的概率为 $\dfrac{1}{n} \cdot p+\dfrac{1}{n} \cdot (1-p) \cdot p+\dfrac{1}{n} \cdot (1-p)^2 \cdot p+\cdots+\dfrac{1}{n} \cdot (1-p)^{n-1} \cdot p=$ $\sum_{i=1}^{n}\dfrac{1}{n} \cdot (1-p)^{i-1} \cdot p=\dfrac{1-(1-p)^n}{n}$。由此可以看出，信道 i 被访问的概率是一个关于网络规模和信道可利用率的函数，与信道编号无关，因此所有信道被访问的概率相等，从而每个信道被选定为交会信道的概率相等，即 $\forall i,j \in n, i\neq j$，有 $P_i=P_j$。

同样地，FCH_S 算法利用 Jenkins 哈希函数产生一个随机数 start，进而通过 Joseph 环产生一个序列，该序列保证 n 个时间内所有信道编号都可以遍历一次。由于产生的 start 是随机的且公平的，因此所有序号都是通过相同步长 r 且按照 Joseph 环产生的，从而该序号对于每个信道编号是公平的。FCH_S 算法在通过 Joseph 环产生的序列的基础上选择访问大于序号的第一个可利用信道，该过程和 FCH_A 相似，因此可以推断 FCH_S 中 $\forall i,j \in n, i\neq j$，有 $P_i=P_j$。

利用 MATLAB 仿真工具对 FCH_S 和 FCH_A 进行仿真，并与 Tan 等人提出的最优交会算法（H.Tan 算法）和 HHCH 算法进行比较。H.Tan 算法为时间同步和时间异步网络提供了信道跳频算法，HHCH 算法是时间同步信道交会算法。假设用户 SU_A 和 SU_B 的信道可利用率是相等的，即有 $p_A=p_B=p$。仿真可以从以下三个方面考虑：① 固定信道可利用率（p）和网络中信道的总个数（N），统计各个信道被选为交会信道的次数（F_i）；② 固定 p，改变 N；③ 固定 N，改变 p。对于每个 p 的值（或者 N 的值），仿真结果是 1000 次独立运行结果的平均值。

1. 固定 N 和 p

仿真参数设定为 $p=0.75$，$N=50$。图 2.20(a)、(b) 分别为时间异步和时间同步网络中编号为 1 到 50 的交会信道统计图。H.Tan 算法不论是在时间同步还是时间异步网络中其交会信道只选择编号小(小于 5)的信道，而编号大于 5 的信道被选择的次数几乎为 0，这显然不符合实际情况。FCH_S 和 FCH_A 中所有信道被选择的概率相等(即 $F_i = 1/n$)。

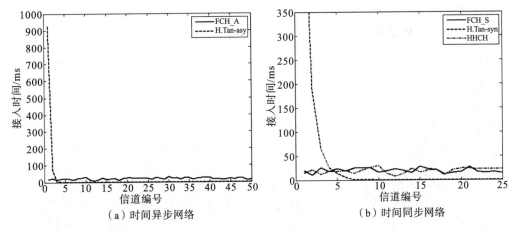

（a）时间异步网络　　　　　　　（b）时间同步网络

图 2.20　交会信道统计图

2. 固定 p，改变 N

仿真参数设定为 $p = 0.75$，N 从 20 增大到 80。图 2.21(a)给出了不同算法在不同网络中的平均交会时间(ETTR)。可以看出，所有算法的 ETTR 都在一个水平线上浮动，并且不论是在时间同步还是时间异步网络中，FCH_S 算法都有较好的性能。在时间同步网络中，FCH_S 算法的 ETTR 在 1.2 左右浮动，其余算法的 ETTR 在 1.4 和 2.4 左右浮动，FCH_S 算法的 ETTR 小于 H.Tan 算法和 HHCH 算法。在时间异步网络中，FCH_A 算法的 ETTR 在 1.4 左右浮动，H.Tan 算法的 ETTR 在 2.0 左右浮动，大于 FCH_A 算法的 ETTR。图 2.21(b)给出了不同算法在不同网络中的最大交会时间(MTTR)，其变化趋势与图 2.21(a)相似，原因是 FCH_S 算法和 FCH_A 算法有相同的信道列表并且在每个时间片内都会选取特定的信道。

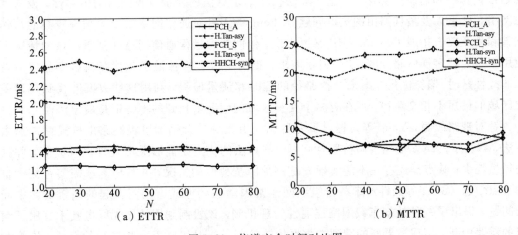

（a）ETTR　　　　　　　　　　（b）MTTR

图 2.21　信道交会时间对比图

3. 固定 N，改变 p

仿真参数设定为 $N=50$，p 从 0.2 增大到 0.9。图 2.22 给出了时间同步和时间异步网络中信道可利用率 (p) 对平均交会时间（ETTR）的影响。可以发现，ETTR 随 p 的增大而减小，且理论值与实际值大致相同，这进一步证明了理论分析的准确性。图 2.22 中的理论值是通过定理 2.3 和定理 2.4 计算得到的，实际值是通过仿真结果得到的。

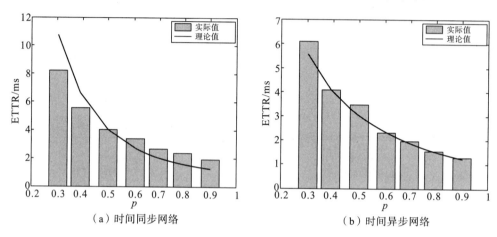

（a）时间同步网络　　　　　　　　　（b）时间异步网络

图 2.22　信道可利用率对平均交会时间的影响

2.4　无线网络抗毁性技术

2.4.1　网络故障与抗毁性问题

Farhan Habib 等人针对数据中心网络在面对跨越较大的地理区域攻击或自然灾害时的路径保护问题，从内容/服务的存储、路由、路径和内容/服务的保护三个方面进行研究，提出了用于解决小型网络问题的集成的整数线性规划模型。针对大型网络，又提出了线性规划松弛算法和启发式算法。但这些算法仅考虑了算法的代价以及网络的生存性，没有考虑网络吞吐量以及最佳路由的选取问题。Cheng 等人针对通信网络中发生频率较高的自然灾害和蓄意攻击拓展了 GeoDivRP 路由协议。他们考虑远程通信网络在基于区域的情况下使用多条地理多样性路径的延时-偏斜需求，提出了流多样性最小花费路由多商品流方案和非线性延时-偏斜优化方案来平衡路径的延时和流量偏斜。利用这些方案能找到规避受灾区域的最短不相交路径，但在有多个受灾区域的情况下找到的不一定是最短路径。

针对链路故障，Yang 等人提出了一种无须引入额外开销即可提高路由抗毁性的路由算法，解决了网络 k 链路故障抗毁性问题。该算法的优点是能够灵活处理多种故障，并且路径损耗少；缺点是还存在不能实现 k 链路故障抗毁性的情况，并且该算法需要存储大量的节点信息。Silva 等人针对车载自组织网经常因动态环境或干扰而引起的频繁链路中断的问题，提出了一种认知车载网络连通性管理机制。该机制利用认知无线电技术克服了频繁的链路中断，实现了更好的端到端数据传输抗毁性。但相比于一些传统的算法，该算法的化费略高。

　　Yu 等人针对数据中心网络结构不支持网络规模增长的问题，设计了一种新的灵活的数据中心网络结构优化算法，该算法应用多个环空间的贪婪路由来实现网络的高吞吐量、可拓展性和灵活性。但该算法没有考虑距离问题，仅通过交换机添加链路来提高网络质量。Bong 等人提出了一种新的路径故障检测方案，该方案缓解了数据包重排序问题。Shen 等人针对大规模高移动性密集无线网络中的数据检索问题，提出了一种新的数据检索系统。该系统充分利用高密集性将文件的元数据映射到一个地理区域，并将其存储到这个区域的多个节点中，保证每个节点至少有一个邻居节点具有该元数据，从而提高网络的移动抗毁性。该系统还使用了一个不依赖洪泛算法和 GPS 的新的数据发布与查询协议，以及基于着色的部分复制算法，在保证查询效率的同时减少数据复制数。但该系统依然存在数据查询时的路径故障问题。

　　Chakraborty 等人提出了一种鲁棒性数据采集协议来保证应用于关键基础设施监测感知数据的传输，其旨在找出多条到多个汇点的节点不相交路径，使得一条路径不会因节点故障而破坏应用服务。但该协议需要部署大量的传感器节点来保证故障替换，并且该协议没有考虑链路质量的影响。Ngo 等人针对受灾区域基于可移动、可部署的资源单元的网络在缺乏频谱资源和能量资源的情况下提高频谱能量利用率的问题，提出了一个能够综合提高两者利用率的方案。具体来说，首先挑选出 k 条最好的来自发送节点的频谱有效不相交路径，然后根据所挑选的路径运用带有节点性能的最大流算法构建拓扑。该方案考虑了网络的能量问题，实现了最大化频谱效率和能量效率，但是不一定能保证受灾区域的所有用户都能接入网络。

2.4.2　网络路由与抗毁性技术

　　路由就是沿着某种特定路径将数据从发送节点传输到目标节点的过程。从广义上来说，路由可分为先验式路由和反应式路由。先验式路由中，路由路径主要根据先验信息（如地理位置信息、拓扑信息等）来确定。该路由选取方法在传输时延、吞吐量等性能上优于反应式路由，但先验信息的获取需要付出一定的代价。反应式路由中，路由路径不依靠或只根据少量先验信息来确定。与先验式路由相比，反应式路由的花费较低，但反应式路由具有启动慢以及重路由性能较差的缺点。

　　反应式路由一般用于较难使用先验信息或使用先验信息代价较大的自组织网中。反应式路由中较常用的路由协议是按需距离矢量路由协议。在该协议中，当节点有数据需要发送时，源节点查找自身路由表，判断目标节点是否是自身邻居节点，若是，则将数据包发送给该邻居节点；若不是，则查看自身是否有近期到该节点的传输路径，若有，则按照该路径传输，若没有，则源节点发送路由请求给所有邻居节点，邻居节点检查各自邻居节点，判断其是否包含目标节点，若包含，则停止发送路由请求并发送路由回复信息给源节点，否则，继续发送路由请求给所有邻居节点，直至找到目标节点。

　　与反应式路由相比，先验式路由中存在先验信息，在路由路径选取时不需要路由发现过程，且在传输中间节点故障的情况下并不需要重启路由发现过程，利用先验信息可以快速地找到可替代路径，进一步降低了网络的时延。虽然因为先验信息的存在可能要付出一些额外的开销和代价，但网络的可拓展性依然很强，且总体开销并不大。

1. 无线网络中的高可靠反应式路由

传统的路由算法依赖于转发节点选择一个或多个指定的下一跳节点来接收数据包，这也就意味着转发节点知道它的下一个转发节点，然而，该指定工作掩盖了无线传输的广播特性，即非转发节点可能无意"听到"要转发的信息。与之相反，无线网络中的高可靠反应式路由充分利用无线介质的特性，让所有"听到"该信息的节点都参与到数据包的转发过程中。

在无线传感器网络中，尤其是动态、恶劣环境的工业无线传感器网络中，在信道衰减的情况下提供可靠有效的通信是一项重要的技术挑战。提高可靠性的反应式路由协议 R3E 改进了当前反应式路由协议，利用局部路径的多样性来解决不可靠链路问题，从而提高数据包传输的可靠性和能量效率。在该协议中，每个节点周期性地发送 Hello 信息来掌握其邻居节点的信息，Hello 信息包含一跳邻居节点的 ID 和相应链路。

在路由请求阶段，当节点 i 有数据要发送时，首先要确定导向节点。导向节点发送路由请求信息给所有的一跳邻居节点，接收到非重复的路由请求（Route Request，RREQ）信息的邻居节点检查自己是否是目标节点，如果不是，则导向节点确定和邻居节点的共同邻居并存入集合 CN_i 中，对每个 CN_i 中的节点计算队列优先指标和链路可靠性。假定节点集合为 F_j，对其中每个节点计算演进值 $P_{adv}(i, F_j)$。F_j 中具有更高演进值的被指定为导向节点，并重新发送带有导向节点 ID 和 RREQ 序列号的 RREQ 信息。如图 2.23 所示，假定节点 S 发送感知数据给目标节点 Des，当节点 C 接收到 RREQ 信息后，通过计算、查询可知，节点 S 的 5 个邻居节点 A、B、W、X 和 C 中，C 具有更高的演进值，因此 C 被选定为导向节点，重新广播 RREQ。图 2.23 中，大括号中的数字表示节点的可靠性值，例如节点 A 的可靠性值为 $\{0.8, 0.6\}$，表示 $P(S, A) = 0.8$，$P(A, C) = 0.6$；小括号中的数字表示数据包的演进值，例如节点 A 的演进值 $P_{adv} = 10$。

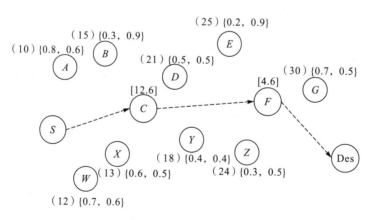

图 2.23　导向节点挑选策略

在路由回复阶段，当一个节点接收到来自目标节点或上游节点的路由回复（Route Reply，RREP）信息时，如果该节点知道自己是路由路径上的导向节点，则该节点添加上游和下游导向节点的 ID 到 RREP 中，并将 RREP 发送给源节点，RREP 沿着导向节点将上游导向节点包裹其中，并发送给源节点。由于无线介质的广播特征，导向节点之间共同的邻居节点可能接收到 RREP 数据包，因此该节点将上游、下游节点的 ID 和其他共同邻居节点添加到自身的路由表后丢掉 RREP 数据包。

在数据转发过程中，源节点发送数据包给候选列表中的节点，其中包含次序信息。正确接收到数据包的每个候选节点将按照次序信息启动补偿计时，到时候选节点回复应答信息并通知发送节点，同时抑制其他候选节点，然后该节点向下游重新广播数据包。第 k 优先级的候选节点补偿计时为

$$t(k) = (T_{SIFS} + T_{ACK}) \cdot k \tag{2.13}$$

其中：T_{SIFS} 为短讯框间隔；T_{ACK} 是发送 ACK 的传输时延。一跳传输时间间隔为

$$T_{omd}(k) = T_{DIFS} + T_{DATA} + (T_{SIFS} + T_{ACK}) \cdot k \tag{2.14}$$

其中：T_{DIFS} 表示分布式帧空间；T_{DATA} 表示数据包传输时延。

2. 混合无线网络中的反应式路由

混合无线网络结合了移动自组织网和基础设施无线网络，该结构能够组合它们内在的优点并克服它们的缺点，增强广域无线网络的吞吐量性能。由于混合无线网络仅仅将传统的自组织网传输模式和蜂窝网络传输模式结合起来，因此会继承自组织网的缺点。直接结合存在以下一些问题。① 高路由花费：路由发现和维持带来了高花费，移动自组织网无线随机接入介质访问控制利用控制握手和补偿机制也增加了花费；② 热点问题：发送请求-清除请求(Require To Send‑Clear To Send, RTS‑CTS)随机接入使得大部分流量通过相同的网关，并且移动自组织网路由发现中使用的洪泛算法也加剧了热点问题，此外，移动节点仅仅使用路由方向上的信道资源，可能生成更多热点而使得其他方向上的资源未被利用；③ 低可靠性：动态且较长的路由路径使得路由不可靠，多跳传输中的噪声干扰和邻居干扰产生了较高的丢包率，长距离路由路径也因网络动态而产生了较高的故障率。

混合无线网络的分布式三跳路由协议(Distribute Three Routing, DTR)充分利用了分布广泛的基站。DTR 将信息数据流分成数段进行分布式传输，通过高速移动自组织网接口充分利用系统的空间复用，通过蜂窝接口减轻移动网关拥塞，并且同时将数据段发送至多个基站来增加吞吐量。DTR 不使用多跳路径将数据包转发至基站，而使用分布式最多两跳的路由将信息段发送至不同的基站，依靠基站来组合片段。当源节点想要传输数据给目标节点时，源节点将信息流分成几段，并将信息段传输至邻居节点。收到信息段的邻居节点根据应用的 QoS 需求决定直接传输或中继传输，邻居节点间的信息段分布式地发送至相邻的基站，基站再将信息段发送至目标节点所在区域的基站，最终的基站将信息进行整合并发送至目标节点。

如图 2.24 所示，对于上行链路数据路由，在选取邻居节点进行数据转发时，需要了解节点的性能信息。为追踪邻居节点的存储空间和性能信息，每个节点周期性地交换当前的存储空间和节点的性能信息，该信息捆绑在周期交换的"Hello"数据包中。当源节点要发送数据包片段时，源节点选择有足够存储空间且性能最高的邻居节点来存储该片段。为找到源节点周围更大范围内更高性能的移动转发节点，每个片段接收者进一步将接收到的片段发送给性能最高的邻居节点。当一个邻居节点 m_i 接收到来自源节点的片段时，它使用直接传输或中继传输。如果周围没有邻居节点的性能超过该节点，则该节点使用直接传输，否则使用中继传输。在直接传输中，如果中继节点传输范围内包含基站(Base Station, BS)，则发送片段给 BS，否则存储该信息直到该节点移动到基站区域。在中继传输中，中继节点 m_i 基于 QoS 需求选择最高性能的邻居节点作为二次中继。二次中继节点使用直接传输的方式将片段发送给基站。因此，传输的跳数不会超过 2，较小的跳数提高了网络性

能并减少了信道竞争。

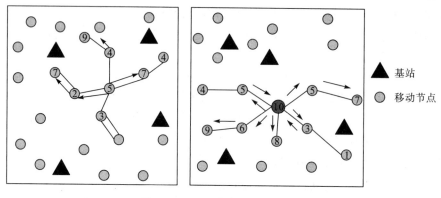

图 2.24　DTR 的邻居节点选取

对于下行链路数据路由，DTR 协议利用移动 IP 协议使移动节点的基站找到目标节点所在的基站。每个移动节点与一个 home 基站相联系（无论移动节点在网络中的什么位置，该节点都包含它的 home 基站地址）。在混合无线网络中，每个基站周期性地发送信标信息来定位范围内的移动节点。当移动节点 m_i 移动出它的 home 基站所在范围时，m_i 当前所在基站检测到该节点，并发送它的 IP 地址给它的 home 基站。当基站想要联系 m_i 时联系 m_i 的 home 基站即可找到目标节点基站当前所在的位置。

基站的拥塞控制如图 2.25 所示。基站发送信标信息来识别附近的移动节点，一旦基站 B_i 的工作量超过一个预定的阈值，B_i 在其信标信息中添加一个附加位，并广播给传输范围内的所有节点。当邻近 B_i 的节点 m_i 需要发送数据段给基站时，由于 B_i 过载，m_i 会把数据段发送给一个 B_i 轻负载的邻居基站。m_i 首先请求查询一条到轻负载邻居基站的多跳路径，广播一个请求信息。将路径请求的生存时间值 TTL 设定为一个常数，请求信息转发到一个邻近轻负载基站的节点。由于广播的特性，每个节点只记录 m_i 和第一个请求信息。节点 m_i 通过在信标信息中添加回复位和 m_i 的地址回复路径请求，路径上的信标信息接收者将回复信息位添加到信标信息中，这样就产生了一条多跳路径。m_i 沿着观察到的路径传输数据给邻居基站。

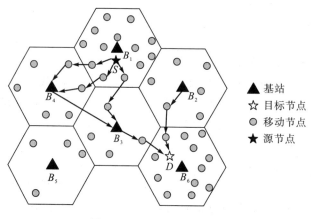

图 2.25　基站的拥塞控制

3. 包含移动节点的网络

移动自组织网一般用于固定基础设施不可用或不可行的场合，也可用于网络分割中，因此移动自组织网不适合于成员节点需要在地形中分组分布的应用，例如危机管理和战场通信。在这些应用中，组间通信对组间协作至关重要。与传统的 mesh 网络不同，自主移动 mesh 网络（AMMANET）的移动 mesh 节点能够在应用地形中跟随用户，组织 mesh 节点进入适合的网络拓扑来保证组内和组间良好的连通性，并利用分布式用户追踪的方法来解决移动用户的动态特征，根据用户移动模式动态拓扑适应。

与固定无线 mesh 网络相似，AMMANET 基于 mesh 节点转发数据给移动用户，用户可以连接到任意邻近的 mesh 节点。与固定无线 mesh 网络不同的是，AMMANET 中的 mesh 节点能够自主移动，mesh 节点配备了定位设备如 GPS 来提供追踪移动用户的导航辅助，用户不知道 mesh 节点的位置，只需要周期性地发送信标信息，一旦 mesh 节点接收到信标信息，mesh 节点便检测到在 mesh 节点传输范围内的用户。使用该方法，mesh 节点能够持续地检测用户的移动模式，并和用户一同移动来提供无缝连通。当组内路由器和组间路由器由于用户移动而不再需要时，AMMANET 将它们回收。考虑用户初始时在一个给定位置的情况，用户能够被单个 mesh 射频半径所覆盖。因此，AMMANET 的初始配置仅包含一个组内路由器，其他路由器都处于空闲状态。为追踪移动用户，移动 mesh 节点需要满足以下操作：适应组内移动；回收冗余路由器；组间通信。

移动 mesh 节点初始时电量充足，它们作为路由器一旦检测到自身能量低于某一水平，便请求空闲路由器替代自身，而自身路由器被回收。每个移动用户持续地发送信标信息来通知组内路由器它当前是否在其覆盖范围内。当某一路由器不再能接收到本应接收到的信标信息时，可能发生两种情况。第一种情况如图 2.26(a) 所示，用户 c 移动出路由器 r 的覆盖范围而进入相邻组内路由器 r' 的覆盖范围。第二种情况如图 2.26(b) 所示，用户 c 移动出当前所有组内路由器的覆盖范围。路由器通过查询邻居路由器的用户监测表来区分以上两种情况。如果 c 在其中任意一个用户监测表中，则确定发生了第一种情况。这种情况下，因其中一些邻居路由器为 c 提供了覆盖，故不需要额外的措施。如果发生了第二种情况，没有一个用户监测表中包含用户 c，则需要通过拓扑适应来拓展覆盖范围以覆盖用户 c。为实现该目标，路由器 r 一旦检测到用户丢失，就广播一个信息来触发空闲邻居路由器去追踪丢失用户 c。空闲路由器通过定位 r，在 r 的边界寻找用户 c，一旦空闲路由器检测到丢失用户，它便停止导航并转换为组内路由器模式。当组内和组间路由器由于用户移动而不再需要时，AMMNET 将回收它们，留待将来使用。如图 2.26(b) 所示，路由器 r 请求组内路由器的用户监测表，如果它发现所有用户都被邻居路由器所覆盖，则该路由器将转化为组间路由器并通知所有邻居路由器。

DTR 协议使用移动 mesh 节点来维持所有用户的连通性，但会产生较长的端到端时延，因为桥状网络构造是彼此独立的。如图 2.27(a) 所示，如果组 G_2 中的用户想要与组 G_3 中的用户通信，必须通过长路径到组 G_1 的路由器 b_1，再到 G_3。如果某一组中空闲路由器的数量小于某一阈值 δ，则进行全局拓扑适应，否则进行局部拓扑适应，为其计算星形拓扑。如图 2.27(b) 所示方框区域，回收多余的路由器为空闲路由器。对于全局拓扑适应，通过分层聚类的策略将网络中不同的组分簇，并在每一层之间进行局部拓扑适应。

▲组内路由器 ■组间路由器 ☆空闲路由器 ○移动前的用户位置 ●移动后的用户位置

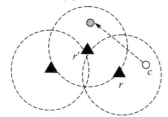

（a）移动用户移动到另一个组内路由器的射频半径之内

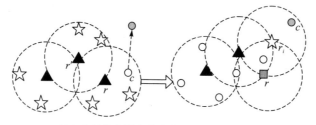

（b）空闲路由器追踪移动出覆盖范围的丢失用户

图 2.26　移动用户追踪

▲组内路由器 ■组间路由器 ☆空闲路由器 ●用户

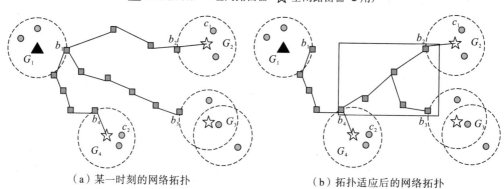

（a）某一时刻的网络拓扑　　　　　（b）拓扑适应后的网络拓扑

图 2.27　拓扑适应

4. 包含移动汇点的传感器网络能量效率优化

在典型的无线传感器网络中，靠近汇点的节点能量消耗得比普通节点的要快（因为数据量集中流向汇点），这会影响传感节点数据的收集。为缓解该问题，移动汇点的方案被提出，即移动汇点隐式地提供负载均衡的数据传输，并实现全网络均匀能源消耗。移动汇点既提高了节点的安全性，又增强了网络的连通性。但是，广播移动汇点的位置信息会带来能量消耗和数据包传输时延的开销。为减小移动汇点带来的开销，在节点间使用了分层路由的方法，高层节点获取并存储新的汇点位置信息，底层节点在需要的时候进行查询，但这样又增加了高层节点的能量消耗，进一步导致热点问题。有文献提出了一种新的能量效率移动汇点路由协议，旨在最小化开销的同时保留移动汇点的优点，适合时间敏感应用。

该协议将节点分为三类：环节点、常规节点和锚节点（Achor Node，AN）。环节点构成封闭的环，用于存储汇点的位置信息；常规节点通过环节点获得汇点的位置信息；锚节点作为连接汇点的中继代理，数据通过锚节点传输至汇点。传感节点了解自身和邻居节点的位置，通过地理路由按照汇点的位置信息进行传输。传感节点布设后，根据网络中心和网络半径来确定环的初始半径。如图 2.28 所示，图中叉号是网络中心，以扇形区域节点为起点，按照顺时针或逆时针方向在图中带状区域内贪婪地进行选择，直到找到起始节点。如果起始节点未找到，则重复上述操作重新挑选其他邻居节点，直到找到起始节点为止。如果多次尝试之后还未找到起始节点，则重新设定半径值，重复上述过程。

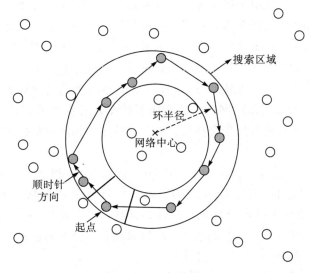

图 2.28　环的构造

汇点在邻居节点中挑选锚节点作为与传感节点通信的代理。初始时，汇点挑选具有最高信噪比值的节点作为锚节点，并广播锚节点挑选数据包（Anchor Node Selected，ANS）。在汇点离开 AN 的通信范围之前，汇点会挑选一个新的 AN，并通过 ANS 给原来的 AN 发送新 AN 的位置信息和 MAC 地址。因为原来的 AN 知道新的 AN 的位置信息，当汇点信息更新不及时或汇点已经移出原来区域时，旧的 AN 可以将数据包中继传输给新的 AN，从而到达汇点。对于位置信息的更新，一旦汇点挑选了新的 AN，就将新 AN 的位置信息（Anchor Node Position Information，ANPI）和 MAC 地址发送给环。如果新的 AN 在环的内部，就向背离网络中心的位置发送；如果在环的外部，就向网络中心发送。该数据包到达环上节点时，可以在整个环上共享该信息。

环节点要处理锚节点的位置信息的广播和请求，故环节点比其他节点要消耗更多的能量。为避免环节点能量过快耗尽，需要设立保护机制，即当环节点的能量低于某一阈值时，将环节点转变为普通节点，并周期性地执行该操作。当环节点要转变为普通节点时，从它的普通邻居节点中挑选候选节点。候选节点应满足两个条件：能包裹网络中心和形成封闭环。

5. 多层网络的抗毁性优化

以太网支持主机移动，方便管理（如检修和接入控制），其 MAC 地址是永久的且与位置无关。然而以太网不能拓展到大规模网络中，因为以太网使用的生成树路由协议低效并且对于故障不具有抗毁性，而且缓存丢失以后，以太网依赖于全网络洪泛算法来进行主机发现和数据包传输。

当今的广域以太网服务基于 IP 和 MPLS 路由器网络互联较小的以太局域网。在这些网络中添加 IP 层来执行端到端路由使得以太网的良好性能荡然无存。大规模 IP 网络需要网络运行者做大量的工作来配置和管理,因为 IP 地址与位置相关,会随主机移动和虚拟机迁移而改变,频繁地更新 IP 地址会导致巨大的网络花费。使用两层可拓展网络技术,可使管理复杂度和网络花费明显减少。两层网络中的最短路路由算法需要大量的数据平面状态来达到目标节点,并且当使用多播和虚拟局域网时,每个交换器必须存储大量的信息,由于高速缓存器价格昂贵且耗能较多,数据平面可拓展性较难。而可拓展的、具有抗毁性的两层网络 ROME(Routing On Metropolitan-scale Ethernet,ROME)的结构和协议是全分布式和自组织的,不需要任何中央控制器或特殊节点,所有的交换器在控制平面执行相同的分布式算法。不同于生成树或最短路路由算法,ROME 使用贪婪算法来实现网络的可拓展性和抗毁性。ROME 通过消除网络广播和限制控制信息在局部传播来实现控制平面的可拓展性。此外,ROME 通过每个交换机存储少量的路由和多播状态信息来实现数据平面的可拓展性。

ROME 中,交换机使用的协议基于 VPoD(Virtual Pod)和 MDT(Multihop Delaunay Triangulation)提供服务的 GDV(Greedy Distance Vector)路由算法。在网络初始化阶段,每个 ROME 在虚拟空间中给自身分配一个随机位置,并发现与其直接相连的邻居节点。每一对直接相连的邻居节点交换它们独特的识别符和自身分配的位置信息,然后交换机使用 MDT 协议来构建和维持多跳德劳内分解。

ROME 交换机反复地和它们的邻居节点(包括多跳 DT(Delaunay Triangulation)邻居节点)交换信息。每个交换机使用 VPoD 协议,通过和每个邻居节点比较它们之间欧几里得距离的代价将其位置移动到虚拟空间中。当位置改变的数量收敛到小于某一阈值时,交换机停止运转 VPoD 协议。当所有的交换机完成位置改变时,虚拟空间中两个交换机之间的欧几里得距离近似等于它们之间的路由代价。之后,每个交换机根据它们的更新位置使用 GDV 路由来构建新的多跳 DT。GDV 路由是多跳 DT 上使用 VPoD 坐标的一系列节点的贪婪路由,可保证路由发送每个数据包到最接近目标的位置。

主机包含 IP 和 MAC 地址,每个主机之间连接的交换机叫接入交换机,该交换机知道每个连接它的主机的 IP 和 MAC 地址。GDV 路由使用无状态多播协议进行群组广播,群组信息通过接收者的位置信息进行传播。群组信息通过无状态多播协议在每组中的交汇点存储,交汇点位置由哈希函数 $H(\mathrm{ID}_G)$ 确定(其中 ID_G 是群组的 ID),最接近 $H(\mathrm{ID}_G)$ 的作为交汇点。

假定主机从上层服务了解到目标主机的 IP 地址,交换机需要知道目标节点的 MAC 地址,即接入交换机的位置,该过程称为主机发现。Delaunay 分布式哈希表(Delaunay Distributed Hash Table,D^2HT)中关于主机 i 的信息以元组的形式存储,即 $t_i = \langle k_i, v_i \rangle$,其中 k_i 是 IP 地址,v_i 是主机信息。为发布元组,发布者需计算位置 $H(k_i)$,将 t_i 的信息发送给 $H(k_i)$。经过哈希映射后的位置随机地分散在整个虚拟空间,发布的信息通过 GDV 传送到接近 $H(k_i)$ 的交换机即 k_i 的解析器。当其他交换机需要主机 i 的信息时,其他交换机发送查询请求信息给 $H(k_i)$,查询信息通过 GDV 传送到 k_i 的解析器,该解析器将元组 t_i 发送给请求者,过程如图 2.29 所示。

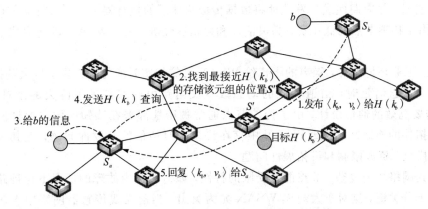

图 2.29　S_b 发送 b 的元组，S_a 执行 b 的查询

对于目标主机在不同区域的情况，接入交换机从主机的关键值元组得到关于主机边界交换机和它们的骨干位置的信息，这些信息包含在 ROME 以太帧头中。如图 2.30 所示，原始的交换机 S_1 计算虚拟空间中它到边界交换机的距离，选择离 S_1 较近的 S_3，数据包通过 GDV 传送给 S_3；S_3 从 ROME 包头中了解到目标区域边界交换机 S_5 和 S_8，S_3 计算 S_5 和 S_8 到目标 S_7 的距离，S_3 选择距离目标较近的 S_5；数据包通过 GDV 传送给 S_5，S_5 再传送给 S_7。

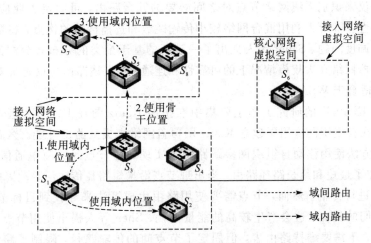

图 2.30　分层网络路由

2.4.3　网络拓扑与容错传输技术

虽然无线传感器网络（Wireless Sensor Network，WSN）的应用非常广，但网络存在能量受限、运算能力有限、节点连接带宽受限等限制。无线传感器网络的主要设计目标之一是通过采用主动的能量管理策略，在增大网络存活时间和防止网络连通性下降的同时进行数据通信。WSN 的传输模式设计受到许多因素的影响。

无线传感器与执行器网络（Wireless Sensor and Actuator Network，WSAN）是无线传感器网络的一种，它是由大量的异构传感节点和能够对感知到的物理信息作出响应的执行器构成的。WSAN 在工业进程中被广泛应用，如用于工业自动化、实时目标追踪等。传感节点感知数据，并周期性或自发性地将数据传输给邻近的执行器节点，执行器节点对此作出响应。由于传感节点的低花费、高灵活性和可拓展性等优点，WSAN 迅速取代了有线的工业设施。

然而，工业环境恶劣，噪声的干扰给 WSAN 可靠的实时的传输带来了巨大的挑战。多跳通信增大了通信延时，信道状况的动态改变又给路由选取带来了巨大的困难。因此，WSAN 需要高效的通信设计。由于传感节点通常稠密地部署在感知区域以保证网络的覆盖范围和拓扑的连通性，因此 WSAN 中存在许多实时通信的开放性问题，尤其是关于异构的网络模型、资源限制和可拓展性问题。

考虑到网络环境复杂、节点能量受限的特性，如何在路由故障的情况下保证路由的容错性变得十分关键，这对于大规模 WSAN 尤为突出。当前无线传感器网络中大多数路由协议不能很好地利用资源丰富的设备来减少普通节点的通信压力，如地理路由、AODV 路由、DSR 路由等，通过路径查询请求来建立到目标节点间的通信路径，需要一定的启动延时，同时不能保证数据传输的可靠性。

针对无线传感器网络中数据链路的可靠性问题，研究者们提出了很多路由协议。Niu 等人提出了一种工业无线传感器网络的反应式路由，通过补偿计时器的方法来区分高质量与低质量链路，从而找到最优可靠路径。Pradittasnee 等人针对工业环境中链路质量不精确评估的情况，提出了一种高效的路由更新和路由维持策略。Sepulcre 等人使用一种新的多路径路由协议来识别无线网络节点对之间必要的冗余路由，可满足工业应用的 QoS 需求水平和可靠性。Li 等人利用混合网络较小传输跳数和选播传输的优点，将数据包路由问题转换为资源调度问题。Sabet 等人提出了一种新的基于聚类的分布式分层路由协议，可保证无线传感器网络在大规模情况下的可靠性和连通性。上述路由协议是针对普通传感网的，它们并不适合于 WSAN。

之前对于 Kautz 图的研究工作主要集中在拓展 Kautz 图在 P2P 网络应用层的应用。Zuo 等人提出在自组织网应用层建立 Kautz 图覆盖网络来提高路由性能。然而由于拓扑的不一致性，该方法使用移动自组织网多跳路由来实现邻居节点间的简单通信。Ravikumar 和 Li 等人研究了最短和最长路径路由，当出现节点沿最短路径传输信息故障时，网络将使用次最短路径进行传输。然而，节点需要使用路由生成算法来寻找到目标节点的不同路由，并计算它们的长度，这会产生较高的能量消耗。Shen 等人提出使用节点 ID 的方法来进行数据传输，不需要维持路由表，但固定了节点间的传输路径，限制了路径的多样性。同时，由于 WSAN 一般用于工业环境中，路由设计中应考虑链路故障。

Kautz 有向图 $K(d, n)$ 是节点度为 d、直径为 n 的有向图，节点使用 $(u_1 u_2 \cdots u_n)$ 表示，其中 $u_i \in (0, 1, \cdots, d)$，$u_i \neq u_{i+1}$。$K(d, n)$ 的边集 E 是以顶点 $u_1 u_2 \cdots u_n$ 为起点，连向 $u_2 u_3 \cdots u_n \alpha$ 的 d 条有向边，其中 $\alpha \in \{0, 1, \cdots, d\}$。

在无线网络拓扑设计中，要考虑节点度和网络直径对网络性能的影响。较高的节点度能够保证较好的容错性、较低的网络直径和传输时延，但同时会造成较大的开销和干扰。传统的互联网络拓扑存在节点数目限制和不支持节点加入或离开的限制，而 Kautz 图与 DeBruijn 图能够解决这一问题。Kautz 图与 DeBruijn 图相似，但能够实现更好的性能，如最优的直径、最优的容错性和良好的负载均衡。

定理 2.5 对于给定的节点度数 d 和直径 n，一个拓扑至多可容纳的节点数受 Moore

界 $1+d+d^2+\cdots+d^n$ 约束，通常情况下（$d=1$ 或 $n=1$ 的情况除外）Moore 界都是不可达的。Kautz 图 $K(d,n)$ 的节点数为 $d^{n-1}+d^n$，非常接近 Moore 界。

证明：给定节点度数 d 和直径 n，Moore 界是不可达的，除非平凡的情况即 $d=1$ 或 $n=1$。对于 Kautz 图 $K(d,n)$，根据节点编号规则，第一个位置有 $d+1$ 种选择，剩余 $n-1$ 个位置有 d 种选择，所以 Kautz 图中包含 $d^{n-1}+d^n$ 个节点，非常接近 Moore 界。

定理 2.6　对于给定的节点度数和节点总数为 N 的任意网络拓扑，由 Moore 界可知，其网络直径的下界是 $[\log_d(N(d-1)+1)]-1$，而 Kautz 图的网络直径达到了这一下界，因此 Kautz 图具有最优的网络直径。

证明：由 Moore 界知，包含 N 个节点的图的直径下界为 $[\log_d(N(d-1)+1)]-1$，而 Kautz 图达到了这一下界：$[\log_d((d^n+d^{n-1})(d-1)+1)]-1=[\log_d((d^n+d^{n-1}+1)]-1=n+1-1=n$。

定理 2.5 和定理 2.6 说明 Kautz 图是 WSAN 中合适的覆盖拓扑，能够满足能量效率和实时通信的需求。Kautz 图具有最优的容错性能，Kautz 图 $K(d,n)$ 连通度为 d，而 DeBruijn 图连通度为 $d-1$。此外，Kautz 图较之 DeBruijn 图能够实现低延时和更好的负载均衡，关于这点，会在后面的仿真中加以验证。

假定 WSAN 传感节点密集地部署于应用区域，本节选取的网络架构如图 2.31 所示。图 2.31(a)是其中一个 Kautz 图单元，执行器节点挑选一些传感节点构建成 Kautz 图的模型，资源丰富的执行器节点作为 Kautz 图的顶点。整个网络由多个 Kautz 图单元构成，组成分布式哈希表（Distributed Hash Table，DHT）结构。

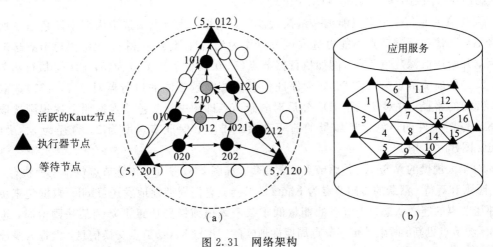

图 2.31　网络架构

每个 Kautz 图单元包含一个单元 ID(CID)，每个传感节点在每个单元包含一个节点 ID(KID)，即 WSAN 中每个节点可以用(CID，KID)表示，其中 KID$=\{u_1 u_2 \cdots u_i \cdots u_n | u_i \in (0,1,\cdots,d),u_i \neq u_{i+1}\}$，是 Kautz 图节点的 ID。构建 Kautz 图单元时，首先选取一个执行器节点作为初始点，再选取与该执行器节点最近的执行器并与之相连构成边，通过邻居节点交换信息，从公共邻居节点中选取到该边两端点距离最短的执行器构成三角形区域，该三角形区域 ID 赋为 1。之后，以同样的方式继续构造 Kautz 图单元，直至覆盖整个网络，并为每个单元赋予 ID。这样，较为接近的区域，ID 编号较为接近。

在所有 Kautz 图单元构建完成后，需要给每个 Kautz 图单元中的传感节点赋予 ID，即构建 Kautz 图。图 2.31(a)所示是图 2.31(b)中的区域 5。为明确地表示路由，尽管节点间的通信是双向的，我们仍将 WSAN 表示为有向图 $G(d, n)$。为保证邻居执行器不使用相同的 KID，使用顺序顶点着色算法，将每个节点分配一个不被邻居节点使用的最小的颜色号码。如图 2.31 所示，在 Kautz 图 $K(d, 3)$ 中只包含 3 个执行器节点，执行器节点 ID 分配为 $(5, 201)$、$(5, 012)$ 和 $(5, 120)$，执行器节点分配完 ID 后，挑选信道质量最好、剩余能量最高的节点作为它们的后继节点(有向图中被指向的节点)。对于任意的节点对 $U = u_1 u_2 \cdots u_n$ 和 $V = v_1 v_2 \cdots v_n$，$l = L(U, V)$ 表示 U 的最长后缀与 V 的前缀的匹配，如 201 和 012 匹配为 $L(210, 012) = 1$。

图 2.31 是一个 $K(2, 3)$ 的例子，即节点的入度和出度都为 2，网络的直径为 3，包含 12 个节点。首先是执行器间的互连。例如，对于执行器节点 $(5, 012)$，它挑选后继节点 $(5, 120)$，同时广播一个到 $(5, 120)$ TTL(存活时间)为 2 的路径请求信息，保证直径 $n = 3$。在执行器节点 $(5, 120)$ 接收到多个路径信息后，它选取剩余能量高于一定水平且组合信道质量最好的路径，并对其赋予 ID。ID 的赋予遵循最接近目标的原则。如果一个节点的前驱节点(指向该节点的节点)的 ID 为 $u_1 u_2 u_3$，则该节点的 ID 为 $u_2 u_3 u_k$，u_k 使得节点的 ID 更接近目标，即匹配长度增大。例如，图 2.31 中当执行器节点 $(5, 120)$ 接收到多个路径信息时，它选取组合信道质量最好的路径，即图中黑色的节点，并对其赋予 ID，则挑选的路径为 $(5, 012) \rightarrow (5, 121) \rightarrow (5, 212) \rightarrow (5, 120)$。同理，执行器节点 $(5, 120)$ 选取到 $(5, 201)$ 的路径为 $(5, 120) \rightarrow (5, 202) \rightarrow (5, 020) \rightarrow (5, 201)$；执行器节点 $(5, 201)$ 选取到 $(5, 012)$ 的路径为 $(5, 201) \rightarrow (5, 010) \rightarrow (5, 101) \rightarrow (5, 012)$。

要注意的是每个节点只能被一组执行器节点选取，当节点被选中为图中黑色节点所在路径后，其他执行器节点不能再选取该节点作为到后继节点的路径。图中黑色节点选取完毕后，开始选取深灰色节点。例如执行器节点 $(5, 012)$ 的后继节点为 $(5, 121)$，执行器节点 $(5, 201)$ 的前驱节点为 $(5, 020)$，为保证信息能够穿越不同的执行器对，$(5, 121)$ 选取到 $(5, 020)$ 的路径，并对其赋予 ID。然后对剩余节点即图中浅灰色节点按照上述规则选取满足 Kautz 图条件的最好信道质量的前驱和后继节点，保证节点度为 2，直径为 3。最终，Kautz 图建立完毕。

对于大规模的 WSAN，传感节点部署密集。如图 2.32 所示，传感节点包含三种状态：活跃、睡眠和等待。活跃的传感节点为 Kautz 图节点，它们周期性地发送"Hello"数据包来更新与邻居节点的连通状态。当节点的能量低于某一阈值或链路质量下降到某一阈值时，进行 Kautz 图节点更新。睡眠的传感节点周期性地唤醒，并与 Kautz 节点交换信息，检查自身能否成为候选 Kautz 图节点。成为候选 Kautz 图节点需要满足三个条件：第一，它必须能与一个 Kautz 图节点通信；第二，它必须有至少一个 Kautz 图邻居节点，并且该邻居节点的能量低于初始值 20% 或链路连续 20 个时间片不可用；第三，它能与该 Kautz 图节点的其他邻居 Kautz 图节点连通。当一个节点检查自身，发现自身能量或链路质量降低到某一水平时，它通知邻居节点并选择满足要求的邻居节点代替自身作为 Kautz 图节点，并把自身的 ID 信息交给该节点，然后进入睡眠状态。为避免出现节点未转交 ID 就进入睡眠状态的情况，邻居 Kautz 图节点周期性地发送"Hello"数据包检测邻居 Kautz 图节点的状况，如果找不到邻居节点，则通知邻居传感节点唤醒并选取链路质量最好的节点作为新的 Kautz 图节点。

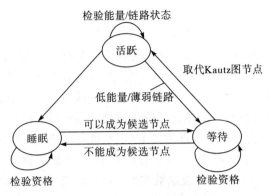

图 2.32　传感节点的三种状态

　　在网络分成多个 Kautz 图单元之后,对于跨单元的数据传输,执行器使用贪婪路由算法将数据包发送给 ID 接近目标单元 ID 的单元,由前面单元 ID 的分配可知,ID 相近的单元位置相距较近。Kautz 图在容错性和实时性以及能量消耗上做了折中。节点度为 d 的 Kautz 图包含 d 条节点不相交路径。图 2.33 是一个 $K(3,4)$ 的例子,对于任意的节点对 U、V,都存在 3 条节点不相交路径。假设节点 0123 接收到数据包或感知到事件产生数据包,并将数据包发送给节点 2312。初始时,数据包沿着最短路径 0123→1231→2312 发送,如果该最短路径出现故障,则节点 0123 快速地选择次最短路径,选取 1232 作为下一跳节点。

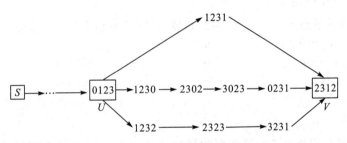

图 2.33　Kautz 图路由范例

　　定理 2.7　当节点 $U=u_1 u_2 \cdots u_n$ 使用贪婪最短路径算法向节点 $V=v_1 v_2 \cdots v_n$ 发送数据时,所选路径为最短路径。

　　证明:根据 Kautz 图节点编码方法可知,Kautz 图中任意两个节点之间的最短距离为 $n-l$,使用贪婪最短路径算法后 U 节点的下一跳节点为 $u_2 u_3 \cdots u_{n-l} \cdots u_n v_{l+1}$,此时与目标节点 V 之间的最短距离为 $n-l-1$,继续这样下去,直到与节点 V 之间的最短路径长度为 1,即所选路径为最短路径。

　　定理 2.8　当节点 $U=u_1 u_2 \cdots u_n$ 转发数据给节点 $V=v_1 v_2 \cdots v_n$ 时,其后继节点、路径长度和对应的 d 条节点不相交 U-V 路径分别为

后继节点	路径长度	不相交 U-V 路径
$u_2 u_3 \cdots u_n u_{n-l}$	$n+2$	$u_{n-l} \neq v_{l+1}$
$u_2 u_3 \cdots u_{n-l} \cdots u_n v_{l+1}$	$n-l$	最短路径
$u_2 u_3 \cdots u_n v_1$	n	$u_n \neq v_1$

$u_2 u_3 \cdots u_n \alpha_i$	$n+1$	其他

其中 $\alpha_i \neq (v_1, v_{l+1}, u_{n-l})$。

当任意节点对发送数据时，节点会通过查找目标节点 ID，根据定理 2.8，使源节点能够快速高效地找到目标节点的最短路径。同时任意节点对之间包含 d 条节点不相交路径，当传输过程中任意节点发生故障时，故障节点的上一跳节点不需要通知源节点，它能自发地选择次最短路径进行数据传输，保证了网络通信的容错性。但这种传输方法也存在一些问题。Kautz 图拓扑构建完成后，节点按照 ID 信息进行传输时，所选路径为有向图最短路径而非全局最短路径。例如在图 2.33 中，节点 U 到 V 的最短路径为 0123→1231→2312，路径长度为 2 跳。而当节点 V 向 U 发送数据时，V 的后缀与 U 的匹配长度为 0，路径长度为 $n-l=4$，增加了网络延时，且没有充分地开发网络拓扑的路径多样性。

一个简单的解决方法是允许节点沿 Kautz 图有向边反向传输。也就是说，当节点有数据包要发送时，通过对比正反向节点 ID 的匹配长度，沿着匹配长度较长的方向进行数据传输。例如，图 2.33 中节点 V 要向 U 发送数据，它首先比较正向匹配长度和反向匹配长度，发现正向匹配长度 $l_1=0$，反向匹配长度 $l_2=2$，则它选择反向传输路径，在数据包中添加反向传输标记，按照 ID 传输的反向规则进行传输，这样就能极大地减少网络延时。

定理 2.9 当节点 $U=u_1 u_2 \cdots u_n$ 转发数据给节点 $V=v_1 v_2 \cdots v_n$ 时，下一跳节点选取为 $\alpha u_1 \cdots u_{n-1}$，以这样的方式使用贪婪最短路径算法，其后继节点、路径长度和对应的 d 条节点不相交 U-V 路径如下：

后继节点	路径长度	不相交 U-V 路径
$u_{l+1} u_1 \cdots u_{n-1}$	$n+2$	$u_{l+1} \neq v_{n-l}$
$v_{n-l} u_1 \cdots u_{n-1}$	$n-l$	最短路径
$v_n u_1 \cdots u_{n-1}$	n	$u_1 \neq v_n$
$\alpha u_1 \cdots u_{n-1}$	$n+1$	其他

其中 $\alpha \neq (v_n, v_{n-l}, u_{l+1})$。

证明：(1) 根据定理 2.7 的证明可知最短路径中 U 的后继节点编码的第一位（后用 α 表示）为 v_{n-l}，V 的前驱节点的最后一位（后用 β 表示）为 u_{l+1}，如果路径为非最短路径，α 选为 v_n，则 $\beta=u_1$；如果 $\alpha \neq v_n$，则 U 的后继节点的下一跳节点为 $v_n \alpha u_1 \cdots u_{n-2}$，即 $\beta=\alpha$。因此，非最短路径之间不会产生交错，否则与上述 $\beta=\alpha$ 冲突。如果 $u_{l+1}=v_{n-l}$，则由上述可知所有的非最短路径不会与最短路径产生交错；如果 $u_{l+1} \neq v_{n-l}$，则其中一条非最短路径的后继节点编码的第一位为 u_{l+1}，与最短路径的 β 相同，产生交错。非最短路径中 U 的后继节点称为冲突节点。按照选取规则，冲突节点的后继节点的第一位选为 v_{n-l}，此时该后继节点到 V 的最短路径长度为 n，故整条路径长度为 $n+2$。

(2) 用定理 2.7 可证。

(3) 当 $u_1 \neq v_n$ 时，α 可选为 v_n，即整条路径长度为 n。

(4) 对于其他情况，每个后继节点的下一跳节点的第一位从 v_n 开始，路径长度为 $n+1$。

在网络节点数据的传输过程中发生节点故障时，由于任意节点间存在 d 条节点不相交路径，传输过程不会中断，数据会沿着次最优路径进行传输。

由于节点周期性地发送"Hello"数据包来维持邻居节点的信息和状态，节点会发现一些特殊的 Kautz 图节点,这些 Kautz 图节点与节点之间的链路不属于 Kautz 图拓扑,这些节点的 ID 信息会被记录在邻居列表中。传输过程中节点发生故障或链路质量下降到某一阈值时,节点比较这些特殊的 Kautz 图节点和次最优下一跳节点与目标节点的正反向匹配长度。如果次最优路径匹配长度最大,则使用该路径。如果特殊的 Kautz 图节点匹配长度最大,则使用特殊的 Kautz 图节点进行绕道,绕道时需要在数据包中添加绕道信息标记位以及绕道节点 ID 信息。

FRER 数据包格式如图 2.34 所示。数据包的包头包含源节点 ID、目标节点 ID、数据包类型、数据包序列号以及正反向标记位和绕道标记位。正反向标记位为 0 或 1,0 表示正向传输,1 表示反向传输。绕道标记位包含两部分:标记和 ID。标记为 0 表示没有绕道;标记为 1 表示绕道。在 ID 位记录绕道节点 ID 信息。最后的帧校验序列 FCS(Frame Check Sequence)是校验位,用于检测接收数据包是否误码。节点通过"Hello"数据包评估邻居节点间的链路质量时,也要评估不存在于 Kautz 图拓扑中的链路质量,当绕道链路质量高于原链路质量,绕道节点的下一跳节点有更优匹配长度时,才可以使用绕道链路。

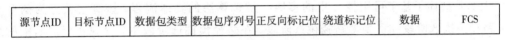

源节点ID	目标节点ID	数据包类型	数据包序列号	正反向标记位	绕道标记位	数据	FCS

图 2.34　FRER 数据包格式

2.4.4　基于可用性历史的可靠多路径路由

由于 WSAN 一般用于工业环境中,信道质量随时间而改变,且链路故障时常发生,因此,在 WSAN 中不仅要考虑节点因能量问题或外界因素而引起的故障,更要考虑链路故障。一般来说,节点故障可以通过替换备用节点排除,但链路故障并不能通过替换节点解决。使用基于可用性历史的多路径挑选可解决此问题。

可用性历史表示链路的可用性随时间变化的记录。将时间分为 l 个时间片,节点 i 和 j 之间链路第 r 个时间片所对应的可用性为 a_{ij}^r,链路 (i,j) 某个时期的可用性可以表示为 $\boldsymbol{a}_{ij}=[a_{ij}^1, a_{ij}^2, \cdots, a_{ij}^l]$,其中

$$a_{ij}^s=\begin{cases}1, & \mathrm{PDR}_{ij}^s \geqslant \gamma_0 \\ 0, & \text{其他}\end{cases} \tag{2.15}$$

PDR_{ij}^s 表示链路 (i,j) 在时间片 s 的数据包传输比率。将 PDR 映射成为数值 0 和 1,其中 0 表示对应时刻链路不可用,1 则相反。通过阈值 γ_0 来限定链路的 PDR,从而确定链路的可用性。

路径的可用性表示该路径上的所有链路的可用性进行逻辑位运算 AND。长度为 p 的路径 P_i 的可用性可以表示为 $A_i=a_{i1}a_{i2}\wedge a_{i2}a_{i3}\wedge \cdots \wedge a_{ip}a_{i,p+1}$,其中 a_{ij} 表示路径 P_i 上第 j 个节点的 ID。多条路径的可用性表示多个路径可用性之间进行逻辑位运算 OR。如图 2.35 所示,路径 1 包含链路 1-2 和链路 2-3,链路 1-2 在第 9 个时间片不可用,链路 2-3 在第 4 个时间片不可用,则路径 1 在第 4 和第 9 时间片不可用;路径 2 与路径 1 有着相同的源节点和目标节点,路径 2 在第 1 和第 3 到 5 个时间片可用,则它们的组合可用性只在第 9

个时间片不可用。采用组合路径的方法可以增大传输的可用性。

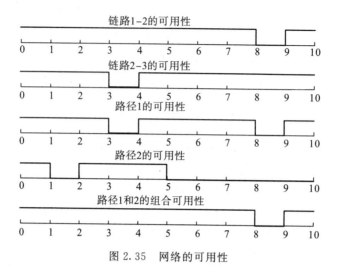

图 2.35 网络的可用性

表 2.4 描述了基于可用性历史的多路径挑选算法的具体流程。该算法共分为两个阶段：路径预挑选阶段和贪婪多路径挑选阶段。在路径预挑选阶段中，寻找正反向匹配的最短和次最短路径，存放于集合 H 中。在贪婪多路径挑选阶段中，挑选组合可用性最大的 k 条路径用于数据传输。初始化多路径集合 M 为空集合，组合可用性 $\theta(M)$ 为 0，在集合 H 中挑选最大化 M 可用性的路径，添加到 M 中，直至 M 中包含 k 条路径。但是在贪婪多路径挑选阶段找到的可能不是最优组合，因此，首先挑选出集合 H 中可用性最大的路径，然后在剩余路径中使用贪婪路径算法挑选 k 条路径，将可用性最大的路径加入并做比较，删除组合中可用性最小的路径。

表 2.4 基于可用性历史的多路径挑选

算法：基于可用性历史的多路径挑选

输入：源目标节点对集合 $\{(s_i, d_i)\}$，k，可用性 $\{A_i\}$
输出：多路径集合 M
步骤：

1　$M = \varnothing$，$\theta(M) = 0$

2　路径预挑选：根据源目标节点 ID，挑选正反向匹配最短和次最短路径存入集合 H

3　在集合 H 中挑选出可用性最大的路径 p_x，并在集合 H 中删除该路径

4　While $|M| < k$ do

5　　在集合 H 中挑选最大化集合 M 可用性即 $\theta(M \cup p)$ 的路径 p

6　　将路径 p 添加到 M 中，更新 $\theta(M) = \theta(M \cup p)$

7　end While

8　将 p_x 添加到 M 中进行比较，删除组合中可用性最小的路径

这里使用 NS 来评估 FRER(Fault-tolerant Reliable and Energy-efficient)算法性能并与 REFER(Real-time Fault-tolerant and Energy-efficient)算法和 DeBruijn 图算法做比较，

当节点发生故障时，发送广播信息来重建路径。10 个执行器节点均匀分布在 500×500 的区域内，500 个传感节点独立同分布地部署在执行器节点周围，构成 $K(3,3)$ Kautz 图单元，传感节点和执行器节点的传输范围分别设置为 100 和 250，每过 10 s，在每个 Kautz 图单元随机选择 2 到 7 个源节点传输数据，传感节点通信使用 IEEE802.11 协议。本节分别做了未受干扰下和干扰环境下的性能仿真。

1. 未受干扰下的性能评估

对于未受干扰的网络环境，本节使用以下标准进行评估：

(1) 吞吐量：目标节点每秒钟成功接收数据包的数量(kb/s)。更高的吞吐量意味着更高的容错性和实时性。

(2) 时延：平均端到端数据传输延时。

(3) 数据包传输比(PDR)：成功传输的数据包与总发送数据包的比值。更高的 PDR 意味着更高的传输效率。

在仿真过程中，随机挑选 $2x$ 个故障节点，x 服从 $[1,5]$ 上的均匀分布，每过 10 s，修复网络中之前的故障节点。图 2.36(a)给出了三种算法的吞吐量随源目标节点对数量的变化情况，其中星号曲线代表 FRER 算法，圆圈曲线代表 REFER 算法，加号曲线代表 DeBruijn 图算法。可以看出：REFER 和 DeBruijn 图算法的吞吐量的值低于 FRER 算法，这是由于 Kautz 图的吞吐量要远高于 DeBruijn 图；随着源目标节点对数量的增多，网络吞吐量先上升后平稳下降，这是因为最初时，随着网络中源目标节点对数量的增多，网络吞吐量相应增长，但随着源目标节点对数量的增多，每个 Kautz 图单元中重合的链路数量增多，从而影响了端到端数据的传输。从图中可以看出，当每个 Kautz 图单元中的源目标节点对数量为 4 时，网络吞吐量最大。图 2.36(b)给出了三种算法的端到端时延随源目标节点对数量的变化情况。可以看出：当网络中的源目标节点对数量增多时，三种算法的网络端到端时延先下降，在源目标节点对数量为 3 或 4 时达到最小，之后增长。这是因为仿真时随机挑选源目标节点对，当节点对数量较小时，所选取的可能是与 REFER 算法相同的较长路径，当节点对数量增多时，由前所述可知 FRER 算法的路径长度小于等于 REFER 算法的路径长度，因此随着节点对数量的增多，网络时延下降；但同时，随着节点对数量的增多，每个 Kautz 图单元和 DeBruijn 图中重合的链路增多，造成网络时延增大，较之 Kautz 图，DeBruijn 图变化最为明显。同时，也可以看出：FRER 算法在每个 Kautz 图单元中重合的链路数量较少，时延变动较为平滑。图 2.36(c)描述的是三种算法的数据包传输比(PDR)随源目标节点对数量的变化情况。可以看出：随着源目标节点对数量的增多，FRER 算法的 PDR 先增长，在源目标节点对数量为 4 时达到最大，之后平稳下降；而 REFER 算法的 PDR 变化不大，当网络中的源目标节点对数量增多时，呈现出下降趋势；整体来说，Kautz 图的 PDR 高于 DeBruijn 图，FRER 算法的传输效率高于 REFER 算法。

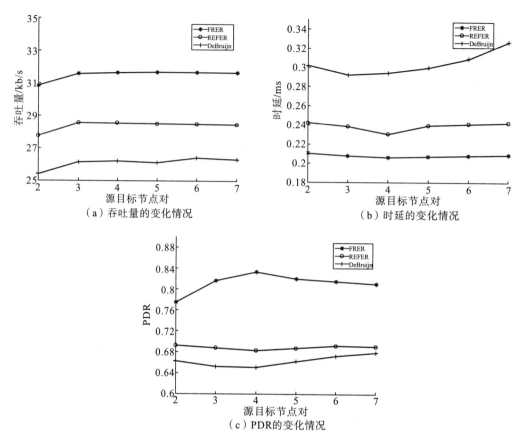

图 2.36　吞吐量、时延和 PDR 随源目标节点对数量的变化情况

2. 干扰环境下的性能评估

由于 WSAN 一般用于工业环境中，相较于 REFER 算法，FRER 算法考虑了网络中的链路故障。当出现链路故障时，替换节点是不起作用的，因此需要使用多路径的方法来提高网络传输的可靠性。

工业环境中包含诸多噪声。我们使用 Nakagami 分布来描述接收到的信号强度。Nakagami 分布定义为

$$f(x, m, \Omega) = \frac{m^m x^{m-1}}{\Gamma(m)\Omega^m} \exp\left(-\frac{mx}{\Omega}\right) \tag{2.16}$$

其中：Γ 表示伽马函数；m 表示 Nakagami 分布衰落参数；Ω 表示平均接收能量。设置 $m=1$，Ω 表示为

$$\Omega(d) = \frac{P_t G_t G_r h_t^2 h_r^2}{d^n L} \tag{2.17}$$

其中：d 表示发送者与接收者之间的距离；P_t 是传输功率，设为 2 W；G_t 和 G_r 是天线收益；h_t 和 h_r 表示天线权重；L 是损耗因子；n 是路径损耗指数。仿真中，我们设置 $G_t = G_r = 1$，$h_t = h_r = 1.5$ m，$L=1$，$n=4$。假定如果接收到的信号功率高于某一接收阈值（设为 0.6），则表示数据包成功接收。对于噪声的影响，假定产生的噪声叠加到接收信号中，只会降低接收信号强度；噪声强度设为 8 dB，当接收信号强度低于 0.6 时，就认为没有成

功接收数据包。

仿真过程中，时间被划分为 10 个时间片，每过一个时间片，可用性信息左移一位，由新的可用性信息补全最后一位。图 2.37 是干扰环境下的网络可用性分布情况，其中实线表示基于可用性历史的 FRER 算法的估计情况，点画线表示实际情况，虚线表示 REFER 算法的估计情况，垂直线表示均值，其他曲线表示累积分布。为与 REFER 算法进行对比，REFER 算法按照路由选取规则挑选两条最短路径进行数据传输。从图中可以看出，基于可用性历史的 FRER 算法与实际情况较为接近，可以很好地预测实际情况，同时 FRER 算法的平均可用性要明显高于 REFER 算法，这说明基于可用性历史的 FRER 算法能够很好地挑选出 k 条最优可用性的路径组合来提高网络传输的可靠性。

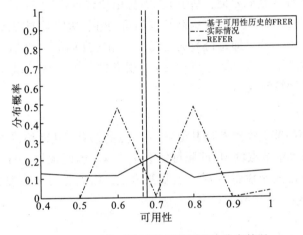

图 2.37　干扰环境下的网络可用性分布情况

FRER 算法能够利用邻居节点信息，在已存在网络拓扑中拓展网络的路径多样性。与之前的无线传感网路由算法相比，FRER 算法基于 Kautz 图，能以最小花费找到最短路径。与同样基于 Kautz 图的 REFER 算法以及基于 DeBruijn 图的算法相比，FRER 算法通过拓展路径多样性的方法找到的路由路径长度要小于等于 REFER 算法。并且 FRER 算法考虑了 REFER 算法没有考虑的链路故障情况，可使用可用性历史来预测未来链路的可用性，并通过组合 k 条最优可用性组合的路径来提高网络整体的传输效率。大量的仿真实验表明，在链路故障存在的情况下 FRER 算法能够很好地提高网络的可用性，同时实验结果表明 FRER 算法在提高网络可靠性、降低延时和丢包率以及网络吞吐量方面优于 REFER 算法和 DeBruijn 图算法。

2.5　P2P 数据存储抗毁性分析与优化

计算机网络的快速发展和办公自动化的迅速流行，使数据存储受到越来越多人的关注。而近年来 P2P 系统由于具有良好的性能（分布式、可扩展性）而得到了广泛的关注。P2P 系统提供了一种新型的通信模型，允许同一网络中的用户进行信息共享、消息传送及相互交流，这些用户节点既可作为数据拥有者，又可作为数据请求者，消除了传统客户/服务器模型中节点功能的不对称性。目前运营网络上一半多的骨干流量都是 P2P 的流量，并且 P2P 系统在文件共享、视频直播与点播、即时通信（网上电话）、网络聊天、网络存储、网格计算等领域发展迅速。由 P2P 系统的动态性（其与系统中参与节点的频繁加入、离开或失效有关）导致的数据可用性性能降低的现象是 P2P 系统数据存储策略设计的挑战之一。提高高流失率下系统容错性的方法之一是设计较好的复制策略以增加副本数，从而提高数据的可用性。

2.5.1 结构化 P2P 系统

P2P 系统的一个特点是其动态性，即节点可以随时加入、离开或失效，这一特点严重影响了系统中数据的可用性，因此需要设计一种 Churn-Defended 存储策略，其实质上是设计一种提高系统容错性的复制策略。基于 DHT 路由协议的 P2P 系统，使用不同的复制方法来降低查找的失败率与跳数，同时提高数据的可用性。这些复制方法的相同之处在于每份数据需要分发给 k 个节点，即每份数据需要一个用于存储的节点集。增大节点集，可提高数据的可用性，但又增加了存储开销和带宽。现有的复制方法可以分为三类：邻居节点复制、路径复制和基于特性复制。

1. 邻居节点复制

一致性哈希表中的节点需要存储其他 m 个节点的信息，从而构成查询表。根据所选路由协议的不同，查询表中节点的 ID 间隔可能会不一样，因此根据 DHT 不同的路由算法，可衍生出降低查询算法复杂度的邻居节点复制方法。相关邻居节点复制方法主要包括前驱/后继复制（PR/SR）和叶子复制（LR）。

2. 路径复制

路径复制是指将文件复制到查询路径经过的所有节点上。受控更新传播 CUP 协议将文件复制到查询路径经过的所有节点中，而在响应搜索查询时，异步建立索引项缓存，然后传播索引项更新来维护这些缓存。

3. 基于特性复制

可以根据节点间的相关性、标识符关联度及基于时区、队列请求比的聚类思想来选择节点副本集。Ghodsi 等人提出了一种基于标识符的复制策略，其核心思想是将系统中的每个标识符 i 与 r 个其他标识符相关联（r 为复制因子），再将标识符 i 上的数据复制到与其相关的标识符节点上。通过聚类将节点集分割成 $r+1$ 个子集，再将数据复制到 r 个子集中；以可用性作为相关性衡量标准，将数据副本分配到 r 对相关性最小的节点对上。

综上所述，现有方法仅针对一个特定的 DHT 系统提出相关的数据放置策略，以提高系统的抗毁性，而对于大部分方案不具有普遍适应性。具体原因如下：

（1）结构化 P2P 存储是一种分布式存储，在不需要服务器的情况下，每个客户端负责一个小范围的路由，并负责存储一小部分数据，从而实现整个 DHT 网络的寻址和存储，如 CAN、Pastry、Chord DHT 系统的动态性可能会导致路由失效、存储资源丢失或覆盖网络中节点维护资源不一致等。

（2）基于上述复制方法的数据存储策略只能提高特定系统的抗毁性。

（3）基于上述复制方法的数据存储策略只是单纯地从数据放置策略出发来提高数据可用性的，并未综合考虑查询及维护措施而提出一整套的提高系统抗毁性的机制。

2.5.2　算法实现

用于提高 P2P 数据存储抗毁性的机制包括以下两种：

（1）进行分发机制：通过 hash 函数将参与节点的 IP 地址映射成线性空间的数据，根据复制因子对此空间进行区域分割；再根据所选择 DHT 系统路由协议对应的查询表及区块信息将数据副本映射到相应节点上，确定每个区域都包含一份数据副本。

（2）进行查询及一致性维护机制：先根据请求节点的键值确定包含副本节点的最近区域，再由给定 DHT 系统中的路由协议确定基础一致性维护策略和周期一致性维护策略。

1. 基于分区的平衡复制算法

每类算法的优缺点各不同，只有基于特性法的复制算法可应用于结构化的 P2P 系统中。为了在高流失率下保证数据的可用性并减少负载费用，一种基于分区的平衡复制（Balanced Replication Based on Zone，BRBZ）算法被提出。BRBZ 算法不仅提高了不同区域失效情况下节点的可用性，而且因用户接口适用于不同 DHT 协议而便于管理。BRBZ 算法由副本分发机制、查询机制和一致性维护机制组成。其中：分发机制主要负责对系统进行分区后，均匀地将副本文件映射到相应节点上；查询机制与选择的具体路由算法有关；一致性维护机制主要负责维护由更新或网络动荡导致的数据不一致问题。可将应用此算法的 DHT 系统分为应用层、中间层及路由协议层。

2. 分发机制

BRBZ 算法的核心思想是将系统中的节点空间根据复制因子分割成不同的区域，保证每个区域里都有一份数据副本。首先，通过 hash 函数将参与节点的 IP 地址映射成线性空间的数据；然后，根据复制因子对此空间进行区域分割；最后，尽可能减少查询跳数，根据所选择 DHT 系统路由协议对应的查询表及区块信息将数据副本映射到相应节点上，并保证每个区域都包含一份数据副本。

3. 查询及一致性维护机制

由于设计的副本分发机制适用于任何 DHT 系统，为了减少查询跳数并提高 BRBZ 算法整体的一般性，先根据请求节点的键值确定包含副本节点的最近区域，再由给定 DHT 系统中的路由协议确定具体的查询机制。由于任一副本节点都在其上一副本节点的查询表中，因此可以使源节点负责第一个副本节点，第一个副本节点负责第二个副本节点，以此类推，直至最后一个副本节点负责源节点，从而副本节点的度及系统中文件的可用性和一致性可进行检测，降低了维护开销。

1）基础一致性维护策略

在数据更新、节点加入或离开系统时，基础一致性维护策略被触发。当节点 i 加入时，根据所选择 DHT 系统的路由协议修改节点 $i-1$ 和节点 $i+1$ 的查询表，若节点 $i+1$ 中存储键值，则以 $key(i)$ 为界，对其进行划分，将小于 $key(i)$ 的数据迁移到节点 i 上，最后更新节点 i 的查询表；当节点 i 离开时，需要先对节点 $i+1$ 进行预警，即告知节点 $i+1$ 修改其查询表并将节点 i 中的数据迁移到节点 $i+1$ 上，再修改节点 $i-1$ 的查询表；当源数据更新时，采用上述一对一复制法，修改副本节点上的数据。

2）周期一致性维护策略

根据系统设定的时间间隔 TI 定期触发周期一致性维护策略，从而提高动荡条件下的系统容错性。每份数据的源节点定期联系其所有副本节点，以维护相关数据的一致性，同时确定每个节点只维护了存储在其上的 key 值。

2.5.3　仿真与分析

在动荡率恒定的情况下（设动荡率为 0.4）改变副本数，通过平均跳数、数据可用性、查询失败率三种评价参数评估副本数对算法的影响。副本数与 Churn 容错性下的鲁棒性成正比，但考虑到其与存储空间、维护开销成反比，故设定副本数分别为 0、2、4、8。

副本数对平均跳数的影响如图 2.38 所示。可以看出，无论何种复制方法，平均跳数与副本数变化的总趋势是平均跳数随着副本数的增加而减小。同时，对比 Chord 路由协议，由于 Pastry 路由协议的查询表引入了叶子节点和邻居节点集合的概念，BRBZ 在 Pastry 中的平均跳数较小，加快了路由查找速度。

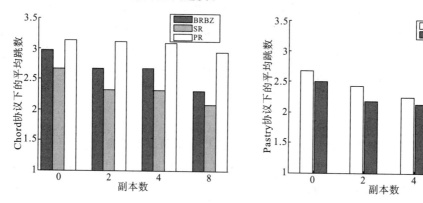

图 2.38　副本数对平均跳数的影响

副本数对数据可用性的影响如图 2.39 所示。这里主要评估蓄意攻击下副本数对系统中存在可用文件概率的影响。由于数据可用性主要与数据分发机制有关，因此这里直接比较四种算法的数据可用性，未考虑 DHT 系统的不同路由协议。由于 BRBZ 算法在分发阶段根据副本数对空间进行划分并保证划分的每块区域都包含有一份副本数据，使得 BRBZ 算法的数据可用性都最高。

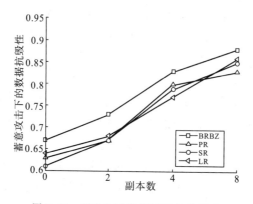

图 2.39　副本数对数据可用性的影响

动荡的强弱(即动荡率)可以影响 DHT 系统的性能,增大副本节点集合可以减弱这些影响。因此固定副本数为 4,分别分析在 Chord 和 Pastry 路由协议下,动荡(0.1,0.2,0.3,0.4,0.5)对不同算法的性能影响。

动荡率对平均跳数的影响如图 2.40 所示。由图 2.40 可以看出,随着动荡率的增大,平均跳数逐渐增加。考虑最坏的情况,即在最少的副本数或最大的动荡率条件下,可以得出副本数对平均跳数的影响大于动荡率对其的影响。

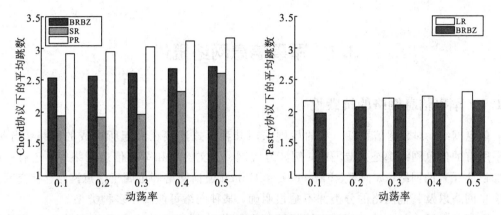

图 2.40　动荡率对平均跳数的影响

动荡率对查询失败率的影响如图 2.41 所示。由图 2.41 可以看出,随着动荡率的增大,查询失败率逐渐增加。由于 BRBZ 算法的分发机制和维护机制中的数据迁移方法,对于任何一种 DHT 系统,BRBZ 算法都有最低的查询失败率。

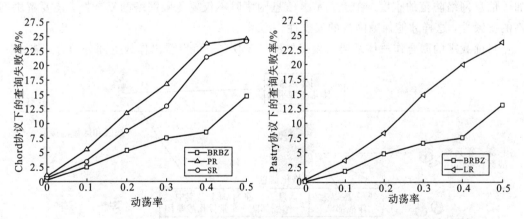

图 2.41　动荡率对查询失败率的影响

第 3 章   军事信息网络抗毁性分析与关键因素挖掘技术

3.1   军事信息网络概述

3.1.1   军事信息网络的抗毁性

信息网络，即数据信息以一定的规则采用某种形式连接在一起所构成的网络。当前，几乎所有的信息网络都是人造网络，例如万维网、引文网络和军事信息网络等。还有一些添加社会元素的网络，如博客、Facebook 和 E-mail 通信网络等也属于信息网络。社交网络和信息网络以及其他网络的分类并不是很明确，某种网络可能属于多种类型。

军事信息网络是由感知网络、情报网络和指挥决策网络建立在数字网络上的作战系统，其传输的信息是情报或命令，底层网络正常、高效的运行对战争的结果至关重要。与其他网络不同，军事信息网络强调信息的可靠性、安全性和准确性。

在作战体系下，新的应战模式增加了信息网络被攻击的强度，攻击武器的不断升级增加了信息网络防范的难度。在建立军事信息网络时不仅要克服网络的复杂性，还要解决网络的抗毁性，这样才能保障网络的安全性。

目前我军的联合作战体系架构设想如图 3.1 所示，可以看出作战空间分为海、陆、空

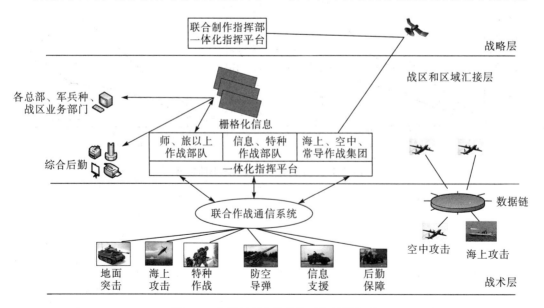

图 3.1   我军的联合作战体系架构设想

三个空间，作战实体之间的行为交互错综复杂，作战过程中强调各组织部门间的联合、协助能力。以信息栅格化网络为标准，军事信息网络模型如图 3.2 所示。该模型包含五个功能子网，其中，通信系统是一个基础网络，作为其他四个网络的支撑；感知网根据作战任务组建、优化情报设备；指挥决策网对各作战力量进行统一指挥、同步；武器控制网是组织联合作战行为的火力网络；综合保障网通过实时监控和管理战场态势，形成高效的保障体系。

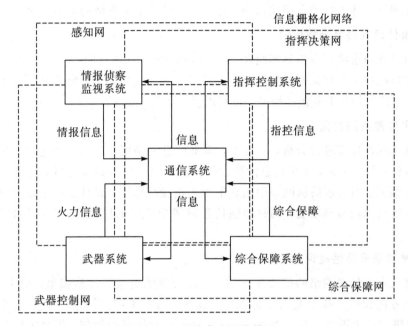

图 3.2　军事信息网络模型

3.1.2　基于 OODA 的军事信息网络构建

本节首先分析军事信息网络的复杂性，考虑网络体系中节点类型的异质性和动态性，数据存储方式的多样性，拓扑结构的动态性，信息种类的多样性等。紧接着，针对网络中的节点进行 OODA 建模。其次，在路由层面对军事信息网络进行抗毁性方面的改进，主要针对路径恢复和信息实时性方面。然后，针对 OODA 体系建立合理的评估模型，采用合适的指标评估网络性能，包含抗毁性和鲁棒性等。

1. 军事信息网络的复杂性分析

军事信息网络的复杂性分析包括节点复杂性分析和结构复杂性分析。在节点复杂性分析中，复杂网络的节点数目多，节点属性各异，功能万千，并且不同节点对流量和安全性的要求不同。例如，对于指挥控制系统中的节点而言，指挥节点具有最高级别，要求发送数据可靠级别高，探测节点级别较低，对安全性要求不高。此外，所有节点并非静止不动，节点会随机接入和退出，而且存在被攻击的可能，这些因素会直接影响网络的拓扑结构。节点的复杂性还受到信息流的影响，对不同的信息流，节点的处理方式不同，有的是简单地转发，有的是对收到的数据进行加工处理。节点的属性不同，即在网络中的角色不一样，重要度就不同。在结构复杂性分析中，理想网络一般都是完全规则或完全随机的，而真实的复杂网络则介于完全规则和完全随机之间。节点的度往往服从幂律分布，链接从结构上看错综复杂，传输方式可能是全双工的，也可能是半双工的，任务处理存在递进关系，不同网络之间的通信协议也可能不同。

此外，复杂网络的拓扑具有实时性，可能来自网络本身节点和链接的变化，也可能是受外部环境的影响。例如，外部节点的加入或网络受到意外的破坏，使得网络始终处于不断动态演化过程中。这种演化可能是时间上的，也可能是空间上的。网络中的局部互动关联性涌现为网络整体上的动态演化行为模型，进而导致了网络结构不断变化和更替。

2. 军事信息网络复杂性建模

从空间层次角度将军事信息网络按照空间环境进行分层，研究空间层次的网络模型；从任务层次角度将军事信息网络按照节点间的任务关系进行划分，研究基于任务的网络模型，各种任务间的相互关系包括控制、相互依赖、反馈、前馈等。

3. 军事信息网络优化

从信息实时性角度进行分析，一方面，军事信息网络需要高效、快速地传输，以保障信息的有效性；另一方面，军事信息网络的拓扑结构具有较高的动态性，需要高效的动态路由策略来保障。当军事信息网络中出现节点或链接故障时，设计快速的路径恢复策略可以使网络在短时间内得到恢复，同时增强信息网络中节点的抗毁性，保障信息网络安全、可靠地运行。

4. 军事信息网络性能评估

首先进行军事信息网络的抗毁性评估，设计合理的抗毁性评估模型，提出度量指标，并利用数学方法和仿真技术获取指标数据。其次，对军事信息网络的节点重要度进行分析，识别网络中的关键节点和其重要度，据此提出针对性保护措施，提高军事信息网络的抗毁性。

3.2　基于 OODA 循环的军事信息网络复杂性建模

OODA 循环是由 Observation(观察)、Orientation(判断)、Decision(决策)、Action(行动)四个单词的首字母组合得名的，其基本观点是军事冲突可以看作敌对双方互相较量，谁能更快更好地完成"观察—判断—决策—行动"的循环程序。军事信息网络的设计需要融合 OODA 循环。设计高效、灵活的作战组织模式，可使作战任务按计划完成，并根据任务的上下文和战场形势对作战行为进行调整。因此，根据军事信息网络体系的特点建立体系模型时，需要考虑体系中各组分系统的完备性和协调性，各组分系统以及整个体系的时效性，各组分系统信息的有效性，各层之间的递进关系以及体系的整体涌现效果。

OODA 循环可以通过保证每一个环节的准确性，做出较好的决定。最后的决定取决于之前的准备和处理，这也是 OODA 循环的优点，且体现了时效性在一个 OODA 循环中的重要度。

3.2.1　节点的复杂性建模

根据 OODA 循环理论，将作战网络划分为观察网络、判断网络、决策网络和行动网络，这四种网络构成一种作战体系。其中：观察网络由具有探测、收集信息和感知能力的节点构成，实时收集外界信息并加以融合；判断网络是由计算节点如计算中心等构成的网络，用于对上一环节信息进行预处理；决策网络由决策节点如军营指挥中心等构成，用来发布作战命令；行动网络中的节点包括作战飞机、坦克和武装部队等。因此，基于 OODA 网络体系，可以将操作节点分为感知节点、判断节点、决策节点和攻击（火力）节点。假设节点的总数为 N，四类节点的个数分别为 s、p、q、f，且 $s+p+q+f=N$。每类节点都有各自的属性，第 i 个节点可以表示为

$$N(i)=\langle \text{ID}_N(i), T_N(i), R_N(i), H_N(i), \text{GD}_N(i), S_N^*(i), P_N^*(i), Q_N^*(i), F_N^*(i)\rangle$$

$$(3.1)$$

其中：$\text{ID}_N(i)$ 表示第 i 个节点的编号；$T_N(i)$ 表示第 i 个节点的类型；$R_N(i)=\{R_1, R_2, \cdots, R_m\}$ 表示第 i 个节点处理各类信息的能力，这里 m 为信息种类数；$H_N(i)$ 表示第 i 个节点的层级；$\text{GD}_N(i)$ 表示第 i 个节点的位置；$S_N^*(i)$ 表示与第 i 个节点连接的一系列感知节点；$P_N^*(i)$ 表示与第 i 个节点连接的一系列判断节点；$Q_N^*(i)$ 表示与第 i 个节点连接的一系列决策节点；$F_N^*(i)$ 表示与第 i 个节点连接的一系列火力节点。

四类节点的属性如下：

（1）感知节点能够提供预警、探测、侦查和检测的功能，包含预警雷达、侦查雷达等。这些感知节点的主要功能是实时获取战场上的情报信息和作战效果的评估信息。并且，感知节点收集到的信息将会被传输到判断节点。第 i 个感知节点可以表示为

$$N_S(i)=\langle \text{ID}_S(i), T_S(i), R_S(i), H_S(i), \text{GD}_S(i), P_S^*(i)\rangle \qquad (3.2)$$

其中，$\text{ID}_S(i)$ 表示第 i 个感知节点的编号，后续属性同理，其具体意义同式(3.1)。

（2）判断节点具有信息预处理的能力，可对感知节点收集的信息进行除噪和简单处理。第 i 个判断节点可以表示为

$$N_P(i)=\langle \text{ID}_P(i), T_P(i), R_P(i), H_P(i), \text{GD}_P(i), S_P^*(i), P_P^*(i), Q_P^*(i), F_P^*(i)\rangle$$

$$(3.3)$$

其中，$\text{ID}_P(i)$ 表示第 i 个判断节点的编号，$\text{ID}_P(i)\in[s+1, s+p]$，后续属性同理，其具体意义同式(3.1)。

（3）决策节点具有信息融合的能力，也具有指挥决策、信息协同和分配的能力，包含命令体、信息处理机构等。第 i 个决策节点可以表示为

$$N_Q(i)=\langle \text{ID}_Q(i), T_Q(i), R_Q(i), H_Q(i), \text{GD}_Q(i), S_Q^*(i), P_Q^*(i), Q_Q^*(i), F_Q^*(i)\rangle$$

$$(3.4)$$

其中，$\text{ID}_Q(i)$ 表示第 i 个决策节点的编号，$\text{ID}_Q(i)\in[s+p+1, s+p+q]$，后续属性同理，其具体意义同式(3.1)。

（4）火力节点可以拦截和攻击作战单元，包含各种类型的防空武器。第 i 个火力节点可以表示为

$$N_F(i)=\langle \text{ID}_F(i), T_F(i), R_F(i), H_F(i), \text{GD}_F(i), Q_F^*(i)\rangle \qquad (3.5)$$

其中，$\text{ID}_F(i)$ 表示第 i 个火力节点的编号，$\text{ID}_F(i)\in[s+p+q+1, N]$，后续属性同理，其具体意义同式(3.1)。

3.2.2 边的复杂性建模

OODA 循环网络中的交互流包括感知流、判断流、决策流、行动流和网络间的协同流。感知流是通过观察网络感知敌方目标的位置和战场态势等信息之后得到的,信息的形式包含图像、文本、位置和音频、视频等,当数据达到一定数量后进行汇总,并发送给下一环节网络。判断流是判断网络接收感知流后进行除噪、判断等处理,并发送给决策网络的新信息流。决策流是决策网络收集到预处理过的信息,对信息进行进一步的加工,从而生成更加具体的作战指挥信息流。行动流是网络中任意两个节点进行交互的信息流,用于行动网络收到指控命令后生成行动并完成指定信息的交互。操作节点之间的连接和通信设备间的通信方式被定义为业务关系,为了实现对不同类型信息间的交互,这些连接能够实现节点间的感知、命令、实施和信息传输。随着业务的推进,信息经过处理、计算,内容变得更加具体、简单。如表 3.1 所示,数据包大小按比例减小。

表 3.1 八种业务的参数

业务类型	名称	数据包的大小/bit	业务功能	生成网络
业务 1	感知流	8α	生成信息并发送/转发	观察网络
业务 2	判断流	4α	处理信息并发送/转发	判断网络
业务 3	决策流	2α	处理信息并发送/转发	决策网络
业务 4	行动流	α	实施命令并反馈/转发	行动网络
业务 5/6/7/8	协同流	$8\alpha/4\alpha/2\alpha/\alpha$	转发、协同、处理	四类网络的内部协同流

注:α 为信息流的比例系数。

如果将 OODA 网络体系看成一个输入/输出模型,则可以将感知节点作为输入,决策节点和判断节点(Command and Control,C2)(即 C2 节点)作为处理,火力节点作为信息的输出。根据节点功能和连接关系的多样性,可以将业务关系分为三类,即感知节点-C2 节点、C2 节点-C2 节点和 C2 节点-火力节点之间的关系。节点 v_i 和节点 v_j 之间的交互关系可以表示为

$$E_{i,j} = \langle R(i,j), D(i,j), A(i,j) \rangle \tag{3.6}$$

其中:$R(i,j) = \langle R_{S,C}(i,j), R_{C,C}(i,j), R_{F,C}(i,j) \rangle$ 表示节点之间的连接关系(S 表示感知节点,C 表示 C2 节点,F 表示火力节点),例如,如果感知节点 v_i 和 C2 节点 v_j 是相互连接的,那么 $R_{S,C}(i,j) = 1$,否则 $R_{S,C}(i,j) = 0$;$D(i,j)$ 表示异质边的方向,且 $D(i,j) = \{-1, 0, 1\}$,$D_{S,C}(i,j) = 1$ 表示连接方向是 $v_i(\text{S}) \rightarrow v_j(\text{C2})$,$D(i,j) = 0$ 表示没有连接,$D_{S,C}(i,j) = -1$ 表示连接方向是 $v_j(\text{C2}) \rightarrow v_i(\text{S})$;$A(i,j)$ 是属性标识,包含信息、时延、带宽和链接长度等属性,$A(i,j) = \{A_{i,j}^{(1)}, A_{i,j}^{(2)}, \cdots, A_{i,j}^{(n)}\}$,其中 n 是属性个数,$A_{i,j}^{(k)}$ 表示节点 v_i 和 v_j 之间的连接属性值,$k \in [1, n]$。

(1)C2 节点与感知节点之间的交互关系可以通过由感知节点检测到的信息部署到每个操作节点的过程来描述,即表示为

$$E_{S,C}(i,j) = \langle R_{S,C}(i,j), D_{S,C}(i,j), A_{S,C}(i,j) \rangle \tag{3.7}$$

（2）C2 节点之间的交互关系可以通过命令实施、资源共享和 C2 节点之间的协同来完成，即表示为

$$E_{c,c}(i,j) = \langle R_{c,c}(i,j), D_{c,c}(i,j), A_{c,c}(i,j) \rangle \tag{3.8}$$

（3）C2 节点与火力节点之间的交互关系可以通过 C2 节点到火力节点的命令实施过程来描述，即表示为

$$E_{F,c}(i,j) = \langle R_{F,c}(i,j), D_{F,c}(i,j), A_{F,c}(i,j) \rangle \tag{3.9}$$

整个 OODA 模型中不同类型节点的协同流程如图 3.3 所示。

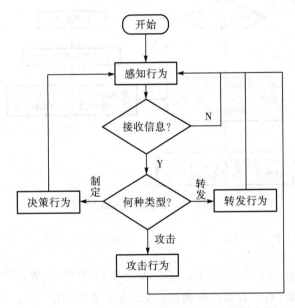

图 3.3　OODA 模型中不同类型节点的协同流程

3.2.3　信息传输过程

OODA 循环是信息从收集到处理的过程，战场态势不断变化，信息的有效性持续时间较短，因此作战过程的信息具有实时性。为使信息在短时间内被处理，必须保证 OODA 循环的每个环节传输的高效性。为此，我们采用最短路径向下传输，其基本思想是找到最近的下一级网络节点作为目的节点，使收集到的信息尽快处理并尽快传输到下一级网络。这里考虑时延发生在信息处理的过程中，不考虑传输时延，因此最短路径以跳数为标准，信息传输路由过程如下：

（1）节点 i 收到数据包 p。

（2）判断数据包的目的地址是否为本身，如果是，则转（3），否则转（4）。

（3）处理信息并生成新的数据包 p'。

（4）根据最短路径寻找最近的下一级网络节点 j 的端口号。

（5）确定 $\langle i,j \rangle$ 的最短路径和 $i \rightarrow j$ 的下一跳节点的端口号。

（6）发送数据包 p'。

具体的信息传输流程如图 3.4 所示。

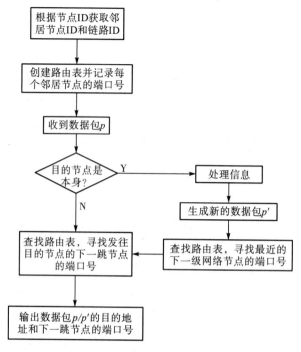

图 3.4　信息传输流程图

3.2.4　体系模型

假设网络体系表示为 $G=(G_{Ob},G_{Or},G_{De},G_{Ac},E)$，其中 E 表示不同类型网络之间的边，G_{Ob} 表示观察网络，G_{Or} 表示判断网络，G_{De} 表示决策网络，G_{Ac} 表示行动网络，每类网络由同类型的节点和网络内部的边构成，如 $G_{Ob}=G(V_{Ob},E_{Ob})$。根据数据传输过程得到网络逻辑结构，其作战信息流模型如图 3.5 所示。四个网络矩阵相关联可以得到如下 OODA 的矩阵模型：

$$G_{OODA}=\begin{array}{c}\\ \text{Ob} \\ \text{Or} \\ \text{De} \\ \text{Ac}\end{array}\begin{array}{cccc}\text{Ob} & \text{Or} & \text{De} & \text{Ac}\end{array}\left[\begin{array}{cccc}0 & G_{Ob\text{-}Or} & G_{Ob\text{-}De} & 0 \\ G_{Ob\text{-}Or} & G_{Or\text{-}Or} & G_{Or\text{-}De} & G_{Or\text{-}Ac} \\ G_{Ob\text{-}De} & G_{Or\text{-}De} & G_{De\text{-}De} & G_{De\text{-}Ac} \\ 0 & G_{Or\text{-}Ac} & G_{De\text{-}Ac} & 0\end{array}\right] \qquad (3.10)$$

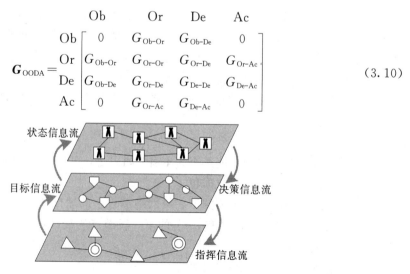

图 3.5　OODA 网络作战信息流模型

3.3　基于接近中心性的军事信息网络优化

在军事信息网络中，接近中心性高的节点对网络具有较好的观察视野。本节介绍一种基于接近中心性的 OODA 网络模型优化方法，即在拓扑结构确定的情况下，任命决策节点，使得决策节点对网络中的信息传输具有较强的控制能力，有助于关键信息的快速收集和发布，进而提高军事信息网络的时效性。同时，采用基于贪心的计算策略和优化的 Top-k 策略来识别军事信息网络中的决策节点集合。

3.3.1　基于接近中心性的 OODA 网络模型优化

1. 网络模型建立

以 OODA 循环模型作为体系架构，其优化的对象是决策节点，这是因为决策节点作为整个网络体系中的关键节点集合，负责接收重要信息，发布行动指令。一般认为，显式关键节点是拓扑结构上直观的重要节点（例如度大的节点、中心位置节点等），隐式关键节点是在网络实际传输中对信息流的控制能力较强的节点。在建模过程中，对决策节点进行优化可以提高指令生成和发布的速度，直接影响作战结果。

在拓扑结构确定的情况下，规定接近中心性高的节点为决策节点，可以有效增强决策节点的控制力。为此，在仿真过程中生成 1000 个随机网络，节点个数为 100。在节点数目与属性不变的情况下，改变边的拓扑结构，计算 1000 个网络中所有的控制层节点的平均接近中心性，并找出决策节点接近中心性平均值最高的一个网络作为最优网络 G_0。然后对所有网络进行 100 次随机触发，使被触发节点向决策中心发送消息，计算每个网络中被触发节点到决策层的最短路径距离，将最优网络的最短距离与其他网络进行单边秩和统计检验，计算出显著性 P 值。统计学中，假设检验中的 P 值反映的是一个样本事件可能发生的概率，$P<0.01$ 表示有非常显著的统计学差异，$P<0.05$ 表示有一定差异。实验流程如下：

（1）生成 1000 个随机网络，并且每个网络都服从幂律分布（$y=x^2$），假设编号为 $1\sim8$ 的节点是决策节点。

（2）对每个网络中的节点求接近中心性。

（3）求每个网络中决策节点集合的接近中心性。

（4）找出决策节点集合的平均接近中心性最大的网络 G_0（最优网络）。

（5）对每个网络进行 100 次随机触发，计算触发节点到控制网络的最小距离之和。

（6）对每个网络进行 100 次触发，记录最小跳数。

（7）根据 P 值分析 999 个网络与最优网络 G_0 的概率。

实验结果如图 3.6 所示，可以看出最优网络相对于最劣网络的 P 值为 0.002，相对于其他非优网络的 P 值为 0.016，都小于 0.05，说明 G_0 网络在传输信息上比其他网络具有明显的优势。可以推断，最优网络有助于快速地收集信息和发布命令，提高了信息的实时性。通过对比网络拓扑，发现接近中心性大的节点并不一定是度或者介数中心性大的节点（显式关键节点），因此，可以将它们作为隐式关键节点，这在一定程度上提高了网络的抗毁性。

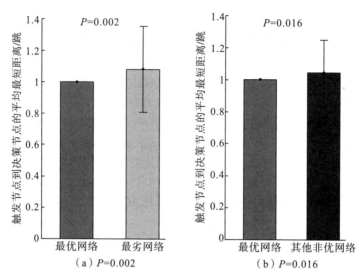

图 3.6 P 值分析

决策节点集合的接近中心性是指将集合看作一个特殊节点,计算该节点到其他所有节点的最短路径之和的倒数。接近中心性被应用在大量的研究领域,但是,计算网络中所有节点的接近中心性可能相当耗时。目前已有算法解决了网络中所有节点对的最短路径问题(All-pair Shortest Paths,APSP)。对于一个有 n 个节点和 m 条边的无权连通图 $G=G(V,E)$ 来说,可以使用快速矩阵乘法和广度优先搜索(Breadth-First Search,BFS)算法来实现,时间复杂度分别为 $O(n^{2.273})$ 和 $O(mn)$。由于现实世界中大多数网络是稀疏的,且快速矩阵乘法包含了大量的隐含变量,因此 BFS 算法在实践中占主导地位。针对信息网络体系建模背景,本节首先阐述基于贪心的计算策略,然后详细介绍优化的 Top-k 策略。

2. 符号定义

$G=G(V,E)$ 表示一个强连通的未加权图,其中 $n=|V|$,表示节点个数,$m=|E|$,表示边的个数。如果节点 u 和 v 之间的最短距离是 k,那么称它们之间的距离为 k。定义节点 u 到 v 之间的距离为 $d(u,v)$;节点 v 到其他所有节点距离的总和为 $D(v)=\sum_{w\in V}d(v,w)$;节点 v 接近中心性为 $c(v)=\dfrac{n}{D(v)}$;节点 v 的邻居节点为 $N(v)$,它是一系列节点 w 组成的集合,w 满足 $(v,w)\in E$;节点 v 的度为 $\deg(v)$,表示 v 的邻居节点个数。

3. 基于贪心的计算策略

将识别最佳决策节点集合的问题规划为组合优化问题,这是一个 NP-hard 问题,所以使用贪心策略来寻找近似最优解集。根据以往定义,在一个网络 G 中,已知网络中节点 i 的接近中心性,N 表示节点个数,$d(i,j)$ 表示节点 i 和节点 j 之间的距离(最短距离),这种计算只针对单个节点,而提出的接近中心性公式可扩展为

$$C_i = \frac{N}{\sum_{j=1}^{N} d(i,j)} \tag{3.11}$$

$$C_M = \frac{N}{\sum\limits_{\substack{i \in M \\ j \in V-M}} \min d(i, j)} \tag{3.12}$$

其中：M 为决策节点集合；C_i 为网络中节点 i 的接近中心性；C_M 为决策节点集合的接近中心性。

假设决策节点的个数为 δ，将 M 中的第一个元素初始化为接近中心性最大的节点，向 M 中依次加入节点，使得每次加入后的节点集合都具有最强的控制力，直到 M 的元素个数为 δ。这里的控制力指决策节点集合到其他所有节点的最短距离之和，这样可以保证收集和发送信息的时效性。

在一个网络中，如果接近中心性最高的 δ 个节点的控制区域重叠面积很大，那么，由这 δ 个节点和 $\delta-1$ 个节点构成的决策节点集合对全局网络的控制力可能大致相同。利用基于贪心的计算策略计算出的决策节点集合可以解决以上问题，这是因为每次贪心计算都将决策集合作为整体。但是作为一种 NP-hard 问题，该策略在时效性上不占优势。因此，与基于贪心的计算策略相比，使用优化的 Top-k 策略可以提升计算决策节点的效率。

4. 优化的 Top-k 策略

以往计算接近中心性 Top-k 的节点时，首先需要计算网络中所有节点的接近中心性，然后对所有节点进行排序。计算每个节点接近中心性的过程时需要计算每个节点到其他所有节点的最短距离，在信息网络体系中，这会耗费很长时间，不能保证 OODA 循环在决策阶段的时效性。这里设计一种新的策略——Top-k 接近中心性算法，来计算接近中心性最高的 k 个节点。其基本思想是跟踪节点总距离的下限（即接近中心性的上限）。已知 $D(v)$ 表示节点 v 到其他节点最短距离之和，用 $\tilde{D}(v)$ 表示其下限。如果对于 $\forall w \in V$ 有 $D(v) \leqslant D(w)$，那么对于 $\forall w \in V$ 有 $\tilde{D}(v) \leqslant \tilde{D}(w)$。此时 v 就是接近中心性最大的节点中的一个，因此，可以节省遍历计算 $D(w)$ 中所有剩余节点的确切值的代价。算法实现过程如表 3.2 所示，其类似动态排序。

表 3.2　Top-k 接近中心性算法

算法：Top-k 接近中心性
输入：输入无权图 $G = G(V, E)$
输出：接近中心性最大的 k 个节点集合 Top_k，并按升序排列
步骤：
1　$Q \leftarrow \varnothing$, Top_k $\leftarrow \varnothing$;
2　$\tilde{D}(v) \leftarrow$ Lower_Bounds(G);
3　for each $v \in V$ do
4　　exact$[v] \leftarrow$ false;
5　　　$Q \leftarrow$ in_queue$(v, \text{order}_v = \tilde{D}(v))$
6　end for
7　$i \leftarrow 0$;

续表

算法：Top-k 接近中心性

```
8      while  i < k   do
9          (v*, D*) ← min(Q);
10            if exact[v*];
11                i = i++;
12                Top_k[i] ← (v*, D*);
13            else
14                D(v) ← ∑_{w∈V} d(v, w);
15                exact[v] ← true;
16                Q ← in_queue(v, order_v = D(v))
17         end
18      end while
19      return Top_k
```

初始化优先队列 Q 为空，计算网络 G 中所有节点的下限 $\tilde{D}$，并按照 $\tilde{D}$ 将所有节点升序插入队列 Q 中。定义节点 v 的标记变量 exact[v]，为 false 时表示 v 的实际总距离没有被计算，为 true 时表示当前已经是实际总距离值。提取队列 Q 中的第一个节点 v，如果节点的标记为 false，则计算该节点的实际总距离 $D(v)$，并标记为 true，再将计算后的结果对 Q 队列重新排序。如果节点的标记为 true 并且该节点在提取前和重新排序后在 Q 中的优先顺序不变，则认为节点 v 的总距离比其他节点的总距离小，将该节点加入 Top_k 列表中。

显然，边界 $\tilde{D}$ 的紧密性极大地影响了算法的性能。如果边界值接近精确值，经过几次迭代就可以找到 k 个最中心的节点，省略了计算大部分节点的 $D(v)$ 时间。优化的 Top-k 策略是在初始阶段计算下限，这就使得当发现节点的 $D(v)$ 小于其他节点的下限时，允许本次计算跳过所有剩余节点。在不计算节点的初始界限情况下，直接对每个节点启动 BFS，且当 $D(v)$ 的下限大于当前第 k 个最小 $D(v)$ 值时中断。由于下限在 BFS 中被计算和刷新，因此需要去遍历一些边，直到界限满足终止 BFS 的条件。

5. 下限的计算

根据 BFS 路径搜索的特点，引入"层"的概念，如图 3.7 所示。已知节点 s 到 v 的距离为 $d(s, v)$，当且仅当节点 s 到 v 之间的距离为 i 时，记为 $l_s(v) = i$，表示节点在 i 层。如果 s 是特定的已知节点，也可以记为 $l(v) = i$。假设 i 和 j 表示两个不同层，并且 $i \leq j$，任何两个层为 i 的节点 v 和层为 j 的节点 w 之间的距离至少为 $j - i$，如图 3.8 所示。如果 $l(v) = 2$，$l(w) = 3$，那么 $d(v, w) \geq 1$，如图 3.9 中的 $d(v, w) = 1$。定义节点 v 的下限为 $\tilde{D}(v) = \sum_{w \in V} |l_s(w) - l_s(v)|$，$\forall v, s \in V$，有 $\tilde{D}(v) \leq D(v)$。

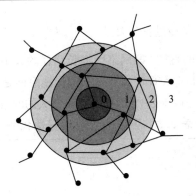

图 3.7　BFS 路径搜索中"层"的概念

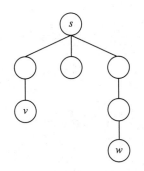

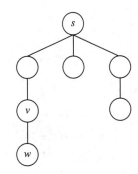

图 3.8　节点 v 和 w 不相邻　　　　　　　图 3.9　节点 v 和 w 相邻

为了提高近似值的准确性，由于到节点 v 的距离为 1(邻居节点)的节点个数恰好是节点 v 的度，因此，所有其他满足 $|l(w)-l(v)|\leqslant 1$ 的节点 w 到节点 v 的距离至少为 2(除了节点 v 本身)，也就是说，其他部分节点到节点 v 的距离总和至少为 $2\cdot(|\{w\in V:|l(w)-l(v)|\leqslant 1\}|-\deg(v)-1)$。由此重新定义节点 v 的下限为

$$\widetilde{D}(v)=2\cdot(|\{w\in V:|l(w)-l(v)|\leqslant 1\}|-\deg(v)-1)+$$
$$\deg(v)+\sum_{\substack{w\in V\\|l(w)-l(v)|>1}}|l(w)-l(v)| \tag{3.13}$$

上式可化简为

$$\widetilde{D}(v)=2\cdot|\{w\in V:|l(w)-l(v)|\leqslant 1\}|-\deg(v)-2+$$
$$\sum_{\substack{w\in V\\|l(w)-l(v)|>1}}|l(w)-l(v)| \tag{3.14}$$

其中：$\deg(v)$ 表示节点 v 的度；$|\{w\in V:|l(w)-l(v)|\leqslant 1\}|-\deg(v)$ 表示到节点 v 的最小距离小于等于 1 且不包含邻居节点的节点个数。计算 $\widetilde{D}(v)$ 的一个简单方法是对节点 s 先进行一次 BFS，然后对每个节点按照以上公式计算其 $\widetilde{D}(v)$。这种方法的时间复杂度为 $O(n^2)$，计算过程的伪代码如表 3.3 所示。不同节点的下限在同一层时只随节点度的变化而变化，因此，我们只需要对每一层计算一次 $\widetilde{D}(v)$ 近似值，然后减去每个节点的度。记 BFS 搜索过程中的最大层为 M，对于第 i 层，计算 $2\cdot|\{w\in V:|l(w)-i|\leqslant i\}|+\sum_{\substack{w\in V\\|l(w)-l(v)|>1}}|l(w)-i|$ 的值，并用该值计算

所有层数为 i 的节点 v 的 $\tilde{D}(v)$，该过程需要进行 $\sum\limits_{i=1}^{M} M + |\{v \in V : l(v) = i\}|$，即 $M^2 + n$ 次操作。用 $\text{Diam}(G)$ 表示网络 G 的直径，即网络中最长路径的大小，由于 $M \leqslant \text{Diam}(G)$，因此表 3.3 中算法的时间复杂度为 $O(\text{Diam}^2(G) + n + m)$。值得注意的是，大多数的现实网络都有小世界现象，它们的直径可以表示为 $O(\log n)$，因此对于足够大的网络来说，下限的计算是线性的。

表 3.3　下限的计算过程伪代码

算法：下限的计算 Lower_Bounds(G)

输入：输入无权图 $G = G(V, E)$

输出：V 中每个节点 v 的下限 $\tilde{D}(v)$

步骤：

1　　$s \leftarrow \text{AssistNode}()$

2　　$d \leftarrow \text{BFS}(s)$

3　　$M \leftarrow \max\limits_{v \in V} d(s, t)$

4　　for $i = 1 : M$ do

5　　　　$L[i] = \{w \in V : d(s, w) = i\}$

6　　　　$\text{Num}[i] = |\{w \in V : d(s, w) = i\}|$；

7　　end for

8　　for $i = 1 : M$ do

9　　　　$\text{sum} = 0$；

10　　　for $j = 1 : M$ do

11　　　　if $|j - i| \leqslant 1$

12　　　　　　$\text{sum} \leftarrow \text{sum} + 2\text{Num}[j]$；

13　　　　else

14　　　　　　$\text{sum} \leftarrow \text{sum} + |j - i| * \text{Num}[j]$

15　　　　end if

16　　　end for

17　　　for $v \in L[i]$ do

18　　　　　$\tilde{D}(v) \leftarrow \text{sum} - \deg(v) - 2$；

19　　　end for

20　　end for

21　　return $\tilde{D}(v)$

3.3.2　KSP 路径恢复策略

1. KSP 算法分析

网络的抗毁性是指网络在遭受某种攻击或自身故障的情况下，为维持正常运行和传输所进行的自发的内部修护和恢复能力。OODA 作战网络的抗毁性主要指当某个节点遭受攻击时，网络仍然能够及时、可靠地传输信息的能力。K 最短路径（Top-K-Shortest Paths，KSP）即最短的 K 条路径，是指在 Dijkstra 最短路径的基础上优化备选路径的生成方式，从一条备选

路径扩展到 K 条最短路径。一般而言，在一个传输中，如果中继节点出现故障，那么节点会沿着故障节点的前一个节点 A 的次最短路径传输。但是如果节点 A 的下一个节点离目的节点比较远或者邻居节点只有故障节点，那么传输路径会很远或者不可达。

如图 3.10 所示，信息从源节点 i 发往目的节点 j，在网络良好的状态下，传输路径为 $i \rightarrow p \rightarrow k \rightarrow j$，一旦节点 k 出现故障，传输路径就变为 $i \rightarrow p \rightarrow q \rightarrow m \rightarrow n \rightarrow j$。而节点 i 到 j 的次最短路径为 $i \rightarrow v \rightarrow w \rightarrow j$，距离明显较短。如果当 k 节点出现故障时，边 p-q 正好也失效，那么信息将不能传送到 j 节点。

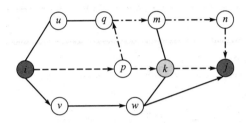

图 3.10　路径恢复策略示例

由于在军事信息网络中，信息的实时性极其重要，因此在网络负载可以接受的情况下，一般采用 K 最短路径来优化路径恢复策略。显然，Dijkstra 算法是 $K=1$ 的情况。KSP 算法可以采用偏离路径法。在 OODA 网络体系中，以感知节点为源节点，通过判断网络和决策网络到达火力节点。以 $K=2$ 为例，采用 KSP 算法传输信息的流程图如图 3.11 所示。可以看出，KSP 算法包含了 Dijkstra 算法。

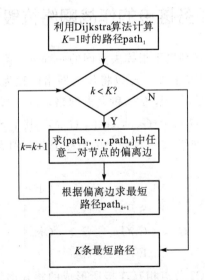

图 3.11　采用 KSP 算法传输信息的流程图

2. 仿真与分析

为了证明上述理论的正确性，在 OODA 作战网络中从感知节点开始，经过判断节点、决策节点，最后到达火力节点为一个任务过程。随机选择 100 对（感知-火力）节点作为源节点和目的节点，并随机删除 1 个节点，计算源节点到目的节点在无故障情况下和故障情况下分别采用 Dijkstra 算法和 KSP 算法的跳数，其中跳数为 0 表示不能到达目的节点，仿真结果如图 3.12 所示。

仿真结果显示,在节点故障情况下,Dijkstra 算法并不能完全保证信息的可达性,例如 50-60 和 70-80 节点对之间有两次信息没有成功送达。而且,从总体来看,KSP 算法的跳数均小于等于 Dijkstra 算法的跳数。因此,KSP 算法在一定程度上提高了通信的及时性和可达性,可以采用基于 KSP 算法的路径恢复策略来提高路由的抗毁性。

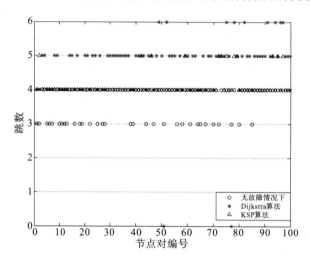

图 3.12　不同情况下完成一条任务所需要的跳数对比

3.4　基于任务链接的作战网络抗毁性评估方法

由于判断网络和决策网络都属于指挥决策网的一部分,且判断是决策的预处理,因此根据超网络理论以及节点、边的抽象,可以将作战网络简化为三种网络,即感知网络、指挥控制网络(Command and Control,C2)和火力网络,包含判断节点和决策节点。故而,OODA 网络体系可以描述为 $G_{C^2N} = (G_{S\text{-}C}, G_{C\text{-}C}, G_{C\text{-}F})$,其中 S 表示感知网络,$C^2$ 表示 C2 网络,F 表示火力网络(行动网络)。三种网络的节点个数分别为 n、t、m,将三个关系矩阵相关联得到该模型:

$$G_{C^2N} = \begin{array}{c} \\ S \\ C \\ F \end{array} \begin{array}{c} \quad S \quad\quad C \quad\quad F \\ \begin{bmatrix} 0 & G_{S\text{-}C} & 0 \\ G_{S\text{-}C} & G_{C\text{-}C} & G_{C\text{-}F} \\ 0 & G_{C\text{-}F} & 0 \end{bmatrix} \end{array} \tag{3.15}$$

其中:$G_{S\text{-}C}$ 表示感知节点和 C2 节点相互连接所形成的感知网络;$G_{C\text{-}C}$ 表示不同层次上不同 C2 节点相互交错所形成的 C2 网络;$G_{C\text{-}F}$ 表示 C2 节点和火力节点相互连接所形成的火力网络。上述网络中的每个网络可以用 $G = G(V, E)$ 表示,其中 V 是操作节点的抽象,E 是操作节点之间关系的抽象。

3.4.1　任务链接

每个操作的时间效率是每个操作元素的基础评价,在信息优势转化为操作优势的过程中非常重要。利用时间效率可以实现作战效能和操作的同步,因此,作战效能可以作为衡量抗毁性的重要标准。一般而言,网络效率通常用来衡量复杂网络中信息传输的有效性。然而,在作战网络中,节点的异构性和网络的层次性使得传统的网络效率不能直接作为作战效能的度量指标。在面向作战任务的网络中,需要结合作战网络的特点来衡量信息的传输效率。本节基于 OODA 作战过程的特点,结合复杂网络的效率提出了一种基于任务链接的作战网络抗毁性评估方法,从而通过有效的任务链接获得更好的操作性能。

1. 任务链接的定义

由一个或多个感知节点、C2 节点和火力节点构成的链接称为一个任务链接。在作战过程中,感知节点用于监测信息,C2 节点用于生成指挥决策命令,最后火力节点实施攻击。任务链接具有时间序列性、方向性等特征。

任务链接效率是指感知节点和火力节点之间所有任务链接中的最大效率的平均值,用公式表示为

$$E_{\text{glc}} = \frac{1}{L} \sum_{i=1}^{n} \sum_{j=n+m+1}^{N} \frac{1}{d_{O_i F_j}} \tag{3.16}$$

其中:n 表示感知节点数量;m 表示 C2 节点数量;$n+m+1$ 为火力节点集合的起始编号;O_i 和 F_j 分别表示第 i 个感知节点和第 j 个火力节点;$d_{O_i F_j}$ 表示节点 O_i 到节点 F_j 之间的最短路径;L 表示任务链接数量。

2. 任务链接的计算

根据任务链接的定义,L 可以通过 $n_{ij}^{(l)}$ 计算得到,其中 $n_{ij}^{(l)}$ 表示节点 O_i 和节点 F_j 之间距离为 l 的闭环个数。计算公式为

$$L = \sum_{i=1}^{n} \sum_{j=n+m+1}^{N} \sum_{l=0}^{\infty} n_{ij}^{(l)} \tag{3.17}$$

可以看出,当 l 无穷大时,L 的计算过程会非常复杂。因此,我们采用一种计算闭环任务链接数量的方法来解决该问题。即通过连接感知节点 O_i 和火力节点 F_j 来构建一个闭环,节点 O_i 既表示起点又表示终点,从而任务链接数量就等于闭环数量。用 $G'_{\text{C}^2\text{N}}$ 表示由该方法构造的新网络。假设 $n_i^{(l)}$ 表示距离为 l 的闭环数量,O_i 表示起点和终点,则可以得到一个简化的方程:

$$L = \sum_{i=1}^{n} \sum_{l=0}^{\infty} n_i^{(l)} = \sum_{l=0}^{\infty} \sum_{i=0}^{n} n_i^{(l)} = \sum_{l=0}^{\infty} n_l \tag{3.18}$$

假设矩阵 $\boldsymbol{A}^l$ 是通过 $n_{ij}^{(l)}$ 构造的,该矩阵中的对角元素 a_{ii}^l 表示通过节点 O_i 的长度为 l 的闭环总数,如式(3.19)中的矩阵 $\boldsymbol{A}_{ij}^*$,则可以得到式(3.20)和式(3.21):

$$\boldsymbol{A}_{ij}^* = \begin{bmatrix} a_{11} & * & * & * \\ * & a_{22} & & * \\ * & * & a_{33} & * \\ * & * & * & a_{44} \end{bmatrix} \tag{3.19}$$

$$\sum_{i=1}^{N} n_{ii}^{(l)} = \text{trace}(\boldsymbol{A}^l) = \sum_{i=1}^{N} \lambda_i^l \tag{3.20}$$

$$\sum_{i=1}^{N} n_{ii}^{(l)} = \sum_{i=1}^{n} n_{ii}^{(l)} + \sum_{i=n+1}^{n+m} n_{ii}^{(l)} + \sum_{i=n+m+1}^{m+n+t} n_{ii}^{(l)} \tag{3.21}$$

其中：$\text{trace}(\boldsymbol{A}^l)$ 表示一个构造矩阵 $\boldsymbol{A}^l$ 中对角线节点闭环数为 l 的数量；$\sum_{i=n+1}^{n+m} n_{ii}^{(l)}$ 表示长度为 l 的闭环总数。可以注意到，闭环总数由两部分构成：一部分是只包含 C2 节点的长度为 l 的闭环数量，相当于计算所有在网络 $G_{\text{C-C}}$ 中长度为 l 的闭环总数，用 $L_{G_{\text{C-C}}}$ 表示；另一部分是从 C2 中的起始节点出发，到火力节点和感知节点长度为 l 的闭环总数，用 $n^{(l)}$ 表示。由此可以得到式(3.22)：

$$\sum_{i=1}^{N} n_{ii}^{(l)} = \sum_{i=1}^{N} \lambda_i^l = 3n^{(l)} + L_{G_{\text{C-C}}} \tag{3.22}$$

根据式(3.22)可得

$$L_{G_{\text{C-C}}} = \sum_{j=1}^{m} n_{jj}^{(l)} = \sum_{j=1}^{m} \lambda_j'^{\,l} \tag{3.23}$$

将式(3.22)代入式(3.23)求 $n^{(l)}$，得

$$n^{(l)} = \frac{\sum_{i=1}^{N} \lambda_i^l - \sum_{j=1}^{m} \lambda_j'^{\,l}}{3} \tag{3.24}$$

将式(3.24)代入式(3.22)，可以进一步得到

$$L' = \sum_{l=0}^{\infty} \frac{\sum_{i=1}^{N} \lambda_i^l - \sum_{j=1}^{m} \lambda_j'^{\,l}}{3 l!} = \frac{1}{3} \left(\sum_{i=1}^{N} \sum_{l=0}^{\infty} \frac{\lambda_i^l}{l!} - \sum_{j=1}^{m} \sum_{l=0}^{\infty} \frac{\lambda_j'^{\,l}}{l!} \right) = \frac{1}{3} \left(\sum_{i=1}^{N} \mathrm{e}^{\lambda_i} - \sum_{j=1}^{m} \mathrm{e}^{\lambda_j'} \right) \tag{3.25}$$

其中：λ_i 和 λ_j' 分别表示网络 $G_{\text{C}^2\text{N}}'$ 和 $G_{\text{C-C}}$ 对应的邻接矩阵 $\boldsymbol{G}_{\text{C}^2\text{N}}'$ 和 $\boldsymbol{G}_{\text{C-C}}$ 的特征值。在上述表达式的基础上可以得到任务链接效率 E_{gcl}'，即

$$E_{\text{gcl}}' = \frac{3}{\left(\sum_{i=1}^{N} \mathrm{e}^{\lambda_i} - \sum_{j=1}^{m} \mathrm{e}^{\lambda_j'} \right)} \sum_{i=1}^{n} \sum_{j=m+n+1}^{N} \frac{1}{d_{O_i F_j}} \tag{3.26}$$

3.4.2 抗毁性度量值

一般而言，作战实体间的稳定性和完整性基本保证了所有的作战要素，并且，它们可以相互协作充分促进作战的整体表现。为了破坏敌方网络结构的稳定性，攻击关键节点和链路是最常见的策略。根据复杂网络理论，网络的稳定性和完整性可以通过熵来测量。利用熵还可以测量一个系统中能源分布的均匀性。此外，通过熵可以判断一个物体是否稳定，也可以刻画系统方向的变化情况。事实上，能源分布接近均匀可能导致更大的熵值，反之亦然。许多研究领域认为作战网络具有与复杂网络相同的特征，其中无标度特性是最常见的特征之一，即只有少量节点是关键节点。另外，对于作战网络的蓄意攻击，隐式关键节点可以提高网络的抗毁性，而在随意攻击下，显式关键节点可以提高网络的抗毁性。因此，抗毁性的度量直接关系到敌我双方作战能力的预测和评估。

1. 任务链接的介数中心性

在复杂网络中，节点的介数中心性被定义为节点到其他所有节点最短路径长度的倒数。对于一个节点而言，它到其他所有节点的距离越小，该节点的介数中心性就越大。该

性质经常被用于快递网点设置和商场位置部署等实际应用中。介数中心性也是一个全局变量，表示节点和边的功能与效率。结合 OODA 作战网络的节点特性和介数中心性定义，我们给出任务链接的介数中心性定义，即计算当前节点到其他所有节点的最短任务链接的倒数。因此，根据基础的介数中心性，任务链接的介数中心性可以定义为

$$b_c = \frac{\sum\limits_{i=1}^{n} \sum\limits_{j=n+m+1}^{N} m_c(O_i, F_j)}{\sum\limits_{i=1}^{n} \sum\limits_{j=n+m+1}^{N} m(O_i, F_j)}, \quad i \neq j \neq c \tag{3.27}$$

其中：b_c 表示节点 v_c 的任务链接介数中心性；$m(O_i, F_j)$ 表示从感知节点 O_i 到火力节点 F_j 的最短任务链接数；$m_c(O_i, F_j)$ 表示从感知节点 O_i 到火力节点 F_j 且通过节点 v_c 的最短任务链接数。同理，可得边的任务链接介数中心性 b_{gl}，表示通过边 gl 的最短任务链接数量，即

$$b_{gl} = \frac{\sum\limits_{i=1}^{n} \sum\limits_{j=n+m+1}^{N} m_{gl}(O_i, F_j)}{\sum\limits_{i=1}^{n} \sum\limits_{j=n+m+1}^{N} m(O_i, F_j)}, \quad i \neq j \neq l \neq g \tag{3.28}$$

其中，$m_{gl}(O_i, F_j)$ 表示从感知节点 O_i 到火力节点 F_j 且通过边 gl 的最短任务链接的个数。

综上可以看出，任务链接介数中心性表明了 OODA 作战网络中节点和边的重要度，任务链接介数中心性较大时，可以在作战操作中激发更多的信息流。

2. 任务链接熵

假设节点 v_c 的重要度用 I_c 表示，计算公式如下：

$$I_c = \frac{\mathrm{be}_c}{\sum\limits_{c=1}^{N} \mathrm{be}_c} \tag{3.29}$$

其中，be_c 表示节点 v_c 的任务链接介数，$\sum\limits_{c=1}^{N} \mathrm{be}_c$ 表示作战网络中所有节点的介数，则 OODA 作战网络的任务链接熵 E 表示为

$$E = -\sum\limits_{c=1}^{N} I_c \ln I_c \tag{3.30}$$

3.4.3　仿真与分析

1. OODA 网络模型概要

一个标准的基于 OODA 模型的作战网络拓扑结构如图 3.13 所示，本小节用该模型实例来验证两种抗毁性度量的有效性和合理性，即任务链接效率和任务链接熵。感知实体、C2 实体和火力攻击实体可以通过基于 OODA 循环理论的节点来表示，所有的边表示实体间的交互关系。图 3.13 中的节点总数为 100 个，其中感知节点 37 个，C2 节点 20 个，火力节点 43 个。

一般而言，网络攻击主要造成两种后果，即网络信息传输效率降低和网络结构的鲁棒性降低。本小节分别从信息传输效率和结构的鲁棒性两个方面来分析网络的抗毁性。一方面，采用网络效率和任务链接效率指标来度量和比较不同信息的传输效率，网络效率定义为 $E_{\text{net}} = \dfrac{S'}{S}$，其中 S 和 S' 分别表示故障前和故障后网络中起于感知节点、止于火力节点的

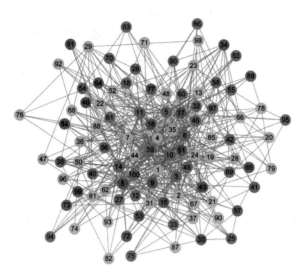

图 3.13　OODA 网络模型仿真示例

连接总数。另一方面，引入新的指标来度量和比较网络结构的鲁棒性，这些指标包括度分布熵、介数分布熵、网络连通系数和任务链接熵。此外，针对任务链接效率和任务链接熵，进行了多次模拟和对比，验证了两种测量方法的有效性。

2. 作战网络在不同攻击策略下的抗毁性分析

作战网络经常受到两种常见攻击策略的攻击，即随意攻击和蓄意攻击。随意攻击是指以一定的概率随意地攻击作战网络中的节点(或者边)。蓄意攻击是指按照一定的策略有序地攻击作战网络中的节点(或者边)。常见的网络中心攻击是一种蓄意攻击。本小节模拟了随意攻击和蓄意攻击策略，并且通过观察作战网络结构和性能的变化来分析网络的抗毁性。

1）不同攻击策略下任务链接效率和任务链接熵的比较

在理想状态下，对网络中的节点进行攻击，其中随意攻击通过产生随机数的方式实现，蓄意攻击首先计算网络中每个节点的任务链接的介数，然后按照该介数值的大小依次删除节点。当节点分别受到 30 次随意攻击和蓄意攻击时，任务链接效率和任务链接熵的变化情况如图 3.14 所示。

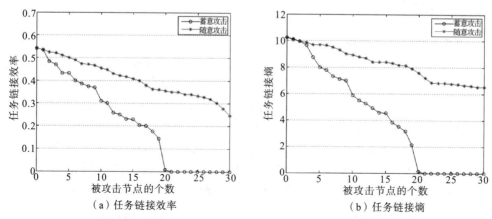

（a）任务链接效率　　　　　　　　（b）任务链接熵

图 3.14　节点攻击下的任务链接效率和任务链接熵

同理，在理想状态下，对网络中的边分别进行 60 次随意攻击和蓄意攻击，任务链接效率和任务链接熵的变化情况如图 3.15 所示。

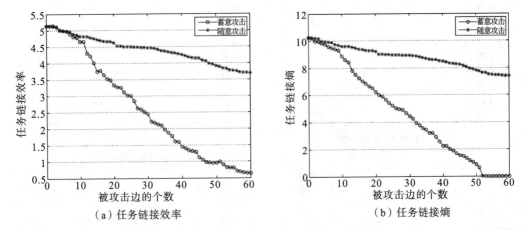

图 3.15　边攻击下的任务链接效率和任务链接熵

在不同攻击下，对作战网络节点和边进行了任务链接效率和任务链接熵变化的分析，可以得出以下结论：

（1）随着节点和边的故障比例的增加，作战网络的性能呈下降趋势。根据任务链接效率的变化可以看出，网络的传输效率随着关键路径的破坏而降低。任务链接熵的变化趋势可以表明在节点和边故障的情况下网络结构的破坏程度。

（2）与边故障相比，节点故障对网络的抗毁性影响更大。当节点受到攻击时，任务链接效率和任务链接熵都急剧下降。当边受到攻击时，任务链接效率和任务链接熵的下降速率相对较慢。从直观上分析，当节点出现故障时，与其连接的边都失效，因此，节点故障对网络的影响比边故障明显。

（3）与随意攻击相比，作战网络的蓄意攻击更具有破坏性，这说明了作战网络的无标度性，也就是说，作战网络在随意攻击下是健壮的，而在蓄意攻击下可能是脆弱的。因此，有必要保护关键节点和边，以提高网络的抗毁性。

2）不同攻击策略下信息传输效率的比较

为了进一步验证攻击策略的可行性，将任务链接效率和任务链接熵与其他指标进行比较分析。例如，在节点故障下，对网络性能的变化进行了多次比较，全面分析了 OODA 网络的抗毁性。并且分析网络性能，所有评价指标都是标准化的。任务链接效率与网络效率在不同攻击策略下的敏感度的实验结果如图 3.16 所示。这里采用了多种攻击策略，如随意攻击策略、度攻击策略、介数中心性攻击策略、聚类系数攻击策略和任务链接的介数中心性攻击策略。以度攻击为例，该策略是按照节点的度依次攻击的。聚类系数通过计算节点的三元组数获得，公式如下：

$$C = \frac{S_\Delta}{S} \tag{3.31}$$

其中：S_Δ 表示闭合的三元组数；S 表示所有的三元组数。

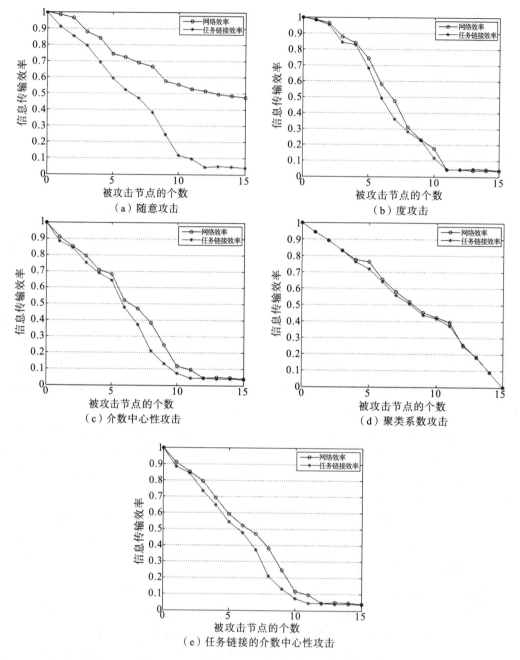

图 3.16 不同攻击策略下信息传输效率的比较

根据实验结果可以得出以下结论：

（1）任务链接效率的整体下降趋势比网络效率的快，这是因为任务链接只捕获了 OODA 作战环上的有效效率。网络效率则通过任何链接来计算信息的传输速率，而不考虑每个链接的有效性。因此，用网络效率分析 OODA 网络体系的抗毁性时可能不准确。

（2）在随意攻击下，任务链接效率的下降速率大于网络效率；在蓄意攻击下，两者的下降速率都相当快。在随意攻击下，随着感知节点和火力节点的比例越来越大，这些节点变得不那么重要，它们不会对网络效率产生很大的影响，但是它们仍然可以破坏一些原有的任务链接，因此对任务链接效率有显著影响。在蓄意攻击下，C2 节点的影响更加显著，OODA 网络变得更加脆弱，这对网络效率和任务链接效率都有显著影响。综上所述，与网络效率相比，任务链接效率对网络的抗毁性更加敏感，因此相应的攻击策略更合理。

3）不同攻击策略下结构抗毁性的比较

在不同攻击策略下，验证任务链接熵与其他指标对网络结构抗毁性的敏感度。比较的指标有度分布熵、介数分布熵、连通系数和任务链接熵。网络的度分布熵计算公式为

$$E = -\sum_{i=1}^{N} n_i \ln n_i \tag{3.32}$$

其中：n_i 表示节点 v_i 的度；E 表示网络 G 的度分布熵。如果 n_i 表示节点 v_i 的介数，那么 E 代表网络 G 的介数分布熵。连通系数描述的是节点间相互连接的概率，其计算公式如下：

$$P = \frac{\lambda |E|}{|V| \cdot (|V|-1)} \tag{3.33}$$

其中，λ 是一个标准化可调参数。连通系数越大，连接的程度就越大。对每种攻击策略进行 30 次攻击，结构抗毁性比较如图 3.17 所示。

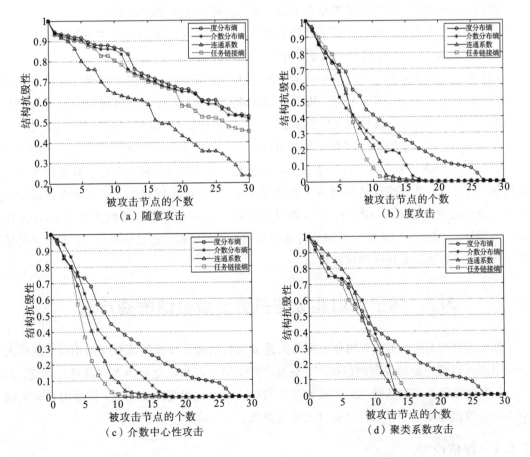

（a）随意攻击　　　　　　　　　　（b）度攻击

（c）介数中心性攻击　　　　　　　　（d）聚类系数攻击

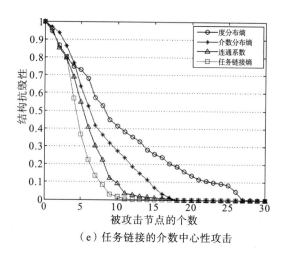

（e）任务链接的介数中心性攻击

图 3.17 不同攻击策略下结构抗毁性的比较

由图 3.17 可以得出以下结论：

（1）在随意攻击下，网络的连通系数明显偏离其他指标。这是由连通系数本身的缺陷所导致的。换句话说，如果网络本身有更多的子图，则网络性能将会更差。

（2）在蓄意攻击下，度分布熵下降得最显著，显然这与网络结构的本身特性有关，所以很难用来测量 OODA 作战网络的整体结构。

（3）在五种攻击策略下，与其他结构抗毁性评估指标相比，可以观察到任务链接熵的波动较小，相对更稳定一些。此外，从图形的波动可以看出，任务链接熵与介数分布熵是一致的。综上可知，任务链接熵可以更全面、更有效地评价 OODA 作战网络的抗毁性。

可见，随着作战空间的发展和作战范围的扩大，将大量的作战单位合并成一个综合的作战指挥控制网络是非常必要的。事实上，这种类型的网络已逐渐成为信息技术的基本运作组织。但是以往的网络评估模型并不适用于本节的 OODA 网络体系，这是由作战任务不同于普通的信息传输所导致的。本节通过任务链接效率和任务链接熵来评估 OODA 网络的抗毁性，并研究了 OODA 网络的传输效率和结构抗毁性，仿真结果表明，与其他传统方法相比，该方法具有较强的优越性。

3.5 基于节点删除的关键节点价值挖掘方法

通过前面的分析，不难看出作战网络关键节点的挖掘是作战网络优化的前提。挖掘出关键节点可以进一步对控制网络拥塞、加强保护关键节点和优化路由等问题进行研究。另外，在发现关键节点的基础上保护关键节点可以大幅度地提高防御功能，防止因某个关键节点的故障而导致整个作战网络效能大幅度降低。

3.5.1 评估模型

虽然作战网络传输路由方法使用最短路径算法，但是其节点的重要度并不能通过简单的介数来评估，因为 OODA 作战模型中的节点分类后，寻找最近的下一节点时，考虑的目的节点只能是指定网络的节点集合，而介数考虑的是网络中的所有其他节点。节点删除后对网络可能会产生以下三种影响：

（1）信息源出现故障，数据包发送失败。

（2）数据包的中继节点出现故障，数据包转发失败。

（3）目的节点出现故障，数据包接收失败。

在业务传输的实际过程中，要保证信息能够快速到达下类节点，需要采用相应的评估方法来分析每类网络收到一定量数据包所需的时间。利用这些评估方法可以挖掘出对各类网络影响最大的节点和对整个作战循环影响最大的关键节点。因此，应从作战循环的时效性分析节点的重要度，挖掘网络中的关键节点。假设节点 i 的重要度为 $S(i)$，删除节点前每类网络收到一定量上一环节发送的数据包所需的时间分别为 T_{Ob}、T_{Or}、T_{De}、T_{Ac}，删除节点 i 后每类节点收到同样数量的数据包所需的时间分别为 $T'_{Ob}(i)$、$T'_{Or}(i)$、$T'_{De}(i)$ 和 $T'_{Ac}(i)$。显然，删除节点后网络达到阈值时数据包所需的时间变长，时延越大，则该节点的重要度越高。例如，计算网络收集到观察网络的数据包数量达到 δ 所需的时间为

$$T_{Or} = \frac{\delta}{\sum_{i=1}^{N} K_i} \tag{3.34}$$

其中：N 是该类网络的节点个数；K_i 表示节点 i 在单位时间内收到的数据包数量。删除节点 j 后，该类网络的节点数为 $N-1$，由此可得节点 i 对计算网络时延的影响：

$$T'_{Or}(i) = \frac{\delta}{\sum_{i=1}^{N} K_i - K_j} \tag{3.35}$$

$$S_{Or}(i) = T'_{Or}(i) - T_{Or} \tag{3.36}$$

节点 i 对其他三类网络的影响同理，由此可得节点 i 对整个 OODA 循环过程的影响为

$$S_{OODA}(i) = (T'_{Ob}(i) - T_{Ob}) + (T'_{Or}(i) - T_{Or}) + (T'_{De}(i) - T_{De}) + (T'_{Ac}(i) - T_{Ac}) \tag{3.37}$$

假设在网络没有异常的情况下，当前信息体系中的节点 i 出现故障（被攻击）后，网络 G 的时效性下降为 E_G^i，则该节点对网络 G 的影响 $R(i_G)$ 为

$$R(i_G) = \frac{E_G^i - E_G}{E_G} \tag{3.38}$$

其中，E_G 表示原网络 G 的时效性。

3.5.2　仿真与分析

假设我方军队构成一个作战网络，敌方一次只能攻击我方的一个作战节点，且节点被随意攻击。本实验中，假设节点的删除为一个节点被攻击后，与邻居节点连接失败。仿真使用 OPNET 网络仿真软件，在中国区域内随机散布 50 个节点，每类节点在一定区域内均匀覆盖。其中包括 16 个感知节点（标号 0～15）、10 个判断节点（标号 16～25）、8 个决策节点（标号 26～33）、16 个火力节点（标号 34～49），并且节点间随机连接，其拓扑结构如图

3.18 所示。假定节点在非故障情况下的发送速率为 100 个/s，各节点发送的数据包大小分别为 256 bit、128 bit、64 bit 和 32 bit；网络内部的数据包大小一致，节点缓存足够大；链路的传输速率不受限制，连接方式为全双工。

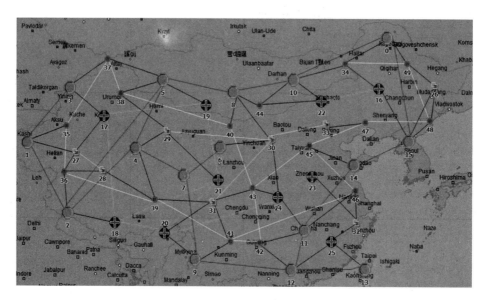

图 3.18　作战网络的拓扑结构

感知节点将收集到的信息经过每类网络的处理，最终生成行动命令，火力节点向感知节点和判断节点发出一个表示作战环结束的反馈信号。每类网络收到一定量的数据包后才会触发信息融合和处理机制。OODA 网络的数据包阈值如表 3.4 所示。

表 3.4　OODA 网络的数据包阈值

网络类别	观察网络	判断网络	决策网络	行动网络
数据包阈值/个	40 000	30 000	20 000	10 000

本实验随机删除图 3.18 中的一个节点，分析不同网络在节点出现故障的情况下和没有出现故障的情况下达到阈值时数据包所需的时间。当网络没有受到攻击时，通过仿真记录不同网络节点收集到的阈值数据包所需的时间：$T_{Ob}=18.74$ s，$T_{Or}=24.99$ s，$T_{De}=19.99$ s，$T_{Ac}=12.49$ s。根据节点重要度评估模型，每个节点受到一次攻击后对观察网络、决策网络和行动网络时延的影响如图 3.19 至图 3.21 所示，对整个 OODA 循环网络的影响如图 3.22 所示。

由图 3.19 可以看出节点 0、8、11、14、40 和 45 对观察网络时延影响较大，节点 8 可能收到不止一个行动网络节点的反馈数据流，同类节点 6、7、12 和 13 的故障也没有对本类网络造成影响，说明上一环节网络的节点向该网络发送数据时，最短路径的目的地址不是这些节点。异类节点 16～31 的故障对该类网络几乎没有影响，这是由于这些节点故障没有妨碍行动网络节点向该网络发送数据。节点 32～49（节点 40 和 45 除外）属于观察网络的上一环节节点，这些节点故障直接影响数据源，进而影响该类网络的时延。

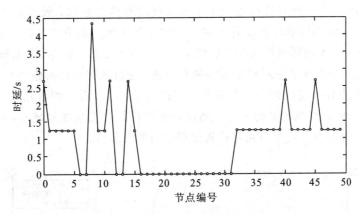

图 3.19　节点对观察网络时延的影响

　　同理，可以看出节点对决策网络和行动网络时延的影响。通过观察图 3.20 和图 3.21，可以看出，节点出现故障后一般会对节点所在的网络产生影响，这必然会对下一环节网络产生影响。当节点担任中继节点时，也会对其他网络产生影响，且此类节点最可能为关键节点。

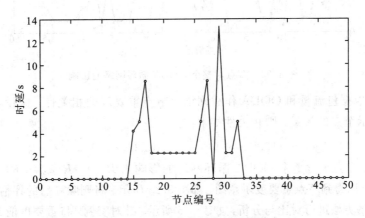

图 3.20　节点对决策网络时延的影响

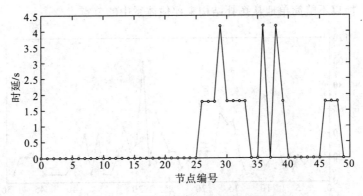

图 3.21　节点对行动网络时延的影响

　　如图 3.22 所示，节点 8、15、29 的流量明显较大，节点 6、7、12、13、18、21、23、28、30、31、33、34、35、37、41、42、43 和 44 没有收到包，剩余节点流量比较均匀。由此说明

有些节点在整个 OODA 循环作战过程中不负责接收和转发数据,既不是接收节点也不是转发节点,对信息流的传输过程没有影响,在网络中只起同类节点协同处理信息的作用。从节点对整个 OODA 循环网络时延的影响来看,节点 15、17、27 和 29 对该网络的影响最大,是关键节点,受到攻击后对网络影响最为敏感。通过观察节点对整个 OODA 循环网络时延的影响与节点在一定时间内的数据包流量的关系,可以看出两者几乎是成正比的,但在节点 17、18、19 处出现明显的不一致情况,虽然它们的流量相对较小,但在 OODA 作战网络中的重要度较高,这些节点是作战过程中的关键节点。

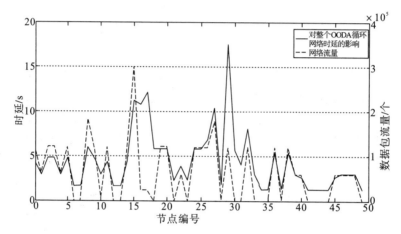

图 3.22　节点对整个 OODA 循环网络的影响

下面分析数据包流量和 OODA 作战网络中节点重要度的相关性。假设 x 表示节点的重要度,y 表示节点的流量,则相关性如下:

$$y = 5.113\mathrm{e}^{15} \cdot \mathrm{e}^{-\left(\frac{x-14.35}{0.5446}\right)^2} + 15.07 \cdot \mathrm{e}^{-\left(\frac{x-7.575}{4.035}\right)^2} \tag{3.39}$$

本实例中,节点 i 对整个 OODA 循环网络的影响为 $R(i) = R(i_{\mathrm{Ob}}) + R(i_{\mathrm{Or}}) + R(i_{\mathrm{De}}) + R(i_{\mathrm{Ac}})$,由此可以得到节点重要度示意图,如图 3.23 所示。将删除前后的评估方法与节点的度和介数的评估方法进行对比与分析,如表 3.5 所示,针对实例,将重要度前 15 的节点挖掘出来。由表 3.5 可以看出,基于节点的度和介数的评估方法与实际网络体系中的节点重要度没有强相关性,所以不能简单地从拓扑结构来评估体系中的节点。

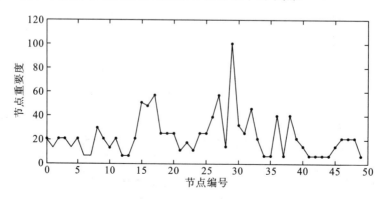

图 3.23　节点重要度示意图

表 3.5　评估方法对比

Top15	度	介数	删除前后
1	5	8	29
2	30	30	17
3	2	5	15
4	4	10	16
5	8	24	27
6	10	39	32
7	11	11	26
8	12	20	8
9	15	43	18
10	20	15	19
11	24	14	20
12	25	12	24
13	31	41	25
14	36	31	30
15	39	2	36

综上可知，通过本节提出的基于节点删除前后对 OODA 循环网络时延的影响的算法来分析节点的重要度，更加符合实际作战中作战实体受到攻击的情况。

第 4 章　不确定条件下的复杂信息网络建模与优化技术

4.1　级联失效下的信息网络鲁棒性分析

对于级联失效问题的研究，研究人员提出了多种模型并开展了很多研究工作，这些工作分别采用节点故障模型、边故障模型或者节点与边的混合故障模型对网络级联失效的产生原因、传播过程和对网络鲁棒性的影响给出了理论证明和仿真分析。

研究网络脆弱性首先要对级联故障的传播演化机理进行研究。传统的级联失效模型没有考虑节点负载的动态变化，不能实时地进行负载重分配。相比于传统的静态负载重分配策略，研究人员提出了节点状态指标，并根据该指标提出了动态重分配模型，以及基于节点状态演化的节点重要度评估指标和网络结构脆弱性方法。针对复杂网络级联失效问题的研究，首先要建立一个合适的级联失效模型，确定网络性能参数，然后选取衡量网络健壮性变化的性能指标，进行理论分析和仿真验证。

4.1.1　预备知识

1. 图中心性度量

给定图 $G = G(V, E)$，V 为节点集向量，E 为边集向量。中心性指标表示图中节点或者链路的重要程度。由于在不同的应用中节点或者链路的重要程度不同，下述指标可以用来确定中心节点：

（1）节点度 $C_D(v)$，定义为节点关键的链路数，可以看作是节点连接的重要度。节点度是一种局部的中心性指标，它只依赖于局部连接的链路数。平均节点度用 $\bar{C}_D(v)$ 表示。

（2）节点介数 $C_B(v)$，定义为经过节点 v 的最短路径的数目；边介数 $C_B(l)$，定义为经过链路 l 的最短路径数。介数具有全局意义，因为介数反映的是图的整体结构。

（3）节点紧密性 $C_C(v)$，是衡量节点 v 到其他节点平均距离的中心性指标。

（4）聚类系数 $CC(v)$，是衡量节点 v 的邻点全连接程度的指标。

2. 相关图谱理论知识

图谱理论研究的是图的结构特性与图的邻接矩阵、关联矩阵、拉普拉斯矩阵和标准化拉普拉斯矩阵的特征值与特征向量之间的关系。

$A = (a_{ij})_{N \times N}$ 为图 G 的邻接矩阵，其定义为

$$a_{ij} = \begin{cases} 1, & v_i \text{ 与 } v_j \text{ 相邻} \\ 0, & \text{其他} \end{cases} \tag{4.1}$$

特征值 μ 为特征多项式 $\det(\boldsymbol{A} - \lambda \boldsymbol{I}) = 0$ 的根。$\{\mu_1, \mu_2, \cdots, \mu_N\}$ 为邻接矩阵的特征值集合，其中的元素按递增顺序排列。谱隙定义为 $\Delta\mu = \mu_N - \mu_{N-1}$，为邻接矩阵的最大特征值与第二大特征值之间的差，是衡量恶意攻击下图健壮性的一个图谱指标。自然连通度 $\bar{\mu}$ 定义为 $\bar{\mu} = \ln\left[\dfrac{1}{n}\sum\limits_{i=1}^{N} e^{\mu_i}\right]$，其中 μ_i 为邻接矩阵的第 i 个特征值。$\bar{\mu}$ 的值越大，网络应对节点或者链路移除的健壮性越强。相比于平均节点度，自然连通度在描述网络弹性时更加准确。

4.1.2　级联失效模型

1. 节点的初始负载

节点的初始负载主要根据节点的度来定义，即

$$L_i^0 = \left(k_i \sum_{m \in \Gamma_j} k_m\right)^{\alpha}, \quad i = 1, 2, \cdots, N, \quad j = 1, 2, \cdots, N \tag{4.2}$$

或者根据节点的介数来定义，即

$$L_i^0 = \left(B_i \sum_{j \in \Gamma_i} B_j\right)^{\alpha}, \quad i = 1, 2, \cdots, N, \quad j = 1, 2, \cdots, N \tag{4.3}$$

或者以两者结合的方式进行定义：

$$L_i^0 = \left(k_i \sum_{m \in \Gamma_i} k_m\right)^{\alpha} + \left(B_i \sum_{j \in \Gamma_i} B_j\right)^{\alpha}, \quad i = 1, 2, \cdots, N, \quad j = 1, 2, \cdots, N \tag{4.4}$$

式中：L_i^0 为节点 v_i 的初始负载；k_i 为节点 v_i 的度；B_i 为节点 v_i 的介数；Γ_i 为节点 v_i 的邻居节点的集合；α 为可调参数。

2. 节点容量

节点容量的定义与节点的初始负载有关。根据线性模型和非线性模型的不同，节点容量 C_i 分别定义为

$$C_i = (1 + \beta) L_i^0, \quad i = 1, 2, \cdots, N \tag{4.5}$$

$$C_i = \left(1 + \partial\theta\left(\frac{L_i^0}{L_{\max}} - \beta\right)\right) L_i^0, \quad i = 1, 2, \cdots, N \tag{4.6}$$

式中：β 为可调容量参数；$L_{\max}$ 为所有节点初始负载的最大值；$\theta(x)$ 是 Heaviside 阶梯函数。

3. 节点的负载重分配策略

（1）基于节点初始负载的负载重分配策略可以定义为

$$\Delta L_{ji} = L_i \frac{L_j^0}{\sum\limits_{n \in \Gamma_i} L_n^0} \tag{4.7}$$

（2）基于节点容量和初始负载，或者说基于节点冗余容量的负载重分配策略可以定义为

$$\Delta L_{ji} = L_i \frac{C_j - L_j^0}{\sum\limits_{n \in \Gamma_i} (C_n - L_n^0)} \tag{4.8}$$

（3）动态负载重分配策略可以定义为

$$\Delta L_{ji} = L_i(t) \frac{\min(C_j - L_j(t), \sum_{n \in \Gamma_i}(C_n - L_n(t)))}{\sum_{n \in \Gamma_i}(C_n - L_n(t))}, \ t = 0, 1, \cdots \quad (4.9)$$

考虑负载的时变特性，节点 i 的负载可以表示为

$$L_i(0) = L_i^0 + \beta L_i^0 \varepsilon_i \quad (4.10)$$

其中，ε_i 为随时间不断变化的变量。

（4）时变负载重分配策略可以定义为

$$L_j(t+1) = \begin{cases} L_j(t), & L_i(t) \leqslant C_i \\ L_j(t) + L_i(t) \dfrac{C_j - L_j(t)}{\sum_{n \in \Gamma_i}(C_n - L_n(t))}, & L_i(t) > C_i, \ i \in \Gamma_i, \ t = 0, 1, 2, \cdots \end{cases}$$

$$\quad (4.11)$$

4. 阈值初始值

初始阈值的选取和节点容量系数有关，假设节点容量和节点的初始负载是线性关系：

$$C_i = (1+\beta)L_i^0, \ i = 1, 2, \cdots, N \quad (4.12)$$

其中，β 代表节点容量系数。

而节点冗余容量的阈值 γ 初始值的选取可以定义为

$$C_i - L_i^0 > \gamma C_i, \ i = 1, 2, \cdots, N \quad (4.13)$$

把初始情况下的节点容量和初始负载的关系代入，结合两个公式可得

$$(1+\beta)L_i^0 - L_i^0 > \gamma(1+\beta)L_i^0, \ i = 1, 2, \cdots, N \quad (4.14)$$

整理可得阈值要满足的条件为

$$\gamma < \frac{\beta}{1+\beta} \quad (4.15)$$

即节点容量系数 β 与 γ 要满足上述要求，才能保证初始情况下有可能将负载分配给邻居节点。

4.1.3 带有阈值的实时负载重分配策略

非初始情况下阈值的选取可以定义为

$$C_i - L_i(t) > \gamma C_i, \ i = 1, 2, \cdots, N \quad (4.16)$$

将满足阈值要求的节点加入待分配的邻居节点集合。新的负载重分配策略变为

$$\Delta L_{ji} = L_i(t) \frac{C_j - L_j(t)}{\sum_{n \in I_i}(C_n - L_n(t))}, \ t = 1, 2, \cdots \quad (4.17)$$

其中 I_i 代表满足阈值要求的邻居节点集合。I_i 是属于 Γ_i 的子集，并且可能为空，也就是说邻居节点中没有冗余容量大于设定的阈值的情况，此时，不再向邻居节点进行负载重分配。若该节点失效，邻居节点中冗余容量小的节点也不会失效，从而保证了网络中不会发生全部节点都失效的情况。其重分配过程流程如图 4.1 所示。

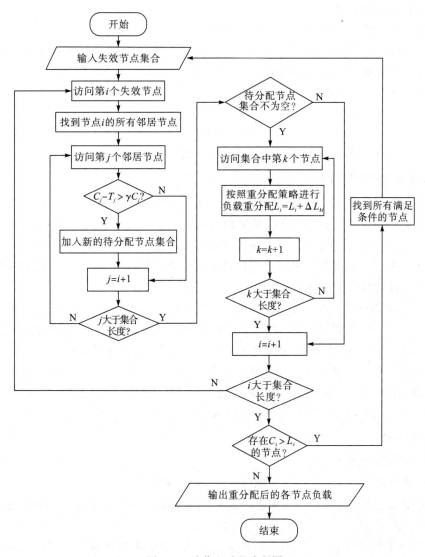

图 4.1　重分配过程流程图

4.1.4　网络鲁棒性分析

1. 评价指标

鲁棒性是指一个系统面临内部结构或者外部环境改变时，能够维持系统功能的能力。网络的鲁棒性通常指当网络中的部分节点或者边被破坏时，网络能够维持其功能的能力。网络所面临的问题主要是随机故障和蓄意攻击，因此鲁棒性也可以从以下两个方面来考虑：

（1）静态鲁棒性：当删除网络中的节点时，不需要重新分配网络上的负载，网络能够保持其功能的能力。

（2）动态鲁棒性：当删除网络中的节点时，网络上的负载需要重新分配，经过动态平衡后，网络仍然能够保持其功能的能力。在网络中，当某一个或者几个路由器发生故障时，数据包需要找到其他的路径进行传送，这样会改变整个网络的流量，可能会导致其他路由器过载，引发网络的拥塞。

静态鲁棒性可以用统计物理学中的逾渗理论进行解析计算，而动态鲁棒性的解析计算比较复杂，只能采用简单的数值模拟进行分析。根据平均失效规模来评估网络的脆弱性时，先移除一个负载节点 i，然后依次计算网络中的其他节点失效后的相应网络的节点失效数目，之后进行归一化处理：

$$T = \frac{1}{N(N-1)} \sum_{i=1}^{N} T_i \qquad (4.18)$$

其中，T_i 表示节点 i 移除后网络中失效节点的数量。

2. 仿真采用的网络模型

要理解网络结构和网络行为之间的关系，进而考虑改善网络的行为，就需要理解实际网络的特性，并在此基础上建立合适的网络结构模型。电力系统网络、科研合作网络、无线通信网络、交通网络等都具有小世界网络或者无标度网络的特性。小世界或无标度拓扑的存在给人们提供了发掘复杂网络的起源和复杂网络固有本质的新线索，这些本质包括演化特征、对外部随机故障的鲁棒性和蓄意攻击的脆弱性等。

小世界结构的两个基本统计特征参数是聚集系数 C 和平均路径长度 L。聚集系数 C 代表相邻节点的联系紧密程度；平均路径长度是指能够使网络中各个节点相连的最少边长度的平均数。具有小世界结构的图是高度聚集但是平均路径长度较小的。

无标度特性是指大多数节点只有很少连接，而极少数节点有大量连接。具有以上特征的网络称为无标度网络。BA 无标度网络模型的形成机制基于"优先选择"或者"偏好依附"，导致在网络增长的过程中产生幂律分布的聚集特性。

3. 仿真实验

两种节点去除策略如下：

（1）随机故障策略：完全随机地删除网络中的一部分节点。

（2）蓄意攻击策略：针对节点中度最高的节点或者其他性质最高的节点，有意识地从高到低依次删除节点。

如果选择随机删除节点，随着节点删除比例的增加，无标度网络的平均最短路径几乎没有什么变化，而随机网络的平均最短路径则略有上升。无标度网络的这种对随机故障的高度鲁棒性来自于网络度分布的极端非均匀性，即绝大多数节点的度很小，而有少量节点的度相对很大。如果蓄意攻击某些节点，随机网络平均最短路径的变化和随机故障的情形几乎相同，有很强的抗攻击能力；而无标度网络的平均最短路径则是陡然上升，表现出非常差的抗攻击能力。

即使随机删除网络中的大量节点，无标度网络仍然可以保持基本的连通性；而相同规模的随机网络在删除相同数量的节点之后则变成一些孤立的子网。但是蓄意攻击少量重要的节点就可以破坏无标度网络的连通性。

4. 仿真结果

仿真结果如图 4.2 所示。出现杂乱现象的原因可能与节点的初始负载、冗余容量、阈值的选取有关，而失效的节点度不确定，所以网络表现出变化不规律。如果故障发生在大连接度的节点上，整个网络会呈现很大的故障，这说明无标度网络面对蓄意攻击易表现出脆弱性，因此可以在优化网络时降低关键节点的作用，通过合理增加网络的节点数，即适当地增加网络连接的冗余性，使簇聚集系数降低，这样对平均路径长度影响并不大。这种方式可以应对随机发生的失效，提高网络的鲁棒性和可靠性。基于节点的剩余容量的负载重分配策略能够充分利用剩余容量，发挥网络的潜能，降低网络级联失效的规模，节约提高网络节点负载容量所需要的成本。

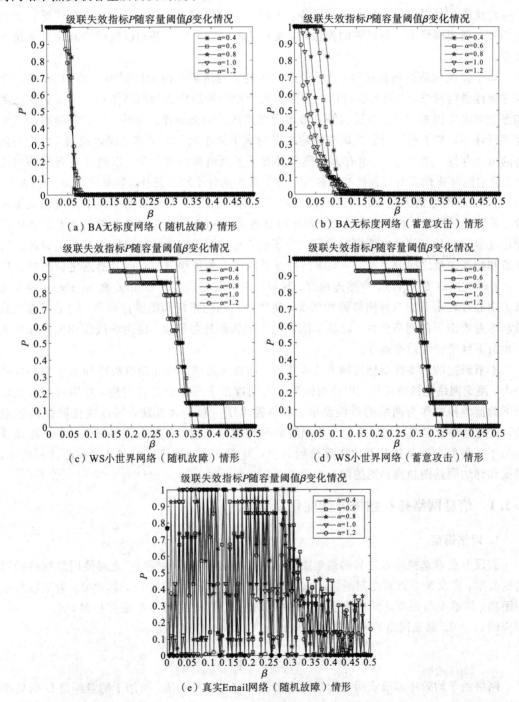

图 4.2　仿真结果

4.2 信息网络拓扑结构弹性优化

由于计算机网络易因受到人为攻击和自然灾害的影响而中断正常的运作和应用服务，因此构建更好的弹性网络是网络设计和评估的重要部分。同时，通过设计一种网络拓扑用于应对挑战并且提供可接受水平的服务，可以延长网络寿命、节约资金。现在广泛认为当前的许多现实网络不具备足够的弹性，需要相应的研究来完善基础设施网络和服务网络的弹性。

对于弹性网络结构的研究，Akhil 等人从复杂网络拓扑的角度提出一种 DLA 模型来构建弹性供应网络，并且根据提出的网络构建模型分析所构造的网络拓扑在应对随机故障和恶意攻击方面的弹性。李云冀等人考虑拥塞造成的网络故障，对网络节点和链路的重要度进行评估，基于网络的邻接矩阵构建在度约束下最小化平均距离的优化网络，以提高网络的可生存性。除此之外，也有大量研究者着手于网络拓扑的优化，以改善现有网络的拓扑，使它能够弹性应对各种挑战和故障。对于真实的骨干网络拓扑，如对 Sprint、AT&T、GÉANT2 等网络的研究，研究者们综合比较了拓扑的结构特性，如平均节点度、聚集系数、平均最短路径、半径和直径等。表征网络连通性和鲁棒性是经典的图论指标，而图谱理论度量标准是图的鲁棒性指标的另一个子类，它主要研究图的结构特性与相关矩阵的特征值和特征向量之间的关系。一些图谱指标可以用于测量移除节点或者链路之后图的鲁棒性，如代数连通度、谱隙、自然连通度、权谱、网络关键度等。Alenazi 和 Sterbenz 等人提出了中心性攻击下的三种网络弹性测度，使用经典图论指标和图谱论标准，测量了随机故障和恶意攻击下的网络弹性，以基本图和随机图为拓扑数据集，使用非线性相关指标预测了攻击下网络弹性的准确度。

本节研究的鲁棒性指标为网络流鲁棒性，即通过对网络施加随机故障和基于中心性的攻击，测量网络的流鲁棒性，用该指标表示每次攻击下可靠流的可用性，并用每次节点攻击下的流鲁棒性作为网络的弹性测度。本节提出了一种迭代算法，用以优化网络的连通性，它通过对给定图添加链路最大化网络的平均效率函数，来提高网络弹性。本节将该算法用于三种复杂网络拓扑并比较算法的效益，即通过施加随机故障和基于中心性的攻击，测试和评估原始图和改善图的网络弹性。

4.2.1 信息网络拓扑结构弹性优化算法

1. 网络模型

假设节点对选择两点之间的最短路径通信，ε_{ij} 表示节点 v_i 和 v_j 之间使用最短路径通信的效率，定义为节点对之间最短距离的倒数，表示为 $\varepsilon_{ij} = (1/d_{ij})$，其中 d_{ij} 为节点间最短距离，即效率与距离之间成反比。当图中节点 v_i 和 v_j 之间不存在路径时，$d_{ij} = +\infty$，相应的 $\varepsilon_{ij} = 0$。那么网络的平均效率（Average Efficiency）定义为

$$E(G) = \frac{1}{N(N-1)} \sum_{i \neq j \in G} \varepsilon_{ij} \tag{4.19}$$

网络的平均效率即节点对之间最短距离倒数之和的平均值，可用于测量网络 G 的效率或性能，表示网络平均通信的容易程度。$E(G)$ 的值越大，表示网络的连通性越强。通过优

化网络的平均效率改善网络拓扑，可以提高网络的运作效益和稳定性，提升网络应对随机故障和恶意攻击下的弹性。

进一步，对于无向加权网络 $G=G(\boldsymbol{V}，\boldsymbol{E}，\boldsymbol{W})$，$\boldsymbol{W}=(w_{ij})_{N \times N}$ 为考虑边权的邻接矩阵，当节点 v_i 和 v_j 之间有边相连时，w_{ij} 为边 e_{ij} 的权值，否则 $w_{ij}=0$。w_{ij} 的值可以认为是从节点 v_i 到节点 v_j 的距离或者成本。设 $p(i，j)$ 是加权图中节点 v_i 到节点 v_j 的路径，则 $W(p)=\sum\limits_{e \in E(p)} w(e)$，其中 $w(e)$ 为边 e 的权值，$E(p)$ 表示路径 p 上边的集合，那么节点 v_i 和 v_j 之间的最短距离可以表示为 $d_{ij}=\min\limits_{p \in P} W(p)$。其中 P 为节点 v_i 和 v_j 之间所有路径的集合。相应的可以定义加权网络中的网络平均效率。

2. 优化算法

优化算法的目标是选择 L_r 条链路的集合，最大化网络的平均效率这一鲁棒性指标，即 $\max E(G)$。算法迭代地选择满足目标函数的链路加入网络以改善网络弹性。

拓扑优化算法的两个输入是：初始图 A_i 和所需链路数 L_r。输入图 A_i 的节点数为 N_i，链路数为 K_i；所需链路数 L_r 为图中添加的链路数。为了记录每次迭代所添加的链路，将链路加入 selectedLinks 列表。每次迭代开始于上一代所得图，并对其添加链路。平均效率函数 efficiency(G) 返回给定图的平均效率值，为该优化算法的目标函数。candidate(G) 函数以图 G 为输入，返回所添加的备选链路的集合，该链路集合可以由当前图 G 中节点间不存在的边组成。当前图 A_i 中不存在的链路的数目为 $\dfrac{N_i(N_i-1)}{2}-K_i$，为图 A_i 中的节点全连接状态下的链路数减去当前图 A_i 中的链路数。随着 N_i 的增大，其计算复杂度不断增加，优化算法不断产生新解并找出使得目标函数值最大程度优化的链路。最后使用 improvedLink(L) 函数，从 candidate(G) 函数选出的备选链路集合中选出最大程度改善图的平均效率值的链路，将其添加到链路集合 selectedLinks 中。算法重复迭代直到选出足够的链路，并且添加到初始图中，得到最后的改善图 G。表 4.1 为拓扑优化算法的伪代码。

表 4.1　拓扑优化算法

算法：拓扑优化算法
Function：
efficiency(G)：网络的平均效率函数
candidate(G)：候选链路函数
improvedLink(L) :=链路列表 L 中改善平均效率值的链路
Input：
A_i :=输入图
L_r :=所添加的链路数
Output：
G：优化图
selectedLinks：所选链路的有序列表
1　Begin
2　　selectedLinks=[ ]
3　　iterationList=[ ]
4　　While selectedLinks.length( )<L_r do

算法：拓扑优化算法
5    $G = A_i$
6    $G.$ addlinks(selectedLinks)
7   for $l \in$ candidate(G) do
8   improvement=efficiency(G, l)
9   iterationList. append(l)
10   end
11   selectedLink=improvedLink(iterationList)
12   selectedLinks. add(selectedLink)
13   end
14   returnselectedLinks
15   return G
16 end

4.2.2   信息网络拓扑结构弹性测量

本节首先介绍如何使用图的流鲁棒性度量标准衡量网络弹性；然后给出用于弹性评估的攻击模型，以及所研究的三种复杂网络拓扑；最后使用流鲁棒性指标量化节点攻击下的网络弹性。

1. 流鲁棒性

流鲁棒性是一种图论度量标准，定义为可靠流的数量占网络中总的网络流的数量的比率。如果节点或链路出现故障时，节点对之间至少有一条路径保持正常，则称网络流为可靠流。总的网络流的数量为网络中可能存在流的最大数量。对于 N 个节点的网络，总的流数为 $N(N-1)/2$。流鲁棒性用于衡量移除节点或链路之后，网络节点与其他节点通信的能力。流鲁棒性的值范围为 $[0,1]$，1 表示网络中的任意节点对之间可以通信，即网络为连通图；0 表示整个网络中不存在可以通信的节点对，即网络中不存在链路。集合 $\{C_i ; 1 < i < k\}$ 表示图 G 的连通分支。网络的流鲁棒性表示为

$$\mathrm{FR}(G) = \frac{\sum_{i=1}^{k} |C_i|(|C_i| - 1)}{|V|(|V| - 1)}, \ 0 \leqslant \mathrm{FR} \leqslant 1 \tag{4.20}$$

计算流鲁棒性（Flow Robustness，FR）的算法复杂度取决于给定图中寻找连通分支的复杂度，即 $O(|V| + |E|)$。由于 k 的最大值可能取为 $|V|$，最坏情况的复杂度可能为 $|V|$，因此计算流鲁棒性的算法复杂度为 $O(|V| + |E| + |V|)$，简化为 $O(|V| + |E|)$。使用流鲁棒性指标的原因有两个：第一，它与网络仿真中所有的节点对之间以给定的比特率通信的包递交率结果匹配；第二，它能有效地评估网络的连通性。

2. 网络攻击模型

我们使用图论模型攻击给定的网络，观察每次节点移除后网络的流鲁棒性如何变化。针对三种中心性测度分别使用三种攻击模型，移除中心性值最高的节点。节点介数攻击的目标是最短路径经过次数最多的节点；节点紧密度攻击的目标是与其他节点跳数最小的节

点；节点度攻击移除的是具有最多邻点的节点。节点移除列表根据不同的攻击模式自适应地产生。自适应节点移除能够每次移除当前网络中中心性最高的节点。

3. 拓扑数据集

我们采用三种拓扑网络测量所提出算法的有效性，评估拓扑结构在随机故障和恶意攻击下的网络弹性。这三种网络包括典型的复杂网络模型如 ER 随机网络模型和 BA 无标度网络模型，以及一种保证节点数和平均节点度的拓扑产生模型，记为 AD 连通网络。表 4.2 列出了每种拓扑的经典图论指标表现出的拓扑特性，包括节点数、边数、平均度和平均跳数。

表 4.2　拓扑数据集

网络模型	节点数	边数	平均度	平均跳数
ER 随机网络	50	110	4.40	2.74
BA 无标度网络	75	210	5.60	2.56
AD 连通网络	50	100	4.00	2.91

4. 仿真及分析

用流鲁棒性量化网络弹性时，使用图的平均效率这一最优化目标函数，采用加边策略实现对于网络拓扑的优化，提升网络应对随机故障和恶意攻击的网络鲁棒性。执行前面提出的弹性优化算法，对三种复杂网络分别添加与该网络节点数相同数目的链路，即对节点数为 50 的 ER 随机网络添加 50 条链路，并将优化算法中的节点数 L_r 设置为 50。同理对于 BA 无标度网络和 AD 连通网络分别添加 75 和 50 条链路，最大化网络的平均效率这一鲁棒性函数。对于上述三种网络拓扑，算法输入的初始图的网络平均效率值 Non-improved AE 和使用该算法改善后优化网络的平均效率值 Improved AE，由表 4.3 的第三列和第四列给出。

表 4.3　初始图和改善图的平均效率

Graph	L_r	Non-improved AE	Improved AE
ER 随机网络	50	0.428	0.682
BA 无标度网络	75	0.439	0.689
AD 连通网络	50	0.407	0.656

在仿真过程中，本算法攻击给定的网络，并且给出网络的流鲁棒性随每次攻击的改变情况。算法分别使用随机故障模型和三种中心性（介数、紧密度和节点度）攻击模型，每次迭代均删除中心性值最高的节点，节点的删除列表随着攻击模型的不同而改变。对于所提出的以平均效率为优化函数（AE-improved）的拓扑改善算法，使用两种优化算法进行对比，比较算法的改善效果。一种算法为网络的自然连通度改善算法（NC-improved），它选择自然连通度作为鲁棒性指标对网络拓扑进行加边优化，输出网络的改善图；另一种算法为网络的谱隙优化算法（SG-improved），它以初始网络拓扑（Non-improved）作为输入，以图谱理论中的谱隙标准作为优化函数。

对于每种网络拓扑，算法给出相应的网络初始图（Non-improved）、平均效率改善拓扑（AE-improved）、自然连通度改善拓扑（NC-improved）和谱隙改善拓扑（SG-improved），使用随机故障和三种攻击模型删除对应网络中半数以上的节点,采用流鲁棒性指标评估网络弹性。仿真结果如图4.3至图4.5所示。由图可以看出在节点攻击模型下各种拓扑的鲁棒性表现差异。在ER随机网络的流鲁棒性分析仿真图4.3中,平均效率算法改善拓扑的流鲁棒性随节点移除数量的变化用带星号的曲线表示,自然连通度改善图、谱隙改善图、初始图在故障模型下的流鲁棒性随删除节点数的变化分别用带正方形曲线、带菱形曲线和普通曲线表示。随机故障下的网络流鲁棒性如图4.3(a)所示,介数、紧密度和节点度攻击模型下的网络流鲁棒性分别如图4.3(b)、图4.3(c)、图4.3(d)所示。从仿真结果可以看出,对于ER随机网络,所提出的算法改善网络拓扑的效果最好,应对随机故障和恶意攻击具有较高的网络鲁棒性。该结论在BA无标度网络和AD连通网络中同样成立。BA无标度网络和AD连通网络在随意故障和恶意攻击下的流健壮性仿真结果分别如图4.4、图4.5所示。代表网络平均效率改善算法的带星号曲线整体处在其他曲线的上方,具有较高的流鲁棒性值。虽然图4.5(c)中AD连通网络在紧密度攻击下带星号曲线上少量节点的流鲁棒性值低于带菱形的曲线,但是整体的仿真结果说明优化算法较其他算法而言仍具有明显的优势。由于网络弹性量化为删除节点下的流鲁棒性值越大,网络应对攻击下的弹性越强,通过研究表4.2拓扑数据集中的网络模型,发现加边优化算法相比于另外两种算法,在应对节点攻击时表现出了更好的网络弹性。

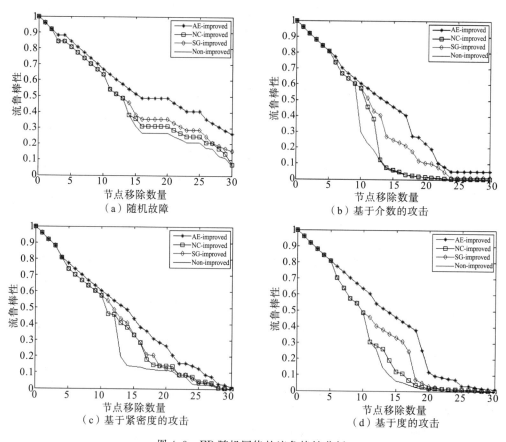

图4.3　ER随机网络的流鲁棒性分析

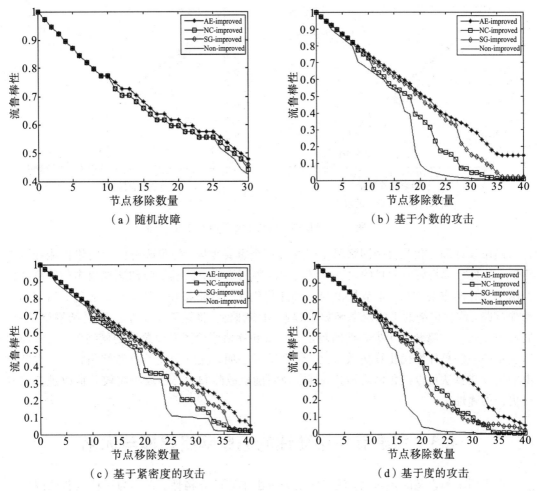

图 4.4　BA 无标度网络的流健壮性分析

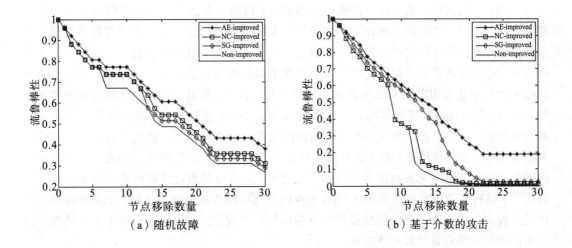

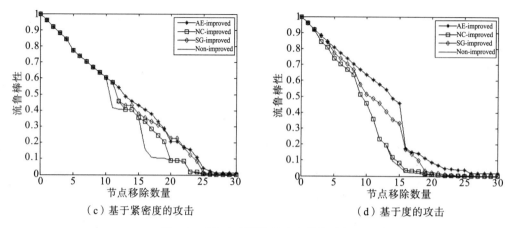

图 4.5　AD 连通网络的流鲁棒性分析

网络设计和优化是复杂网络科学研究的一个重要领域，提出改善已有网络性能的有效算法，是复杂网络研究的目的之一，评估和改善网络应对随机故障和恶意攻击的网络弹性是网络设计的重要方面。本节提出的一种迭代优化的网络拓扑优化算法，通过对给定网络添加链路，改善网络的平均效率函数来提高网络弹性。将该算法用于三种复杂网络拓扑，通过采用随机故障和基于中心性的攻击，测试和评估原始图和改善图的网络弹性，并与图谱理论的一些鲁棒性优化算法做对比。仿真结果表明，在所研究的鲁棒性指标中，本节提出的启发式算法可以优化网络拓扑，且在应对随机故障和中心性攻击时较其他改进算法具有更强的弹性。

4.3　考虑节点移动性的信息网络建模与优化

由于网络和设备的多样化，泛在网络表现出丰富的异构性。它作为一种全新的网络理念，并不是指某一具体的实体网络，而是指一种特定的网络环境。泛在网络并不是对传统网络的颠覆，而是对传统网络技术的继承和发展。

目前，泛在网络已成为各个国家的战略核心，国内外对泛在网络的研究和投入力度不断加大。当前对于泛在网络的研究并不局限于某个领域，而是放眼于对网络整体领域和需求的研究，通过建立异构网络连通机制和统一的安全机制，填补当前技术中的不足。在民用方面，泛在网络能够方便人们的生活，实现实时的网络信息交换；在军用方面，泛在网络技术的军事化应用可满足战场多层面信息收集、识别、传输、挖掘、决策等功能体系要求。然而，随着泛在网络的应用和发展，网络技术面临着多种挑战。由于泛在网络的异构网络融合性，其协同机制和相应的网络控制问题呈现在我们眼前。除此之外，泛在网络的资源受限性、服务环境波动性、终端高移动性等特性也加大了问题的挑战性。且由于随机的网络元素故障或者恶意攻击等挑战是不可避免的，所以需要设计和构建具有足够生存力的网络，使得在故障存在的环境下网络服务仍然能够保持在一定的等级。未来弹性网络的构建需要人们研究和了解不同挑战类型下的网络所表现出的特性，从而用于指导满足不同应用的弹性网络的设计和构建过程。

4.3.1 网络模型

本节研究泛在网络用户接入动态网络模型，重点关注用户分组移动模型下泛在网络的拓扑弹性和数据传输性能，介绍泛在网络的攻击模型和相应的弹性度量标准，并以此作为网络弹性评估体系的一部分。

1. 泛在网络模型

异构泛在网络的组成结构可以抽象为如图 4.6 所示的多层网络体系，它包括实现数据融合的核心网层、进行业务汇聚的接入网层和由有线或无线用户设备组成的终端层。核心网层也叫骨干网层，是网络中进行数据交换、转发、续接、路由的区域。核心网层用来连接多个区域或地区的高速网络，实现网络节点之间的互联互通。一般地，网络供应商使用自己的核心网实现不同区域网络的互联。核心网层中的节点与接入网层的节点相连，从而间接接入用户节点。接入网层是核心网层与终端层之间的中间层，为电信业务提供具有所需传送承载能力的实时系统，负责用户的接入。终端层是由终端用户设备组成的，用户通过无线电设备与接入网层节点相连，向上层节点发送连接请求来获取资源。在泛在网络中，移动用户可以在任何接入点覆盖范围内的区域接入网络，通过接入点访问网络。

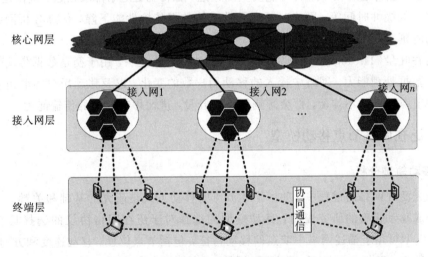

图 4.6　异构泛在网的组成结构

当前的无线网络技术(如 WiFi 和 5G 移动通信等)基于基础设施的网络技术，可使用户移动接入实时的数据密集应用，如流媒体电影和视频会议，可使人们构建更加灵活的网络。由于这些新技术和新服务越来越受欢迎，故而需要不断优化泛在信息网络的性能，以满足人们日益增长的需求。随着实时流媒体应用的发展，终端用户可能更加依赖通信网络来获得服务。实时通信和点播内容的本质导致了处理用户高度可变的需求这一新挑战的出现。某一时刻无关紧要的内容，可能在下一时刻出现流量峰值，触发需求的激涨，导致网络性能失效甚至损伤服务器。除此之外，用户的机动性会对网络性能产生更加复杂的挑战。同时，环境异构性允许移动用户根据不同情况自由切换网络，这些改变同样会引起需求的类似波动。

2. 泛在网络的攻击模型

与静态无线网络相比，移动自组网更易遭受信息攻击和物理攻击。除了无线网络中的传统问题如开放的无线媒介、未加保护的信道和隐藏终端之外，网络中每个节点的移动性和动态间歇性连接特点对泛在网络的正常运作也带来了巨大挑战。恶意攻击者往往会通过将自己伪装成网络的一部分或者俘获部分网络节点来获取网络拓扑信息，进而破坏互联网络的正常运作。

我们使用随机故障模型和三种中心性攻击模型，来研究节点遭受攻击之后网络性能的变化情况。节点介数攻击的目标是最短路径经过次数最多的节点；节点紧密度攻击的目标是与其他节点跳数最小的节点；节点度攻击移除的是具有最多邻居节点的节点。

3. 度量标准

除了4.2节提到的网络弹性相关度量指标，对于网络数据传输而言，数据包传输速率(Packet Delivery Ratio，PDR)也是一种衡量无线链路有效性的指标，定义为该链路上数据成功传输的百分比，即成功发送数据包的数量占所发送数据组的比率。

网络数据传输性能的另一评估指标——网络平均时延(Time Delay)，特指网络中的端到端时延，也就是发送节点发送数据包的时刻到接收节点接收数据包的时刻之间的时间段，包含数据包传输过程中所有可能发生的延迟，如传播延迟、排队延迟、重传延迟、路由发现过程中的缓冲时间等。网络时延会导致系统数据传输性能下降，仿真分析网络在不同场景中的时延表现可以用于控制系统的分析和设计。

网络吞吐量(Throughput)作为网络性能评估的方法之一，用于衡量数据传输过程中的网络整体数据处理能力。网络中接入的移动用户数的变化，以及移动用户的群组移动特性对网络中节点接入的不均衡，都会影响网络吞吐量，进而影响网络的传输能力。

4.3.2　泛在网络节点移动模型

1. 移动轨迹分析

在研究泛在网络的过程中，如何描述节点的移动方式是研究的基础和关键。对于泛在网络中合成移动模型的研究表明，移动模型的选择对于泛在网络协议的选择具有很大影响。移动模型可用于描述网络中节点的移动特征，包括节点位置、移动速度和方向的变化。在合适参数下，随机游走模型、群组移动模型、高斯马尔科夫模型等可以用于模拟现实的移动模式。参考点群组移动(Reference Point Group Moving，RPGM)模型是目前被广泛使用的一种模拟成组节点移动的群组移动模型。针对不同的应用场景，可以选择合适的移动模型对网络的性能进行评估。

下面我们对泛在网络的终端层进行一系列参数设置，如用户节点数、节点移动速度和分组数等，探索不同场景下的网络特征。根据移动用户和接入层节点的地理位置，可对网络中存在的终端设备进行分组，使用分组数表示在给定仿真区域中节点簇的个数，用于描述网络规模。分组数和组内节点数越多，网络中接入的用户越多，网络规模越大。在初始的网络模型中，组内节点数相同并设置为10，分组数均匀改变范围为{2，4，6，8，10，12}。使用群组移动模型模拟用户在地理区域内的移动，随着仿真时间的推进，节点位置和分组不断改变，可能会出现网络特定区域内用户的聚集和分散现象，从而评估节点移动过程中用户访问对于网络性能的影响。仿真区域与节点的传输范围、节点数和分组数有关，节点速度分别设置为 $[0,2 \text{ m/s}]$、$[5 \text{ m/s}, 10 \text{ m/s}]$ 和 $[10 \text{ m/s}, 20 \text{ m/s}]$ 内的均匀分布，分别对应行人的步行速度、自行车速度和汽车速度。所有的统计量为运行 10 次取平均，置信区间设置为 95%。仿真实验的参数设置如表 4.4 所示。节点攻击模式为随机故障和三种中心性攻击(度、介数、紧密性)。假设攻击者具有完整的拓扑信息，攻击者可以通过计算整个拓扑的中心性值来确定目标节点，节点被攻击后与其邻接的链路全部失效。

表 4.4 移动模型仿真参数

参数变量	参数值
仿真区域	1200m×1200m
移动模型	RPGM
运行次数	10
传输范围/m	100
移动轨迹合成周期/s	1000
移动轨迹时间步长/s	1
移动节点数	20，40，60，80，100，120
节点移动速度/(m/s)	$[0,2]$，$[5,10]$，$[10,20]$
分组数	2，4，6，8，10，12
链路改变率	10%，20%

2. 确定时间窗口

泛在网络模型中终端层拓扑由移动用户的无线设备参与组网，移动节点可以动态地自发接入自组织网络，节点的移动将导致无线网络拓扑的频繁改变，直接影响网络性能。传统方法将移动用户建模为特定时间窗口下时变图集合并表示为静态加权网络，窗口大小在不同网络参数下都设置为相同值。为了更好地研究动态网络，需要考虑动态网络的网络拓扑随着时间而改变这一特性，所以使用一致的时间窗口大小是不合理的。时间窗口大小的选取需要在聚合精确度和计算代价之间做权衡，选取较小的时间窗口并不总是合适的：对于低速移动网络而言，时间窗口取得太小容易造成冗余和计算过载；对于高速移动拓扑而言，太大的时间窗口会导致评估的失效。

区别于传统移动网络研究方法中将时间窗口大小设置成统一值，我们针对不同参数组合下的网络模型，计算拓扑保持相对稳定时的平均时间间隔，并将其作为实验仿真的时间窗口。节点为 n 的网络中链路数的最大值为 $n(n-1)/2$，定义全局链路稳定性为变化的链路数与最大链路数的比值。如果链路在两个不同拓扑中只出现一次，则称该链路发生变化。我们进行两种链路稳定性测试，分别测试网络链路数为最大链路数的 10% 和 20% 时的仿真变化情况。图 4.7 表示拓扑在不同移动用户数和不同链路改变率情形下，时间间隔随仿真时间变化的结果。一般地，节点移动速度为 $[0,2 \text{ m/s}]$ 时网络保持相对稳定的平均时间比速度为[10 m/s, 20 m/s]的平均时间要长,这是由于节点移动得越快,网络拓扑改变得越快。随着网络运行时间的增加,10%和20%的链路改变所需的时间间隔差别越大。链路改变率越小,聚合网络下中心性指标的测量越精确。根据仿真实验结果,使用网络中10%链路改变的平均时间间隔作为不同参数组合下动态移动网络拓扑的时间窗口大小。

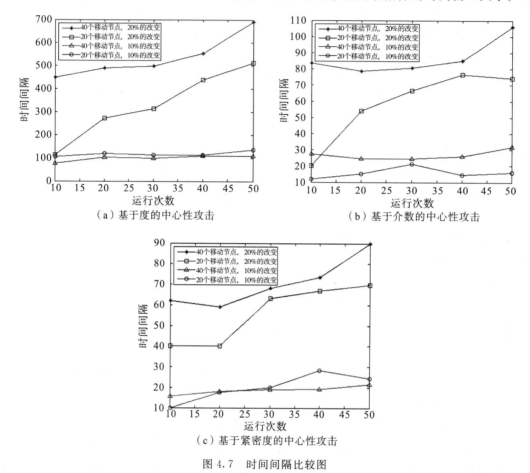

图 4.7 时间间隔比较图

3. 网络拓扑弹性评估

网络拓扑是网络运行的基本连接属性之一,对于网络性能的发挥至关重要,是网络性能研究的基础性问题。接入网络中节点数和节点移动速度的改变都会对网络拓扑产生比较大的影响。定义网络模型:第一层为核心网层,是互联的骨干网,包含 7 个节点;第二层为接入网层,由 13 个接入节点构成,与第一层相连接,并负责移动用户的接入;第三层为终端层(移动用户),由移动节点构成。移动节点通过接入点进行通信,相距较近的移动节点通过覆盖范围内的接入层就能进行通信,而相距较远的移动用户通过核心网层进行通信。

4. 移动速度对网络拓扑的影响

在研究移动速度对网络拓扑的影响时,实验中设置每组移动节点个数为 10,组数为 4,即网络中存在 40 个参考点移动模型下的用户设备接入网络。移动用户节点速度分别设置为 [0, 2 m/s]、[5, 10 m/s]和[10, 20 m/s]内的均匀分布,分别对应行人使用不同交通工具下的速度(如步行速度、自行车速度和汽车速度等)。采用流鲁棒性、平均节点度和平均路径长度三种拓扑弹性度量指标,当节点速度分别取[0,2 m/s]、[5 m/s, 10 m/s]和[10 m/s, 20 m/s]时,网络拓扑弹性度量指标随故障节点数的变化分别如图 4.8、图 4.9 和图 4.10 所示。当终端层节点移动速度服从[0,2 m/s]的均匀分布时网络拓扑的流鲁棒性、平均节点度和平均路径长度的变化分别如图 4.8(a)、图 4.8(b)和图 4.8(c)所示。随机故障下网络拓扑变化用带星号的曲线表示,而节点度攻击、介数攻击和紧密度攻击模型下的各项指标的变化分别用带正方形、菱形和圆形的曲线表示。这些图所示的内容是各种网络弹性指标随四种攻击的变化曲线。从图中可以看出,随着故障节点数的增加,不同攻击类型下网络性能各项指标均呈现下降趋势,说明随着网络损伤加深,拓扑性能逐渐恶化,网络性能逐渐衰减。当节点速度服从[0,2 m/s]的均匀分布时,节点度攻击对于网络拓扑的流鲁棒性和平均节点度的攻击效果最好,造成的性能衰减最严重,而对于平均路径长度来说,介数攻击最为明显,即带菱形的曲线处于其他曲线的下方。研究网络在不同攻击下的性能表现可以用于改善网络应对故障的能力,从而加强对网络的保护。

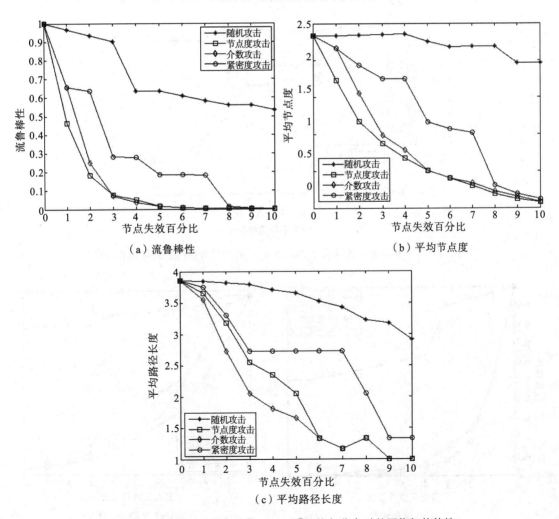

(a) 流鲁棒性　　(b) 平均节点度

(c) 平均路径长度

图 4.8　节点移动速度服从[0,2 m/s]的均匀分布时的网络拓扑特性

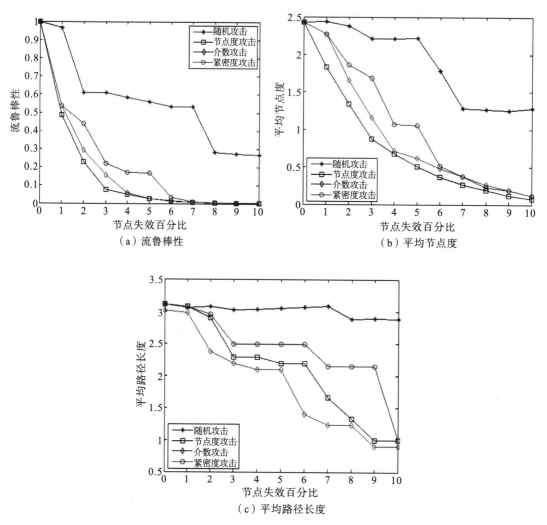

图 4.9　节点移动速度服从[5 m/s，10 m/s]的均匀分布时的网络拓扑特性

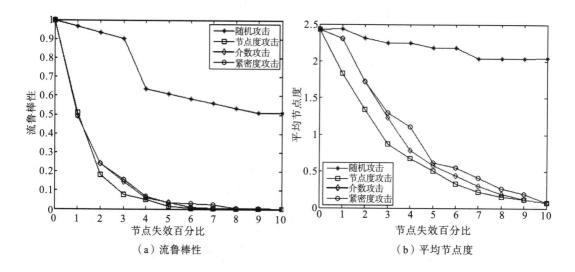

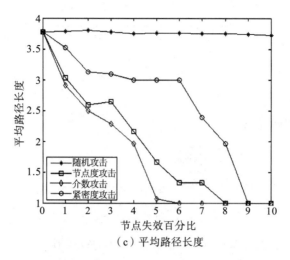

（c）平均路径长度

图 4.10　节点移动速度服从[10 m/s, 20 m/s]的均匀分布时的网络拓扑特性

5. 移动节点分组数对网络性能的影响

本小节研究用户数量的变化对网络拓扑结构特性的影响，也即网络拓扑特性随分组数的变化情况。控制速度变量为[5 m/s, 10 m/s]，分组数分别取 8、12，组内节点数为10。与图 4.8 相比，图 4.11 和图 4.12 分别表示泛在网络中终端层用户分组数为 8 和 12时，网络的流鲁棒性、平均节点度和平均路径长度随故障节点数变化的情况。观察图4.11 和图 4.12 可以发现，随着用户数量的增加，对流鲁棒性指标影响最为严重的攻击类型由节点度攻击变为节点介数攻击，这是由于随着网络中节点个数的增加，出现在最短路径上的频率越高的节点对于网络中节点对的连通也越重要；而网络平均路径长度和平均节点度指标并没有随着节点数的增加而发生改变，分别在节点度攻击和介数攻击下表现出最弱的性能。

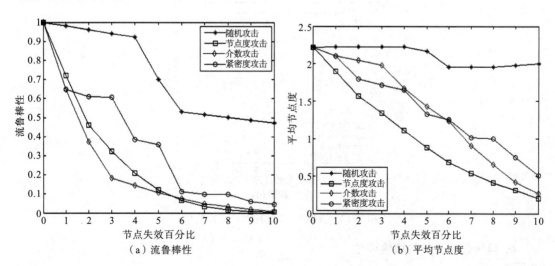

（a）流鲁棒性　　　　　　　　　　　　（b）平均节点度

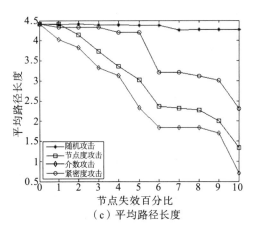

（c）平均路径长度

图 4.11　分组为 8 时的网络拓扑特性

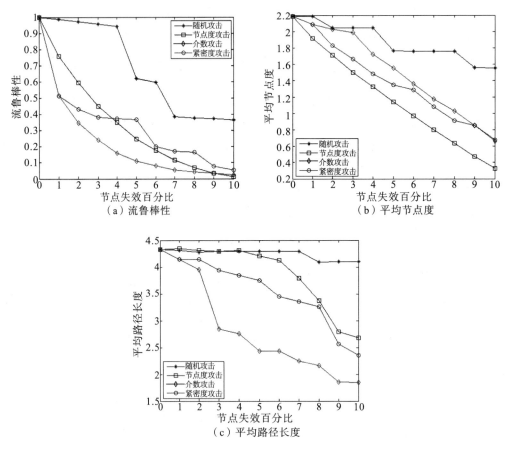

图 4.12　分组为 12 时的网络拓扑特性

6. 网络数据传输的弹性评估

分析网络弹性除了要分析拓扑结构外，还要分析网络传输性能。考虑到网络 QoS 需求，使用三种经典性能指标评估泛在网络随着移动用户数和用户移动速度的改变所表现的特征，并使用 NS-3 仿真模拟器执行参考点群组移动模型的仿真。NS-3 软件可以在

Linux 或 Windows 系统下运行，支持 TCP 协议和 UDP 协议，可用于有线或者无线网络的仿真过程。仿真参数如表 4.5 所示。

表 4.5　数据传输相关仿真参数

参数变量	参数值
仿真区域	1200 m×1200 m
移动模型	RPGM
路由协议	DSDV
仿真时间	300 s
数据包大小	1000 B
传输速率	6 Mb/s
MAC 协议	802.11
网络接口	Phy/WirelessPhy
网络带宽	2Mb
数据流类型	CBR

在前面关于弹性度量指标的相关工作中，我们介绍了三种刻画数据传输性能的经典指标，分别为数据包传输时延、网络吞吐量以及数据包传输比率（PDR）。数据包传输时延增大了网络发生拥塞的概率；网络吞吐量表示了网络中进行传输的数据量；较小的 PDR 值表示由于拥塞造成节点的低效传输。图 4.13 分别表示了数据包传输时延、网络吞吐量和数据包传输比率随着网络中接入的移动用户数的增加和用户移动速度的改变所表现出的性能特征。首先从节点移动速度的改变来看，图 4.13 中带星号、带正方形、带圆形的曲线对应节点速度分别为[0, 2 m/s]、[5 m/s, 10 m/s] 和 [10 m/s, 20 m/s] 时的时延、吞吐量和 PDR 改变情况。图 4.13(a) 中当节点数量取不同值时，随着速度的增加，网络时延增加。观察图中移动节点数为 60 时，时延变化规律出现了反例，这是由于网络中节点接入的非平衡性导致的非平衡、非均衡业务的突发特性，使得网络的延迟增大。如果节点接入相对均衡且业务请求相对均衡，则网络平均时延相对较小。同理，图 4.13(b) 中，由于当用户节点数从 40 增加到 60 时，网络时延增大，出现了网络的部分拥塞从而造成网络吞吐量下降，随着仿真时间的进行，用户遵循的参考点移动模型在仿真区域发生位置改变，相应的网络拥塞现象得以缓和，在节点数增加到 80 时，随着速度的增加，移动用户切换网络的频率增加，网络吞吐量增加。图 4.13(c) 中的三条曲线表明，随着节点移动速度的增加，网络 PDR 降低，即网络中成功送达的数据包的比率降低，说明在较高的节点移动速度下的网络保持业务稳定性相对较难。同样，在移动节点数为 60 时，速度为[5 m/s, 10 m/s] 时的带正方形曲线低于速度为[10 m/s, 20 m/s] 时的带圆形曲线，表示随着节点拥塞的发生，网络性能会发生下降。其次，从网络中移动用户接入数量的变化来说，随着用户数的增加，网络的平均网络时延增加，网络吞吐量增加，网络的 PDR 降低。这是因为随着网络中接入节点的增多，网络中发送的数据请求增多，所需传输的业务量不断增加，对于节点的处理能力要求加大，故而节点的缓冲区不断被占用，网络的平均时延加大，成功传输数据包的概率降低，但是随着请求业务的增多，网络整体的吞吐量会有所增加。

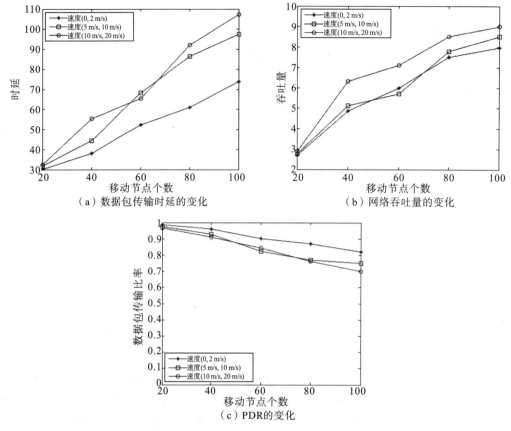

图 4.13　网络传输性能

　　网络评价体系对泛在网络的性能评价包括两个部分，即拓扑结构的抗毁性评估和数据传输性能的抗毁性评估。首先，考虑不同网络结构和节点移动情况下网络的连通性以及遭受不同攻击时网络性能的退化程度，区别于网络弹性研究中单一的弹性指标评价方法，使用包括流鲁棒性在内的多个鲁棒性指标，分析在随机故障和中心性攻击下泛在网络的健壮性和连通性，评估泛在网络不同运行状态下应对恶意攻击的网络弹性；其次，考虑到用户的移动性和网络接入的复杂性，如群集效应、突发效应等，随着时间的变化用户设备的接入网络中业务分布会发生变化，通过改变网络中用户数、用户移动速度来完成对非平衡、非均匀业务的突发特性的仿真，使用数据包传输时延、吞吐量和数据包传输比率等度量指标，评估泛在网络数据传输弹性。泛在网络评价结构适用于移动自组网等多种通信网络类型，分析评价结果可以用于后续弹性网络设计、网络弹性优化方法以及泛在网络优化算法的研究中，从而提高具有移动特性网络的弹性性能，改善网络应对随机故障和恶意攻击的能力。

4.4　基于 Chord 网络模型的数据复制

　　P2P(Peer-To-Peer，对等)网络是各界关注的焦点，已经成为构建大规模分布式应用的范例。P2P 网络是一种分布式网络，它打破了传统的 Client/Server(C/S)模式，网络中每个节点的地位都是对等的，没有中心化的服务器，不存在系统瓶颈，每个节点既充当客户端又充当服务器，因而具有很高的资源利用率。P2P 网络分为非结构化和结构化网络。以 Gnutella(一种文件共享网络)为代表的非结构化 P2P 网络，不存在目录服务器，解决了单点瓶颈问题，故而不存在单一故障点。然而其缺点也是明显的：采用洪泛机制加重了网络通信负担，其查询机制在系统规模扩大时不具有可扩展性。另外，由于查询报文被限制在特定的范围内，所以并不能保证一定可以找到网络中存在的目的数据。结构化 P2P 网络实现了节点之间在应用层的互连，然而当节点出现故障时如何保证数据的可用性则成为必须解决的问题。在节点失效情况下保证数据可用性最基本和必要的手段，就是要对存储的数据做一定的冗余，没有冗余的数据，节点出现故障后，节点上的数据必然无法恢复。在 DHT(分布式哈希表)网络中，需要找到一个最合适的节点集合来存放冗余数据，以达到最好的数据持久性。不合适的节点集合将可能极大地消耗系统带宽，甚至威胁系统中数据的持久性。例如，将数据的多个副本放在一个错误的节点集合上，则节点集合中的节点可能由于区域断网或断电而同时离线，这样即便有多个数据副本，也容易出现数据不可用的情况。本节的主要贡献有：

(1) 针对现有复制策略在局部节点出现故障时查找失败率高的缺点，本节在 Chord 模型基础上提出了一种数据复制方法——Rd-Chord 来保证数据可用性，并与现有主要数据复制方法进行比较。仿真结果显示，就解决节点区域性故障而言，Rd-Chord 在保证平均查找效率的前提下，将查找失败率降低了近 10%，远远优于其他方法。

(2) 在 Rd-Chord 的基础上，为了维护网络结构和 key 迁移，本节提出基础更新和定期更新两种更新策略。基础更新在节点加入或离开网络时启用；定期更新机制被定期触发，目的在于在动荡环境下保持复制因子。

4.4.1　相关工作

有文献对当前分布式系统的数据存储方式做了比较，针对目前分布式存储系统的不足，以发展相对比较成熟的 P2P 技术作为存储结构体系，对数据冗余容错技术、副本管理机制、资源的搜索算法做了详细的探索与研究。数据冗余存储问题中，在最小化副本数目和最大化副本命中率之间存在一个平衡，副本越多，复制成本越高，副本命中率也越高，反之亦然。理想的复制方法是以低成本给用户提供延迟较低的查询服务。现有复制方法可以分为四类：随机复制、ServerEnd 复制、路径复制和 ClientEnd 复制。随机复制是指将文件复制到随机选择的节点中；ServerEnd 复制是指将文件复制到 P2P 网络中文件拥有者附近的节点中；路径复制是指将文件复制到查询路径时路过的所有节点中。在随机复制、ServerEnd 复制和路径复制中，文件查询直到到达文件持有者或者副本节点时才停止转发。随机复制和路径复制由于副本数很多，其中一些副本没有被很好地利用，会导致开销很高。自适应文件复制算法是基于路径复制改进的，算法中某个文件的查询流量枢纽为该文件许多查询路径相交的节点，该算法选择某个文件查询流量枢纽和频繁的请求者为副本节点，在限制副本数的同时增加命中率。ClientEnd 复制是指将文件复制到频繁请求的节点中，使它们可以不用对查询进行路由，直接存取文件。然而，由于其他请求者的查询消息有很低的可能性通过频繁请求者，因此 ClientEnd 不能保证高命中率。在以上副本复制的基础上，还有数据冗余度维护方法、负载均衡技术、数据一致性维护等策略。

4.4.2 问题描述

根据现有的数据复制方法，我们在 Chord 模型基础上提出一种在局部节点出现故障时增加数据可用性的复制方法，称为 Rd-Chord 方法。

1. 模型建立

图 4.14 是 Chord 模型的一个例子，它有 6 个节点，每个节点存储一个资源集合。其中关键字(key)被分配给在标识符空间中标识符大于等于 k 的第一个节点，该节点称为 k 的后继，由 successor(k) 表示。例如，在图 4.14 中，successor(1)、successor(2) 和 successor(3) 都是节点 3，则 key 1，2 和 3 将会被存储在该节点。Chord 使用一致性散列，以更高的概率保证节点间的负载均衡。为了完成一次查询操作(由 lookup(k) 表示)，查询沿着 Chord 环转发，寻找指向表(finger table)中节点标识符大于等于 k，并且最接近节点标识符的节点。

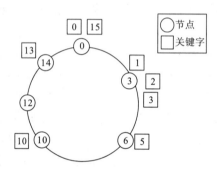

图 4.14 Chord 模型的一个例子

2. 改进的数据复制方法(Rd-Chord 方法)

为了利用 Chord 的查询路由机制，前置复制方法将副本存储在持有节点的连续前置节点中，副本存储较为集中，在节点出现区域性故障时不能保证数据可用性。Rd-Chord 同样将数据复制到持有节点的前置节点中，以减少定位被请求数据的跳数。与前置复制方法不同的是，为了提高数据可用性，并克服数据副本存储集中的缺点，Rd-Chord 采用离散存储的方式，将数据复制到 Chord 覆盖网 $(r_{id} - 2^{k-1}) \% 2^m$ 的节点中，其中 r_{id} 为根节点 id，k 为副本数目($k=1, 2, \cdots, r$)，m 为选定的整数值。这样，副本节点较为分散，并有规律可循，当局部副本节点出现故障时，其他部分数据依然可用。

表 4.6 描述了所提出的数据复制机制。每个节点维护 $r-1$ 个通过计算得出的副本节点并将其存入 replicateList(副本列表)，根节点 n 将数据复制到每个属于 replicateList 的节点中，复制程序通过 updateReplicas() 函数实现。该算法每个节点在 $O(n)$ 时间内可完成对副本的复制。

表 4.6 Rd-Chord 复制算法

算法：Rd-Chord 复制算法
1　n. improvementReplication(k)
2　for $i=0$ to $r-2$ do
3　　nextReplica$=n$. replicateList[i];
4　　nextReplica. replicatedKeys. put(k);
5　end for

为了更好地理解 Rd-Chord，不失一般性，以 key 2 的复制为例来进一步阐述。如图 4.15 所示，假设节点 2 为根节点，当 $m=1$，$r_{id}=2$，$k=4$ 时，副本存储在 $(2-2^{1-1})\%2^4$、$(2-2^{2-1})\%2^4$、$(2-2^{3-1})\%2^4$、$(2-2^{4-1})\%2^4$，也就是标识符为 1、0、14 和 10 的节点中。可以看出，副本节点分布较为分散，数据可用性较好。

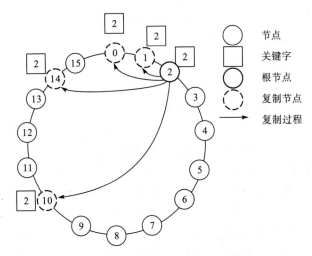

图 4.15　基于 Rd-Chord 模型的数据复制

3. 更新算法

更新算法用来解决复制时机的问题时有两种情况。第一种情况，节点加入或者离开网络时，应用下面介绍的基础更新算法对数据进行迁移或复制，每个数据根据复制因子对副本进行编号，不能超过副本数目阈值。第二种情况，为了应对节点故障，可以周期性地触发定期更新策略，对网络中的副本数进行探测，以保证每个数据的复制度。

为了定义一个有效的 P2P 数据复制方法，必须考虑节点故障的情况，因此，我们会详述此后在实现不同复制方法时涉及的稳定算法的不同策略。为了维护网络结构和 key 迁移，我们提出了两种更新策略（更新算法），分别为基础更新和定期更新，它们同样可以在 $O(n)$ 时间内完成对网络的更新操作。

基础更新策略在节点加入或离开网络时启用。比如在节点 n 离开时，数据必须已经从节点 n 成功迁移到它的前置 n'。这个过程在改进的复制方法中需要更新 successorList（后继列表）。基于复制方法的基础更新算法是动态自适应的。比如说，在后继复制方法中，当节点 n 离开网络时，n 的后继节点存储 n 负责的 key 并更新 replicatedKeys（副本关键字）列表。表 4.7 是基础更新算法的伪代码。

表 4.7　基础更新算法

算法：基础更新算法
1　n. updateReplicas(k)
2　for $i=0$ to $r-2$ do
3　　replicaNode = replicaList[i];
4　　replicaNode. addReplica(myKeys);
5　end for

算法：基础更新算法
6    $n.\text{verifReplicas}(k)$
7   for $i = 0$ to replicatedKeys. length do
8   root $=$ successor(replicatedKeys$[i]$);
9   root. verifReplicas(n);
10   end for
11    $n.\text{addReplica(keys)}$
12    $n.\text{replicatedKeys. put(keys)}$;

举一个简单的例子。在节点 n 加入系统时(见图 4.16(a)),节点 n 获取 n_s 作为它的后继节点,此外,n_s 将自己负责的 key 分成两部分:k_{n_s} 和 k_n,k_n 为所有小于等于节点 n 的 key。n 从 n_s 复制 k_n,并不考虑副本(见图 4.16(b)),这时节点 n_s 收到节点 n 的通知,会把 n 作为自己的前置节点(见图 4.16(c)),然后 n_p 把 n 作为自己的后继节点,最后 n_p 通知 n,让 n 把自己作为 n 的前置节点(见图 4.16(d))。如图 4.17 所示,假设节点 n 离开系统,它的 ID 在节点 n_p 和 n_s 之间。在离开系统时,节点 n 先通知前置节点 n_p 和后继节点 n_s 自己即将离开,告诉 n_p 自己的后继节点 n_s 的地址(见图 4.17(a)),然后前置节点 n_p 断开与节点 n 的链接(见图 4.17(b)),后继节点 n_s 从节点 n 复制所有节点 n 负责的数据和副本数据(见图 4.17(c)),最后节点 n 退出系统,前置节点 n_p 将自己的后继指针指向 n_s,让 n_s 作为自己的后继节点(见图 4.17(d))。此时,节点 n 的离开过程已经完成。

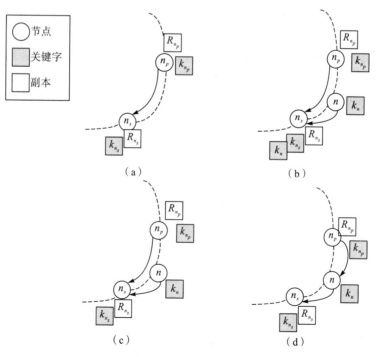

图 4.16 节点加入

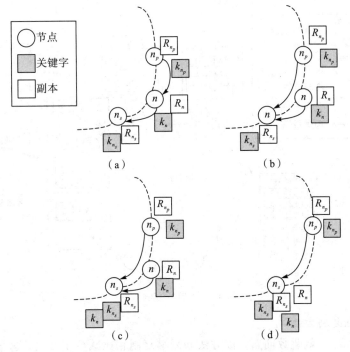

图 4.17　节点离开

在定期更新算法中，定期更新机制被定期触发，目的在于在动荡环境下保持复制因子。该算法有两个目标：第一，每个根节点定期联系它的所有副本节点来保证正确维护合适的副本(用 updateReplicas()函数实现)；第二，每个节点保证只维护自己负责的 key(用 verifReplicas()函数实现)。因此，为了确保副本是最新的，当前节点均要联系所有副本 key 的后继。

4. 已有方法的故障情形分析与改进研究

为了更好地理解改进复制方法——Rd-Chord 方法的优点，考虑图 4.18 中描述的查询情景。节点 11 发起查询节点 2 的操作(本节查询节点用 lookup()函数表示，即 lookup(2))，并由不同的复制策略处理，复制因子在该例中为 4。根据标识符顺序，将 Chord 模型中的节点分为 8 个区域，假设故障区域数 $c_n = 3$。

1) 后继复制方法

图 4.18 描述了后继复制处理过程。假设节点 11 执行 lookup(2)的请求，$r = 4$。为了在使用后继复制的 Chord 网络中找到 key 2，节点 11 又在指向表中寻找 2 的前置节点开始，也就是节点 15。根据 Chord 路由算法，在节点 15 执行相同的查找过程，在节点 15 的指向表中查找 2 的前置节点，也就是节点 1。节点 1 再转发请求给节点 2，存储被请求资源的节点。也就是说，节点 11 发起的 lookup(2)通过 3 跳到达 successor(2)。

就跳数而言，在通常情况下后继复制并没有减少查询的跳数，除非 lookup(k)操作由复制 k 的后继发起，否则，查询将会被路由到 successor(k)。就抗毁性来说，故障区域是随机挑选的，假设恰好是区域 1、区域 2 和区域 3，若存储资源 2 的节点全部出现故障，那么在该网络中资源 2 是不可用的。

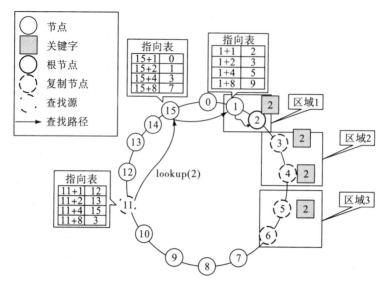

图 4.18　后继复制方法

2）前置节点复制方法

如图 4.19 所示，就跳数而言，该方法和后继复制相比减少了 2 跳，这是由于节点 2 将 key 2 复制到了节点 15，查询过程在并没有到达 successor(2)时就已经完成，也就是说节点 11 只需要 1 跳便能完成 lookup(2)操作。就抗毁性而言，当有 3 个区域故障时，假设恰好是区域 7、区域 8 和区域 1，若存储资源 2 的节点全部出现故障，那么在该网络中资源 2 不可用。

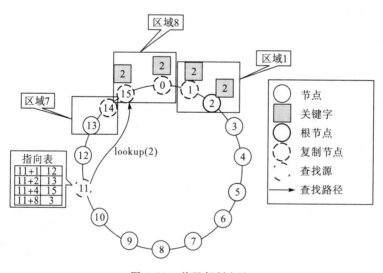

图 4.19　前置复制方法

3）Rd-Chord 方法

如图 4.20 所示，Rd-Chord 方法和后继复制相比减少了 1 跳，和前置复制相比增加了 1 跳。后继和前置复制方法的副本存储比较集中，在同样数目副本的情况下，Rd-Chord 方法的副本分散在 4 个区域内，当任意 3 个区域发生故障时依然有数据可得。

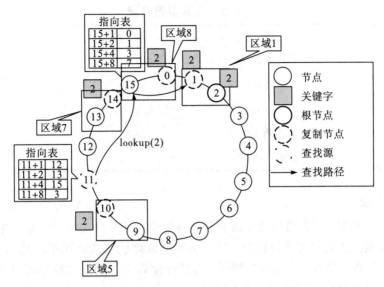

图 4.20　Rd-Chord 方法

4.4.3　仿真结果与算法比较

为了体现改进数据复制策略的优点和适用性，本节进行了仿真实验。这样做有两个目的，首先是在考虑一系列的性能度量时评估该方法的效率，其次是和现有几个数据复制策略进行比较，包括后继复制和前继复制方法。所有方法用 OMNeT++仿真软件实现。

1. 仿真环境设定

仿真基于 OMNeT++，对不同副本数和故障区域数进行仿真，比较前置复制、后继复制和改进方法的查找平均跳数和查找失败率。平均跳数定义为

$$N_{\text{hops}} = \sum_{i=1}^{L_{\text{suc}}} \frac{h_i}{L_{\text{suc}}} \tag{4.21}$$

其中：h_i 为第 i 条查找成功的消息经过的跳数；L_{suc} 为查找成功的消息数。

查找失败率定义为

$$f_{\text{rate}} = \frac{\text{查找失败消息数}}{\text{总的查找消息数}} \times 100\% \tag{4.22}$$

假设初始系统由 N 个节点构成，每次实验由初始载入阶段开始。随后，在仿真阶段节点可以在系统中进行 lookup 查询，每个 key 被复制 r 次。在仿真期间，8 个区域中不同区域的节点会出现随机故障。例如，在 $N=1024$ 个，故障区域数 $c_n=2$ 时，会有 $1024 \times (2/8) = 256$ 个节点故障。

本仿真实验共有 5 个参数：标识符长度 m，表示标识符空间中标识符 ID 所占的比特数；节点数 N，表示整个网络中的节点数目，即网络规模；副本数 r，表示整个网络中的复制度，即副本数目阈值；查询消息数 L，表示网络中节点随机生成查询消息的总数目；故障区域数 c_n，表示整个网络划分成 8 个区域后其中故障的区域总数。仿真过程中使用的参数如表 4.8 所示。

表 4.8　仿真参数设置

参　数	取　值
标识符长度(m)	6
节点数(N)	64
副本数(r)	1、2、3、4、5、6
查询消息数(L)	6400
故障区域数(c_n)	1、2、3、4、5

2. 算法比较

　　基于 Chord 模型，我们将模型中所有节点按标识符序号分为 8 个区域，统计在不同副本数下三种复制方法查找的平均跳数，以及在不同故障区域数状况下查找的失败率。Rd-Chord 解决的是在出现节点区域性故障时，怎样存储副本可以提高数据可用性的问题。而前置复制和后继复制并没有考虑到这个问题。

　　我们从查找速度和查找失败率两个维度来验证 Rd-Chord 算法的有效性。其中查找速度由最后统计的参数平均跳数来反映，查找失败率由最后统计的失败率来反映。平均跳数越少，失败率越低，表明算法效率越高。下面从查找成功平均跳数和查找失败率两方面比较 Rd-Chord 算法以及前置复制和后继复制算法。

　　1）平均跳数

　　图 4.21 为 $c_n = 3$ 时，不同副本个数下的查找平均跳数。由图可以看出，当副本数增加时，平均跳数减少，这是因为查找成功的概率和网络中可用的副本数是成正比的。同时，Rd-Chord 复制方法的平均跳数居于前继复制和后继复制之间。

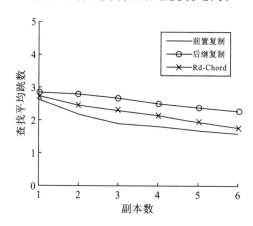

图 4.21　不同副本个数下查找成功平均跳数

　　2）查找失败率

　　图 4.22 为 $r = 6$ 时，不同个数区域节点失效的查找失败率。由图可知，查找失败率随着失效区域数的增加而增加，这是因为失效节点可能存储着所查找的数据。仿真结果表明，就解决节点区域性故障而言，Rd-Chord 方法大大降低了在节点局部区域出现故障时查找数据的失败率（前置复制和后继复制方法的查找失败率曲线几乎重合，而 Rd-Chord 方法

的失败率远远低于这两种方法),且有很好的查找效率(其查找成功平均跳数与后继复制方法相比并没有明显差距)。

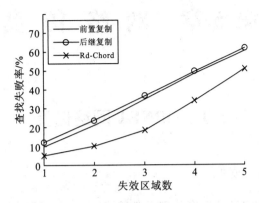

图 4.22 不同个数区域节点失效的查找失败率

本节在 Chord 模型基础上提出了一种在局部节点出现故障时增加数据可用性的复制算法,称为 Rd-Chord 算法。为了应对节点区域性故障,此方法将数据副本存储在根节点前置(相对分散的)节点集合上,这样即使某个区域节点全部故障,别的区域依然有数据副本可供使用。为了验证该方法的有用性,我们将此方法与现有的前置复制、后继复制方法进行了对比实验。结果显示,就解决节点区域性故障而言,本书的数据复制方法远远优于其他方法,而且也有很好的查找效率。

第5章 网络仿真

5.1 OPNET网络仿真

5.1.1 OPNET基础与安装

OPNET技术公司源于MIT(麻省理工学院),成立于1986年。1987年OPNET技术公司发布了其第一个商业化的网络性能仿真软件,使得具有预测性的网络性能管理和仿真成为可能。自1987年以来,OPNET技术公司迅速而稳步地发展。作为网络规划、仿真及分析的工具,OPNET网络性能仿真软件在通信、国防及计算机网络领域已经被广泛认可和使用。目前,成千上万的组织使用该软件来优化网络性能,最大限度地提高通信网络及其应用的可用性。

OPNET技术公司目前已经拥有OPNET Modeler、ITGuru、SPGuru、WDMGuru、ODK等一系列产品。不同的产品针对不同的市场和客户。OPNET Modeler主要用于研发,面向研发单位、设备制造商以及大学。ITGuru主要针对大型企业的内部网络进行管理和分析。SPGuru和WDMGuru面向运营商。ODK是一个软件开发工具包,由许多成熟的软件组件库构成,主要用于开发定制的应用程序以及网络建模、仿真、分析与优化。下面主要介绍OPNET Modeler。

1. OPNET Modeler

OPNET Modeler是当前业界领先的网络技术开发软件,其卓越的灵活性非常适合用于设计和研究通信网络、设备、协议及其应用。OPNET Modeler为开发人员提供了建模、仿真以及分析的集成环境,大大减轻了编程以及数据分析的工作量。OPNET Modeler被世界各大公司和组织用来加速研发过程。

OPNET Modeler支持面向对象的建模方法,其图形化的编辑器可实时显示实际网络和网络组件的结构,即将实际的系统直观地映射到模型中。

1) OPNET Modeler的主要特点

OPNET Modeler主要面向研发,其主要特点包括:

(1) 层次化的网络模型。

(2) 简单明了的建模方法。OPNET Modeler的建模过程分为3个层次:进程(Process)层次、节点(Node)层次以及网络(Network)层次,如图5.1所示。① 网络层次:描述网络的拓扑、网络地理位置等网络级别的信息。② 节点层次:描述单个节点的内部结构,与现实中的具体网络设备相对应,如路由器、交换机等。③ 进程层次:描述进程的行为(如某个协议的行为、某个算法的行为),仿真的核心就在这里。

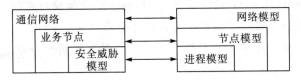

图 5.1　OPNET 分层仿真建模

(3) 有限状态机。进程层次使用有限状态机来对协议进行建模,因此一个进程中的代码只能顺序执行。用户可以使用 C/C++语言对任何进程进行模拟,并且可以控制仿真的详细程度。有限状态机加上标准的 C/C++以及 OPNET 本身提供的 400 多个库函数就构成了 OPNET Modeler 编程的核心。OPNET 称这个组合为 Proto C 语言。

(4) 协议支持。OPNET Modeler 提供 400 多个书写风格简洁的协议模型,因此对于很多协议,无须进行额外的编程。

(5) 系统的完全开放性。OPNET Modeler 中的源码全部开放,用户可以根据自己的需要对源码进行添加和修改,用于自定义仿真,并且用户可以对模型进行加密以保护自己的知识产权。

(6) 高效的仿真引擎。

(7) 集成的分析工具。OPNET Modeler 的仿真结果显示界面十分友好,可以轻松刻画和分析各种类型的曲线,同时也可将仿真结果导出到电子表格中。

(8) 拥有集成调试器,可快速地调试仿真程序以及发现仿真中存在的问题。OPNET 本身带有自己的调试工具——OPNET Debugger(ODB)。

(9) 支持无线链路、点对点链路和点对多点链路模型。链路行为是开放的、可编程的。链路模型定义了链路的时延、可用性、误比特率和吞吐量等特性。OPNET Modeler 支持增强 TIREM 模型、Longley-Rice 模型和 Free Space 等传播模型库用于描述物理层特性和环境的共同影响。

(10) 动画。OPNET Modeler 可以在仿真中或仿真后显示仿真过程的动画,使得仿真平台具有很好的演示效果。

(11) 丰富的标准模型库。标准模型库包含了数百个制造商的专有模型和通用模型,包括路由器、交换机、工作站和包生成器等。使用标准模型库可以快速地创建设备模型。

(12) 地理和移动建模。OPNET Modeler 支持无线小区、移动 Ad hoc 网络、无线局域网和卫星网络或者任何带有移动节点的网络进行建模,可以动态控制或者预定义每一个节点的移动轨迹,并通过添加地图或者背景图片来增强可视效果。如果选择了地形建模模块(TMM),就可以通过导入 DTED 或者 USGS 格式的数据,为仿真模型添加地形对无线传播影响的因素。

2) OPNET Modeler 的仿真步骤

(1) 创建项目工程。

（2）设置子网模型（Network），具体步骤为：配置网络拓扑→配置业务模型→设置节点属性→设置轨迹轨道→配置链路模型。

（3）设置节点模型（Node），具体步骤为：搭建节点内部模块连接→设置处理器队列模块→明确包交互流程→设置收发信机→设置统计中断。

（4）设置进程模型（Process），具体步骤为：配置进程属性→搭建状态转移图→编写代码。

（5）设置链路模型、数据包格式和轨迹等。

（6）设置收集结果统计量（Statistics）。

（7）运行仿真（Simulation）。

（8）调试模块再次仿真（Re-Simulation）。

（9）得到结果和拓扑报告（Report）。

2. OPNET 的安装与配置教程

本书以安装 OPNET 14.5 为例来说明安装步骤。

1）安装所需文件

安装所需文件包括：

OPNET Modeler_145A_PL1_7116_win. exe

OPNET Modeler_docs_28—Jan—2008_win. exe

models_145A_PL1_27Feb08_win. exe

OPNET. OPNET Modeler. 14. 5. License. MakerFFS. exe

2）安装前的准备

在安装 OPNET 之前，先安装 VS2010。

3）安装

（1）断开网络，如果有防火墙软件，则打开 UDP2047 端口或者彻底关闭防火墙。

（2）运行 OPNET Modeler_145A_PL1_7116_win. exe，按照提示安装 OPNET Modeler 软件。最后选择 License 类型时，选择 Standalone（独立）模式（许可证服务器模式）。依次点击"Next""Install""Done"按钮，完成安装。具体步骤如图 5.2 所示。

　　　　（a）　　　　　　　　　　　　　　　　　（b）

图 5.2 OPNET Modeler_145A_PL1_7116_win. exe 的安装过程

（3）运行 OPNET Modeler_docs_28 - Jan - 2008_win. exe。依次点击"Next""Install""Done"按钮，完成安装。具体步骤如图 5.3 所示。

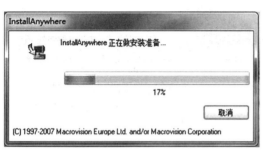

（a）

（b）

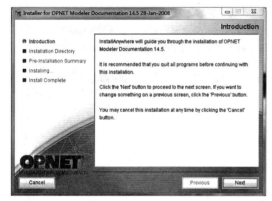

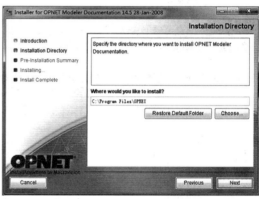

（c）

（d）

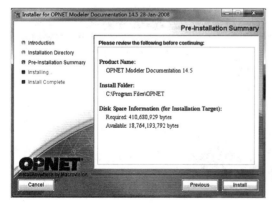

（e）

（f）

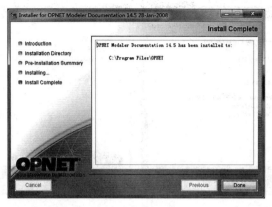

(g)

图 5.3　OPNET Modeler_docs_28－Jan－2008_win. exe 的安装过程

（4）运行 models_145A_PL1_27Feb08_win. exe。依次点击"Next""Install""Done"按钮，完成安装。具体步骤如图 5.4 所示。

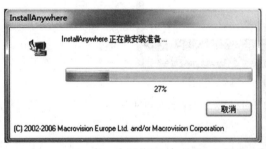

(a)

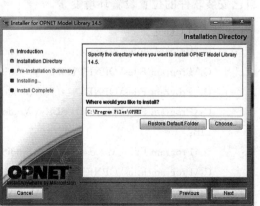

(b)

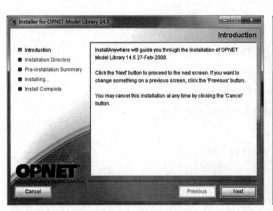

(c)

(d)

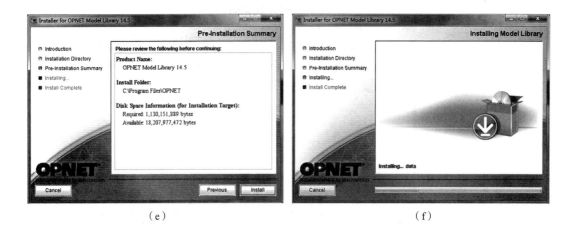

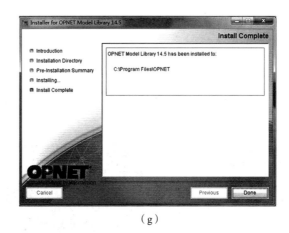

图 5.4　models_145A_PL1_27Feb08_win. exe 的安装过程

4）环境变量设置

右键单击"计算机"，选择"属性"。在"属性"对话框中单击"高级系统设置"，在弹出的"系统属性"窗口中选择"高级"选项卡，单击"环境变量"，进入"环境变量"设置窗口。根据自己安装软件的位置设置环境变量。

INCLUDE：

C:\Program Files\Microsoft Visual Studio 10. 0\VC\include

C:\Program Files\OPNET\14. 5. A\sys\include

C:\Program Files\OPNET\14. 5. A\models\std\include

C:\Program Files\Microsoft SDKs\Windows\v7. 0A\Include

LIB：

C:\Program Files\Microsoft Visual Studio 10. 0\VC\lib

C:\Program Files\OPNET\14. 5. A\sys\lib

C:\Program Files\OPNET\14. 5. A\sys\pc_intel_win32\lib

C:\Program Files\Microsoft SDKs\Windows\v7. 0A\Lib

PATH：

C:\Program Files\Microsoft Visual Studio 10. 0\VC\bin

C:\Program Files\Microsoft Visual Studio 10. 0\Common7\Tools

C:\Program Files\Microsoft Visual Studio 10. 0\Common7\IDE

C:\Program Files\OPNET\14. 5. A\sys\pc_intel_win32\bin

5.1.2　OPNET 的基本操作

1. 基本概念

1）项目（Project）与场景（Scenario）

OPNET Modeler 采用"项目—场景"的方法对网络建模。一个项目包含多个仿真场景。场景是网络的一种配置，具体来说就是拓扑结构、协议、应用、流量以及仿真设置的组合。在使用 OPNET Modeler 仿真时，每个项目中至少有一个仿真场景用来代表网络模型。OPNET Modeler 提供场景复制功能，可以对场景进行备份，通过改变新场景的参数及运行仿真，来测试系统各方面的功能及是否存在瓶颈。

2）子网（Subnet）

OPNET 中的顶层网络称为"Top"，它包含的网络模块称作子网。子网可以是固定子网、移动子网或者卫星子网，子网相互间可以嵌套。子网不具备任何行为，只是为了表示大型网络而提出的一个逻辑实体。

3）节点（Node）

节点通常作为设备或资源，由支持相应处理能力的硬件和软件共同组成。数据在节点中生成、传输、接收并被处理。OPNET Modeler 支持三种类型的节点：第一种为固定节点，例如路由器、交换机、工作站、服务器等；第二种为移动节点，例如移动台、车载通信系统等；第三种为卫星节点，代表卫星。每种节点所具有的属性也不完全相同，如移动节点具有三维或者二维的移动轨迹，卫星节点具有卫星轨道。

4）进程（Process）

进程是由有限状态机构成的，可以理解成顺序执行的一系列函数，是构成协议运行的最基本结构。进程是网络仿真的主要部分，通过 C 语言编写，可控制 OPNET 中协议的运行。

5）链路（Link）

与节点相类似，链路也有不同的类型，包括点对点的链路、总线链路以及无线链路。点对点的链路在两个固定节点之间传输数据；总线链路是一个共享媒体，在多个节点之间传输数据；无线链路是在仿真中动态建立的，可以在任何无线的收发信机之间建立。卫星和移动节点必须通过无线链路来进行通信，而固定节点也可以通过无线链路建立通信连接。

2. 文件格式

OPNET 的文件众多，文件名后缀也各种各样，表 5.1 中列出了 OPNET 的常用文件名后缀。

表 5.1　OPNET 常用文件名后缀

文件名后缀	描述	文件名后缀	描述
.ac	分析配置文件	.nt.m	子网模型
.ah	动画文件	.os	输出矢量
.em.c	EMA C 代码	.ot	仿真文件
.em.o	EMC 目标文件	.ov	输出标量
.em.x	EMC 执行程序	.pa.m	定向天线
.etc	外部工具支持文件	.patn.d	派生的路径模型
.ex.c	外部 C 代码	.path.m	路径模型
.ex.cpp	外部 C++代码	.pb.m	探针模型
.ex.h	外部头文件	.pk.m	数据包格式
.ex.o	外部目标文件	.pr.c	进程 C 代码
.lk.d	派生的链路模型	.pr.cpp	进程 C++代码
.lk.m	链路模型	.pr.m	进程模型
.map.i	地图	.pr.obj	进程编译结果
.nd.d	派生的节点模型	.sa	STK 轨迹文件
.nd.m	节点模型	.sd	仿真描述
.nt.dll	网络模型生成的动态链接库	.seq	仿真序列
.nt.lib	网络模型生成的库文件	.trj	OPNET 轨迹文件

3. 软件使用

以管理员身份运行软件，出现如图 5.5 所示的 OPNET 主界面。点击"File"→"New"，可新建一个项目（Project）。

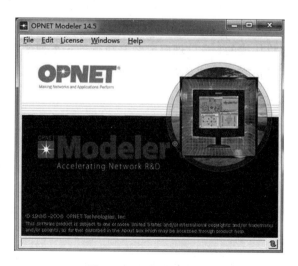

图 5.5　OPNET 主界面

在子网模块界面，OPNET 的菜单栏如图 5.6 所示，工具栏如图 5.7 所示。

<u>F</u>ile <u>E</u>dit <u>V</u>iew <u>S</u>cenarios <u>T</u>opology Tra<u>ff</u>ic Ser<u>v</u>ices <u>P</u>rotocols <u>N</u>etDoctor Flow <u>A</u>nalysis <u>D</u>ES 3D<u>N</u>V Design <u>W</u>indows <u>H</u>elp

图 5.6 OPNET 的菜单栏

图 5.7 OPNET 的工具栏

各菜单项的中英文对照如表 5.2 所示。

表 5.2 菜单项的中英文对照

File	Edit	View	Scenarios	Topology	Traffic	Services	Protocols
文件	编辑	视图	方案	拓扑	流量	服务	协议
NetDoctor	Flow Analysis		DES	3DNV	Design	Windows	Help
网络诊断	流分析		DES	3DNV	设计	窗口	帮助

在"File"中点击"Declared External Files"，可以进行外部文件声明，如图 5.8 所示。

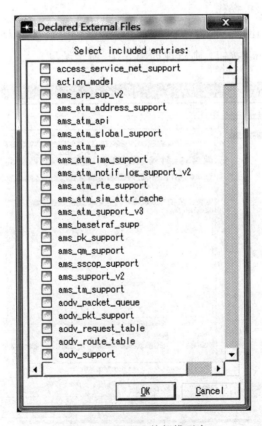

图 5.8 OPNET 外部模型库

在 C 语言函数中调用外部函数时，需要将调用的文件声明到当前进程中。声明时只需将相应文件名选中即可。

在"File"中点击"Manage Model Files"，可实现模型文件管理，如图 5.9 所示。

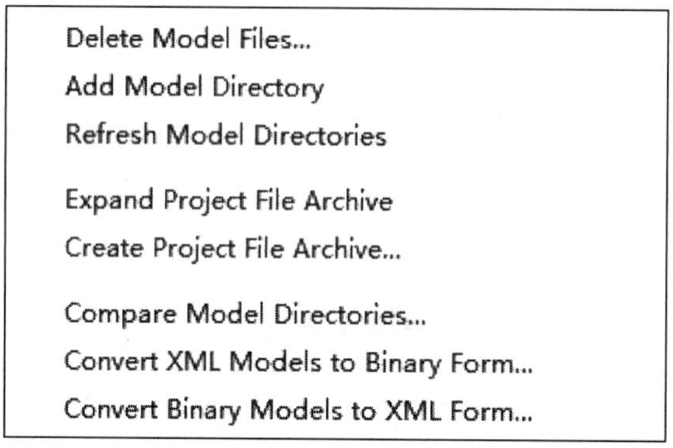

Delete Model Files...
Add Model Directory
Refresh Model Directories

Expand Project File Archive
Create Project File Archive...

Compare Model Directories...
Convert XML Models to Binary Form...
Convert Binary Models to XML Form...

图 5.9　OPNET 模型文件管理快捷操作

由于 OPNET 在打开时会按照所包含的模型目录扫描模型文件，在模型目录外的模型不会被识别，因此当用户创建了新的项目时，需要使用"Add Model Directory"将存在模型添加到 OPNET 的模型目录中，这样下次启动时就会自动扫描其中的文件。同时还支持删除模型文件，更新模型目录等操作。

对模型目录的操作还有一种方法：在"Edit"菜单栏中选择"Preference"，在输入框中输入"mod_"，点击"Find"按钮，则出现如图 5.10 所示结果。

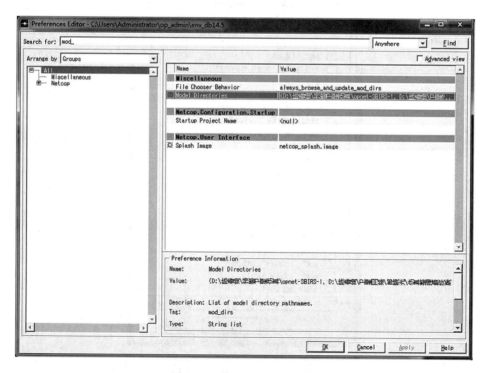

图 5.10　模型路径查看方法

点击图 5.10 中 Model Directories 属性中的 Value，出现如图 5.11 所示模型目录，此时既可添加或删除模型目录，还可调整目录顺序。第一个模型目录为默认打开文件。

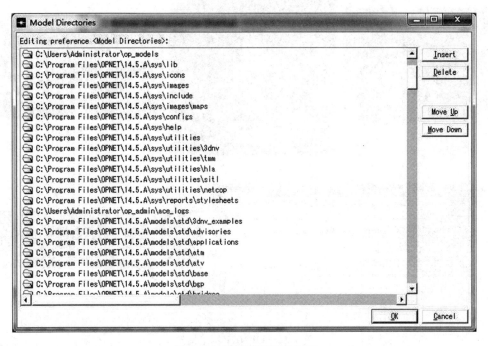

图 5.11　模型路径编辑界面

5.1.3　OPNET 网络搭建

1. 网络框架

OPNET 使用三层建模机制，一个场景的最顶层网络均为一个叫作 TOP 的全球网络。TOP 网络由各子网模块组成，即图 5.12(a) 中圈出的对象。每个子网模块内部对应各自的子网模型，如图 5.12(b) 所示。不同的子网模块可以选择相同的子网模型。子网模型由节点模块、链路模块、轨迹模块、业务模块组成。节点模块为图 5.12(b) 中圈出的对象。每个节点模块内部对应各自的节点模型，如图 5.12(c) 所示。不同的节点模块也可以选择相同的节点模型。节点模型由处理器模块、包流、队列、收发信机、统计线、逻辑线、定向天线组成。处理器模块如图 5.12(c) 中圈出的对象所示。不同的处理器模块或队列模块可以选择相同的进程模型。进程模型如图 5.12(d) 所示，进程模型由状态和状态转移线组成。状态包含阻塞态和非阻塞态。阻塞态为红色，非阻塞态为绿色，如图 5.12(d) 中圈出的对象所示。每个状态都包含入指令和出指令，用来编写代码，实现进程的运行。点击状态的上半部分，进入入指令编辑窗口；点击状态的下半部分，进入出指令编辑窗口。编辑窗口如图 5.12(e) 所示。

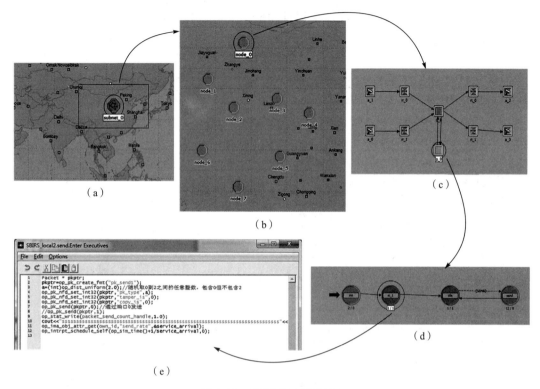

图 5.12   OPNET 网络框架

2. 子网模块

项目中每个场景(Scenario)都是一个子网模型,由 .nt.m 文件记录。子网模型文件中记录了子网属性、节点参数、链路配置、轨迹属性、业务模型、拓扑结构等。一个项目至少包含一个子网场景。子网模块在创建项目时会连带要求创建场景,即 TOP 顶层网络。OP-NET 允许子网模块相互嵌套,即在子网模块中可以包含另一个子网模块。点击菜单栏中的"Topology",选择"Subnets",可以创建固定子网、逻辑子网、移动子网、卫星子网,或移动节点到父子网或选定子网中。

3. 节点模型

节点通常被看作设备或资源,数据在其中生成、传输、接收并被处理,由支持相应处理能力的硬件和软件共同组成。

OPNET 节点编辑器提供了模拟其内部功能所需的资源。在节点编辑器中,用户可以使用多种模块来实现多个节点行为,如数据生成、数据存储、数据处理或路由和数据传输等。单个节点模型通常由多个模块(有时是几十个甚至几百个模块)组成。数据包流和统计线可将不同的模块相连,其中数据包流负责模块间数据包的传输,统计线可实现对模块内变化量的监视。通过模块、数据包流和统计线的联合使用,用户可对节点的行为进行仿真,同时也可将特定的接收器和发送器视为紧密相连的模块对。

点击菜单栏中的"File"→"New",选择"Node Model",得到如图 5.13 所示页面。图 5.13 中标注了工具栏中每个图标的含义。

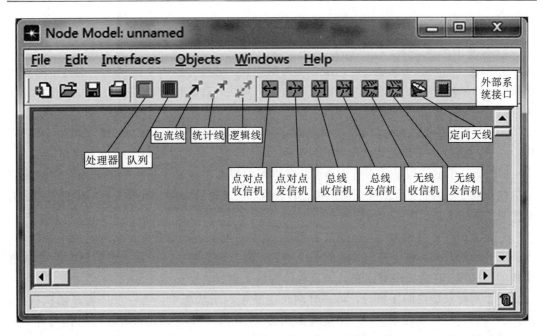

图 5.13　节点模型编辑器窗口

右键单击节点模块选择"Edit Attributes"(Advanced)进入属性编辑窗口,如图 5.14 所示。注意:不同类型的节点模块所具有的属性字段不同。

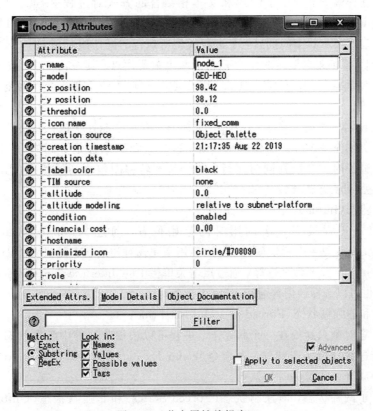

图 5.14　节点属性编辑窗口

4. 进程模型

1）进程的概念

进程域是最底层的模块，也是最难编写的模块。虽然 OPNET 提供了一些自带的进程模块，但如果用户想要搭建系统实现特定的某一算法，就必须对进程进行编写。开发自定义的进程模块，需要相应的编程知识。

一个进程可以被认为近似于一个执行程序。在 Windows 系统中，每一个进程都有一串数字作为一个进程的唯一标识，用户称为进程句柄。在 OPNET 中使用 Prohandle 表示进程句柄。

OPNET 中的进程是基于进程模型，在进程编辑器中定义的。一个进程模型中的元素包含初始状态、强制态、非强制态、状态转移线、状态转移条件、执行函数、状态变量、临时变量、全局变量、自定义函数等。

进程组由许多进程组成，这些进程都是在同一个处理器模块或者队列模块中执行的。当仿真开始的时候，每个模块只能有一个进程，称为根进程。这个根进程运行之后能够创建新的子进程。在仿真中被创建的子进程称为动态进程。

一个进程只能按顺序执行，同一时刻只能处于一个状态中。当一个进程开始执行后，用户说这个进程被调用了。当一个进程调用另一个进程时，源调用进程被暂时挂起直到被调用进程被阻止（一个进程如果完成了它当前调用的处理，就将被阻止）。当被调用进程被阻止时，源调用进程就将从它挂起的地方继续执行。

2）状态转移图

OPNET 进程编辑器使用了图形和文本相结合的方式对进程进行编程。状态转移图（State Transition Diagram，STD）可用于描绘进程模型的总体逻辑构成。STD 内的节点表示逻辑状态，连线表示状态间的转移。进程模型所执行的操作用 C 或 C++语言进行描述。进程编辑器内图形和文本形式的结合有以下两个主要优点：其一，可通过图形直观地查看进程模型及模型间进行控制的流；其二，用 C 或 C++语言可降低进程的复杂性，同时提高仿真的逼真度。

同一个处理器模块内的多个进程同一时刻也只有一个能处于执行状态，要想多个进程同时运行，需要创建多个处理器模块来实现。这与 C 语言编程是不同的，C 语言可以开启线程，使一个进程内多个线程同时运行。一个状态转移图包含初始状态、阻塞态（红色）、非阻塞态（绿色）和状态转移线。

（1）初始状态（Initial）。

初始状态是进程被第一次调用时的起始位置，通过 Set Initial State 设置。Begin Simulation Interrupts 是一个模块属性，开启后用来完成对初始状态的进入中断。进入中断通过模块的 Begsim Intrpt 属性来选择，通过点击菜单栏中的"Interfaces"→"Process Interfaces"进行设置。当然也可以选择使用普通的中断（不推荐）。

（2）强制和非强制状态（Forced and Unforced States）。

进程在任意时刻只能处在一个状态下。进程可以根据收到的中断在状态之间转移。每个状态的执行过程分为两个部分：入指令（Enter Executives）和出指令（Exit Executives），分别在进入和离开该状态的时候执行。

进程定义了两种状态，即强制状态（Forced States）和非强制状态（Unforced States），分别用绿色和红色表示。非强制状态允许进程在入指令和出指令之间暂停。一旦进程执行完非强制状态下的入指令，就被挂起，并将控制权交还给调用它的其他进程，直到下一个新的调用使得它进入当前状态的出指令。强制状态是不允许进程等待的，所以一般其出指令是空白的。这也是强制状态与非强制状态的最大区别。

3）创建进程模型

点击菜单栏中的"File"→"New"，选择"Process Model"，得到如图 5.15 所示页面，图中标注了工具栏中每个图标的含义。

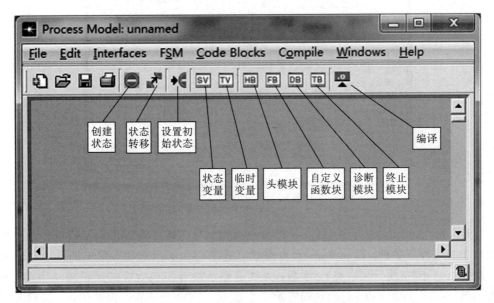

图 5.15 进程模型编辑器窗口

5. 链路模型

1）概念

链路模型主要用于模拟信道物理层协议，包括时延、噪声、信噪比、调制等过程，由信道参数、调制方式、链路模型、管道函数等组成。

有线链路的信道参数在有线收发信机中设置，有线链路的链路模型和管道函数在链路模块中设置。点对点链路和总线链路都属于有线链路。

在无线信道中，由于没有链路模块，因此不包含有线链路那样的链路模型。无线链路的信道参数、调制方式、管道函数均在无线收发信机中设置。可以在固定、移动、卫星节点间使用无线链路。

2）创建链路模型

在添加有线链路模块以后往往需要声明外部文件，这是因为在链路模型中调用了外部函数。用户一般使用或修改 OPNET 中自带的链路模型。点击"File"→"New"，选择"Link Model"，可进入链路模型编辑器，如图 5.16 所示，创建新的链路模型，存储为 .lk.m 文件。

对于不同的链路对象，每一类链路都包含了特有的属性接口、注释以及表示方法。在项目编辑器中创建的链路是链路模型的特定实例，因此在对链路模型的属性进行修改时，链路实例会自动继承修改后的属性。

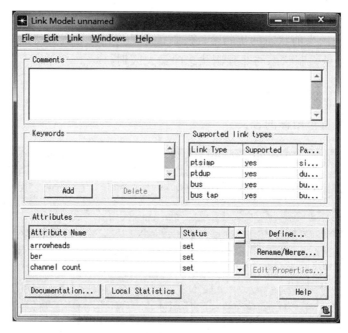

图 5.16 链路模型编辑器窗口

（1）Supported link types：所支持的链路类型。每一链路模型可以支持四种基本的链路类型中的一种或多种，即 ptsimp（点对点双工链路）、ptdup（点对点单工链路）、bus（总线链路）和 bus tap（总线分接链路）。注意：无线链路的设计不包含在链路编辑器中，它是由仿真内核（Simulation Kernel）经过动态定义生成的，包含于与节点相对位置、传输及运行环境中诸多因素相关的管道函数中。

（2）Keywords：关键字。链路模型的关键字允许有选择地在项目编辑器对象面板中显示链路模型。在配置对象面板时，OPNET 将关键字与所请求的关键字进行比较，以此决定是否选择此模型。此机制可减少在对象面板中显示的模型，即只显示那些与当前应用相关的模型。

（3）Comments：模型注释。链路模型中包含了一系列注释，这些注释描述了链路的特性、潜在应用和用户可能涉及的任何信息。因为有些用户无权访问链路模型内部，注释就成为此类用户可利用的主要信息。通过将模型接口的相关文档作为模型自身固有的部分嵌入到模型中，OPNET 为用户访问信息提供了便利。

（4）Attributes：属性接口。节点和进程模型可以分别影响节点和模块的属性表达与使用。同样，链路模型为项目编辑器中链路对象的属性提供了规范说明。链路模型和链路之间的关系与进程模型和模块间的相互作用类似。链路模型中不包含可以提升属性的对象，链路可以提升的唯一属性是"链路模型属性"。和进程模型一样，链路模型可以通过属性预分配、属性隐藏、属性重命名和改变属性优先级来为链路对象的内嵌属性规定配置信息。

（5）Local Statistics：本地统计量，用于为链路模型添加本地统计量。

6. 轨迹

1）定义

卫星节点和移动节点具有可移动性，OPNET 提供轨迹模块，可以根据需求设置移动轨道。移动节点使用自定义轨迹，卫星节点则需要导入 STK 轨道文件。

在子网模型界面，点击菜单栏中的"Topology"，选择"Define Trajectory"，进入轨迹定义窗口，如图 5.17 所示。在此窗口可以设置轨迹的名称（Trajectory name）、轨迹类型（Trajectory type）、初始海拔高度（Initial altitude）、初始等待时间（Initial wait time）、初始俯仰角（Initial pitch，即移动节点沿前进方向的上下角度）、初始航向角（Initial yaw，即移动节点沿前进方向的左右角度）和初始滚动角（Initial roll，即移动节点沿前进方向的旋转角度）。

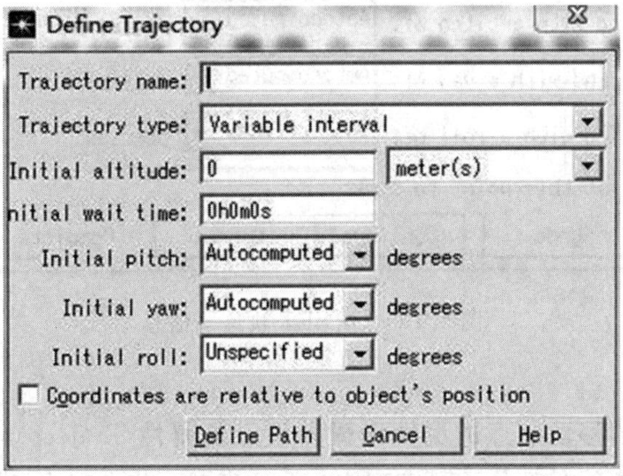

图 5.17　OPNET 轨迹定义窗口

设置完毕后点击"Define Path"按钮，开始绘制轨迹，会出现轨迹状态窗口，如图 5.18 所示，此时鼠标变成一个连有一段线段和带有"start"字样的箭头。

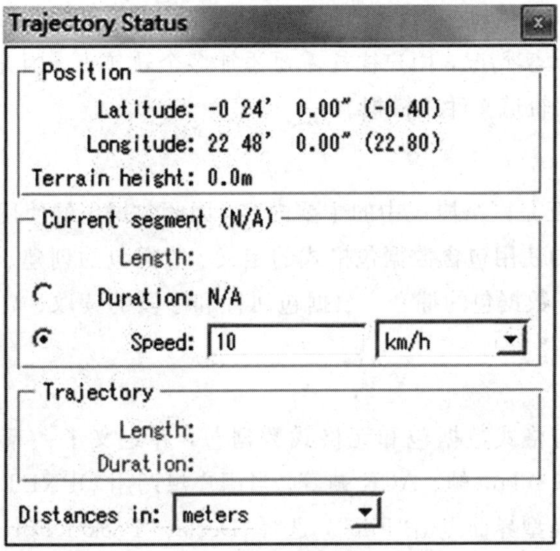

图 5.18　OPNET 轨迹状态窗口

用户在轨迹的起点点击后松开鼠标，鼠标会拉出一条线段，线段上标有"segment 1"，即第一段轨迹；在第一段轨迹的结尾再点击一下鼠标左键，轨迹固定，并转变为红色，同时弹出此段轨迹的信息，包含速度、海拔高度、三维角度、开始时间起点等，如图 5.19 所示。若轨迹绘制完毕，则点击"Complete"按钮完成绘制。若要继续绘制第二段轨迹，则点击"Continue"按钮，鼠标将在第一段轨迹的末尾拉出一条线段，线段上标有"segment 2"，即第二段轨迹。依次继续绘制，轨迹在绘制以后会自动保存成.trj 文件。

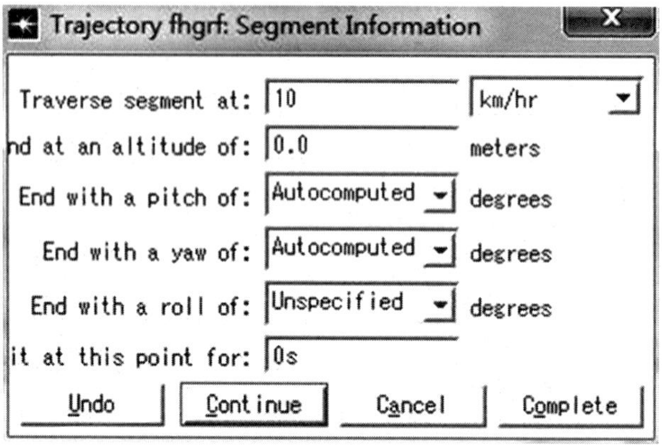

图 5.19　OPNET 轨迹段信息

2) 应用

在需要应用轨迹的移动节点的属性编辑界面点击属性 Trajectory，选择刚刚存储的轨迹模型，则绘制的轨迹会出现在子网模型中。在仿真时，节点就会按照轨迹的位置移动。

需要注意的是，节点的移动与绘制的轨迹可能并不完全相同，这是由于轨迹是通过轨迹点定义的，也就是说，绘制的轨迹仅能记录轨迹点，真实轨迹会在真实两轨迹点间做直线运动，因此当轨迹线跨度范围大时，仿真时的轨迹线会与绘制的轨迹线有较大区别。

在长距离移动时，使用轨迹点设置的移动路径不能完美地模拟真实路径。所以为了使节点的移动更加符合真实情况，用户往往需要添加多个轨迹点。因此，卫星节点的移动轨迹只能使用 STK 导入轨道文件来模拟。

7. 数据包

数据包之间的交互是网络协议中的主要内容，因此数据包的使用是了解一个网络协议的重要方法。数据包的使用包含数据包格式的定义、数据包的创建、数据包字段和属性的设置、数据包的发送、数据包的捕获、数据包属性和字段的读取、数据包的复制与销毁等操作。

1) 数据包格式

OPNET 中包含有格式数据包和无格式数据包，并定义了一系列的数据包格式，如802.11 中的 Beacon 帧、data 帧、ACK 帧等。当用户想调用 OPNET 中自带的一些数据包格式时，需要在进程模型界面点击"File"，选择"Declare Packet Formats"声明外部数据包格式，这样在相应的进程模型中才能使用此数据包格式。当用户想自己定义数据包格式时，点击菜单栏中的"File"→"New"，在创建内容中选择"Packet Format"，点击"OK"，进入数据包格式窗口，如图 5.20 所示。在此窗口中点击"Fields"菜单，选择"Create Field"，可以添加一个 32 bit 的数据块。

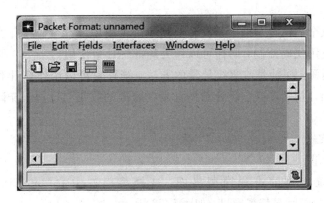

图 5.20 数据包格式窗口

2）属性

右键单击数据块，可以设置数据块属性，如图 5.21 所示。在数据块属性设置窗口，可以修改字段名称 name（在代码中读写数据包字段参数时，需要借助字段名称完成），修改字段类型 type（包含 integer、floating point、structure、packet、information、integer（64bit）、packet id 和 object id），修改字段大小 size（必须为整数），修改默认值 default value，并选择在数据包创建时该字段是否设置为默认值，设置字段排放顺序 conversion order。字段排放顺序的值从 1 开始，字段索引为字段排放顺序减 1 的值，即从 0 开始。点击保存按钮，可将数据包文件存储。在创建数据包时需使用文件名。其他数据块亦可以使用上述方法进行设置，而且数据块可以通过拖动更换位置。

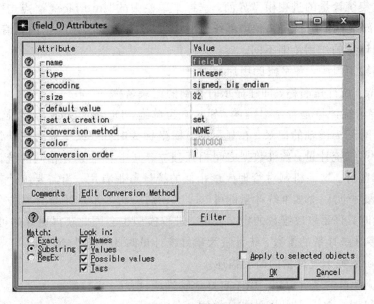

图 5.21 数据包的数据块属性设置窗口

8. 统计量

统计量主要分为局部统计量和全局统计量。局部统计量必须与特定对象相关，即必须指定具体对象。支持局部统计量的对象可以是节点、链路、模块。全局统计量提供整体性能的相关信息。

在使用局部或全局统计量时，并没有限制使用者使用统计量收集什么内容。所以全局统计量在写入时使用代码控制，同样可以作为局部统计量使用。

统计量是数据源，探针是收集统计量的方法，统计量可以用作探针和统计线的源。统计量的使用包含统计量的定义、统计量的注册、数据的收集与计算、统计量的收集、数据的显示及导出等。

1）统计量的定义

（1）全局统计量。

在需要收集统计量的进程模型界面，选择菜单栏中的"Interfaces"，点击"Global Statistics"，进入全局统计量编辑窗口，如图 5.22 所示。

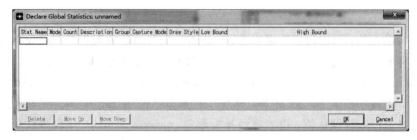

图 5.22　全局统计量编辑窗口

（2）局部统计量。

在需要收集统计量的进程模型界面，选择菜单栏中的"Interfaces"，点击"Local Statistics"，进入局部统计量编辑窗口。局部统计量与全局统计量的声明相同，编辑窗口相同，只是定义的统计量的作用范围不同。

统计量编辑窗口中，各字段的用途如下：

Stat Name：统计量名称，即在显示时看到的记录名称。

Mode：指示统计量是否是多维的。Single 为单维，Dimensioned 为多维。单维统计量产生一系列以时间为横轴的记录。在显示时，横坐标为时间，纵坐标为统计量记录。多维统计量即多个单维统计量，各维数据之间相互独立，其中各维具有相同的统计量名称，但通过数组下标区分。这一机制对管理大量相似的统计量很有用。当需要统计若干类似的统计量时，只需要声明一个多维统计量即可，这比分别声明多个单维统计量方便得多；当需要增加统计量时，只要修改维数的定义即可，进程模型也会因此获得更好的可扩展性。

Count：多维统计量的维数，统计量为单维统计量时此字段为 N/A。

Description：关于统计量的简要描述。

Group：统计量的统计分组，用于更好地管理统计量。

Capture Mode：统计量的默认捕获模式。

Draw Style：统计量的默认绘制形式。

Low Bound：统计量显示时坐标系的参考下界。如果收集到的数据低于该值，则图形按该值设定坐标，否则按实际情况设定。

High Bound：统计量显示时坐标系的参考上界。如果收集到的数据高于该值，则图形按该值设定坐标，否则按实际情况设定。

2）统计量的注册

（1）定义统计量句柄。在定义了统计量之后，仿真中需要向统计量写入很多数据。统计量的名称其实就是一个统计队列的名称，统计量句柄是指向该队列的一个指针。要想收集统计量的值，需要向这个队列写入值，这可通过队列指针来完成。所以要在状态变量中定义统计量句柄，变量类型为 Stathandle。

（2）注册统计量。注册统计量就是把统计量句柄与统计量绑定。

注册全局统计量：统计量句柄为 op_stat_reg("统计量分组统计量名称"，OPC_STAT _INDEX_NONE，OPC_STAT_GLOBAL)。

注册局部统计量：统计量句柄为 op_stat_reg("统计量分组统计量名称"，OPC_STAT _INDEX_NONE，OPC_STAT_LOCAL)。

3）数据的收集与计算

对数据的收集使用 op_stat_write(统计量句柄，数值)函数。数值均以 double 类型写入。写入时，系统会自动在指定统计量句柄下写入统计量值和时间。

对统计量的计算在选择 Bucket mode 时就设定好了，无须人工编写，使用时只需进行数据收集，软件会自动根据设定的函数和收集的数据，计算每个时间窗的代表值。

4）统计量的收集

定义了统计量、统计量句柄，注册了统计量之后，需要在进程界面先编译保存统计量，才能在统计量列表中找到。统计量设置完毕后，需要在场景设置中选择收集此统计量，这样程序编译运行时才会收集统计量。因为收集统计量需要较长时间，会拖慢程序运行，如果默认全部收集，则会影响运行效果，且容易产生死机，所以 OPNET 让用户选择要收集的统计量。

在子网模型节点单击右键，选择"Choose Individual DES Statistics"，进入统计量选择窗口，如图 5.23 所示。也可以在 DES 菜单栏中选择"Choose Individual Statistics"进入统计量选择窗口。

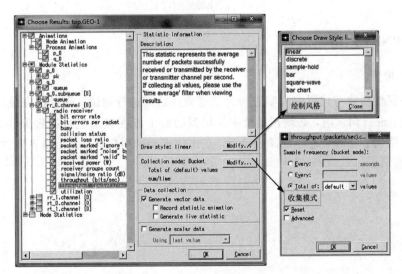

图 5.23　统计量选择窗口

在选择窗口中可以看到在进程模型界面定义的全局统计量。统计量若被选中则收集，不被选中则不收集。统计量收集的数目越少，仿真速度越快。选中统计量时，可在窗口右半边设置统计量的绘制风格和收集模式。设置好后，点击"OK"按钮，保存设置。

右键点击设置了局部统计量的节点，则可以选择收集局部统计量，同时还可以选择无线收发信机自带的局部统计量。

5）数据的显示及导出

图5.24所示为统计量显示设置窗口。仿真运行完毕，点击工具栏上的仿真结果图标可以查看仿真结果。

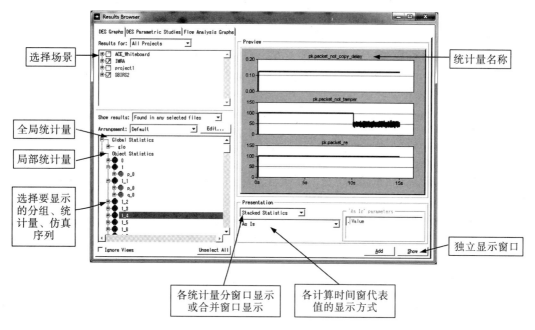

图5.24 统计量显示设置窗口

5.1.4 OPNET 网络调试

1. 仿真设置

在系统模型搭建与代码编写实现协议功能完成后可进行调试，或者在完成过程中进行即时的调试。进行调试前，必须在系统中将用到的每个进程模型进行进程编译，并保证进程没有语法错误。当每个进程编译成功后，点击仿真调试图标，会弹出仿真调试设置窗口，如图5.25所示。

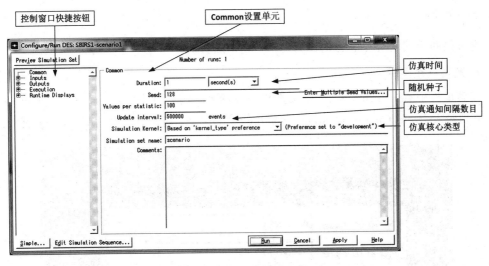

图 5.25　仿真调试设置窗口

2. ODB 调试

在仿真调试设置窗口的"Common"设置单元下的"Simulation Kernel"(仿真核心类型)中选择"development"调试模式,再在 Execution 的 OPNET Debugger 属性中选择"Use OPNET Simulation Debugger(ODB)",即可变为调试模式。点击"Run",运行程序则进入调试窗口。ODB 调试窗口如图 5.26 所示。

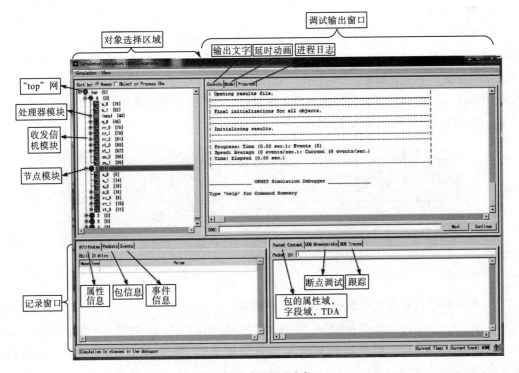

图 5.26　ODB 调试窗口

5.1.5 实例

本节以两个固定节点的通信作为例子,具体说明用 OPNET 进行的仿真操作。

1. 新建一个项目

在菜单栏中点击"File"→"New",选择"Project",然后点击"OK"进入 Enter Name 页面,分别输入 Project name 和 Scenario name,如图 5.27 所示,单击"OK"进入主页面。

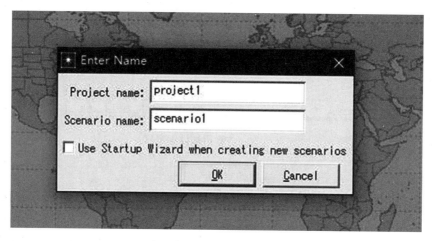

图 5.27　新建项目

2. 建立包格式

在菜单栏中点击"File"→"New",选择"Packet Format",然后单击"OK"进入 Packet Format 页面,单击工具栏中的"Create New Field"图标创建包中的一个字段。依此操作可以连续放置多个字段,如图 5.28 所示。操作结束点击右键退出。可以右键单击字段,通过"Edit Attribute"选项设置该字段的属性,如名称、大小等。最后保存并设置数据包文件的名称,以后通过该名称使用该数据包。

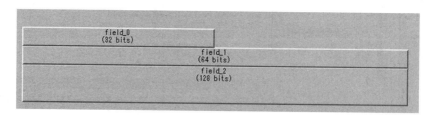

图 5.28　建立包格式

3. 建立同时具有发送和接收功能的节点模型

在菜单栏中点击"File"→"New",选择"Node Model",然后单击"OK"进入 Node Model 页面,使用工具栏上的相应图标建立如图 5.29 所示的模型。图中包含的图标有 Create Point-to-Point Receiver、Create Packet Stream、Create Processor、Create Point-to-Point Transmitter。最后保存节点模型。

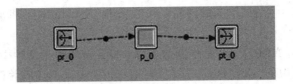

图 5.29 节点模型

4. 建立进程模型

（1）在菜单栏中点击"File"→"New"，选择"Progress Model"，然后单击"OK"进入 Progress Model 页面，使用工具栏上的相应图标建立如图 5.30 所示的模型。图中包含的图标有 Create State 和 Create Transition。需要在起始状态 st_0 上点击"Set Intial State"，这样左边会出现一个黑色箭头。状态的颜色起初都是红色的，需要在状态上右击"Make State Forced"才能使状态变成绿色。

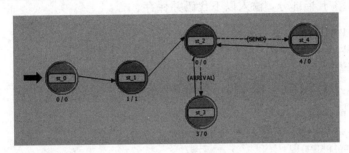

图 5.30 进程模型

（2）分别右击 st_2 到 st_4 的链路，点击"Edit Attribute"，将属性表里的 condition 值改为 SEND，如图 5.31 所示，这样箭头线会变成虚线并带有文字，再点击"OK"。

图 5.31 属性参数设置

同样，分别右击 st_2 到 st_3 的链路，点击"Edit Attribute"，将属性表里的 condition 值改为 ARRIVAL。

这里的 SEND 和 ARRIVAL 是中断的名称，接下来会在头文件中定义。

（3）单击工具栏中的"Edit Header Block"图标，输入以下代码并保存。

```
#include <stdlib. h>
#define SEND(op_intrpt_type()==OPC_INTRPT_SELF&&op_intrpt_code()==0)
#define ARRIVAL (op_intrpt_type()==OPC_INTRPT_STRM)
```

（4）双击 st_1 上半部分，输入以下代码并保存。

```
op_intrpt_schedule_self(0.0,-1);
```

双击 st_1 下半部分，输入以下代码并保存。

```
op_intrpt_schedule_self(op_sim_time()+0.0,0);
```

（5）双击 st_3 上半部分，输入以下代码并保存。

```
Packet * pkptr;
pkptr=op_pk_get(op_intrpt_strm());      //通过流得到数据包
op_pk_destroy(pkptr);                   //销毁数据包
```

（6）双击 st_4 上半部分，输入以下代码并保存。

```
Packet * pkptr;
pkptr=op_pk_create_fmt("packet1");
op_pk_send(pkptr,0);
op_intrpt_schedule_self(op_sim_time()+1,0);   //设立自中断，获取当前仿真时间；+1 表示
                                              //在该包发送1 s后再发送下一个包，0表示中断名称
```

（7）单击菜单栏中的"Interfaces-Process Interfaces"，将 begsim intrpt 设为 enabled，单击"OK"，保存进程模型，如图 5.32 所示。

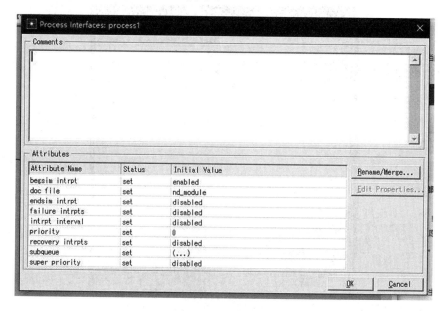

图 5.32　进程模型

（8）单击工具栏中的"Compile Process Model"图标，编译该进程模型。图 5.33 所示代表编译正确。

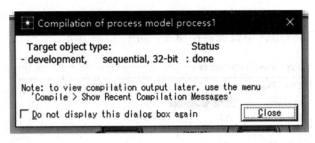

图 5.33　编译结果

5. 保存模型

右击 p_0 节点，选择"Edit Attribute"，将 process model 的值设为刚才保存的进程模型名，如图 5.34 所示，单击"OK"，保存节点模型。

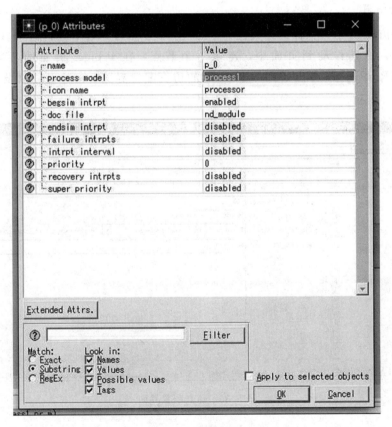

图 5.34　保存模型

6. 建立网络模型

在 Project 页面的工具栏中单击"Open Object Palette"图标，找到刚才保存的节点模型，选择固定节点，放置在页面中，分别设置名称为 send 和 receive，此时两个节点之间并没有连线。

7. 建立链路模型

在菜单栏中点击"File"→"New"，选择"Link Model"，然后单击"OK"进入 Link Model 页面，在 Support link types 中设置链路模型，如图 5.35 所示。

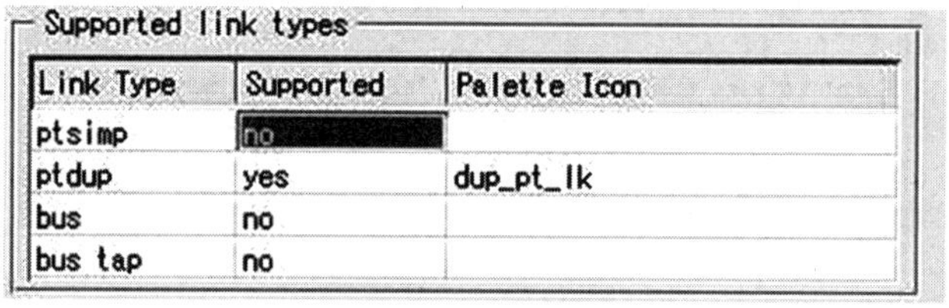

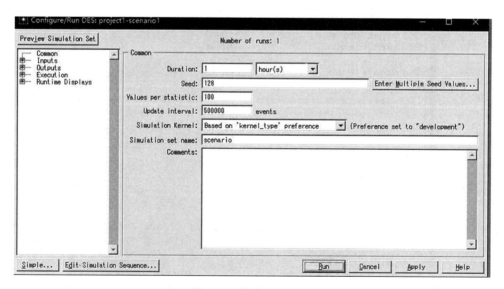

图 5.35　设置链路模型

将 Attribute 中的 closure model、coll model、error model、ecc model、propdel model、txdel model 都设置为 NONE 并保存。

8. 运行仿真

在运行仿真 Project 页面的工具栏中单击"Open Object Palette"图标，查找到刚才保存的链路模型，将其移动到页面中，连接两个节点。在 Project 页面的工具栏中单击"Configure/Run"图标，弹出如图 5.36 所示的仿真配置界面，在这里可以设置仿真相关参数。

图 5.36　仿真配置界面

在左侧点击"Execution"下的"OPNET Debugger"，选中右边的复选框，代表使用 OPNET 调试模式，其界面如图 5.37 所示。然后点击"Run"，进入仿真运行界面。选中中间的"Run Animations"复选框，点击"Continue"，可以看到以动画形式显示的数据包交互的过程。当运行完仿真并结束时，可以在 Progress 标签栏中查看具体信息，如图 5.38 所示。

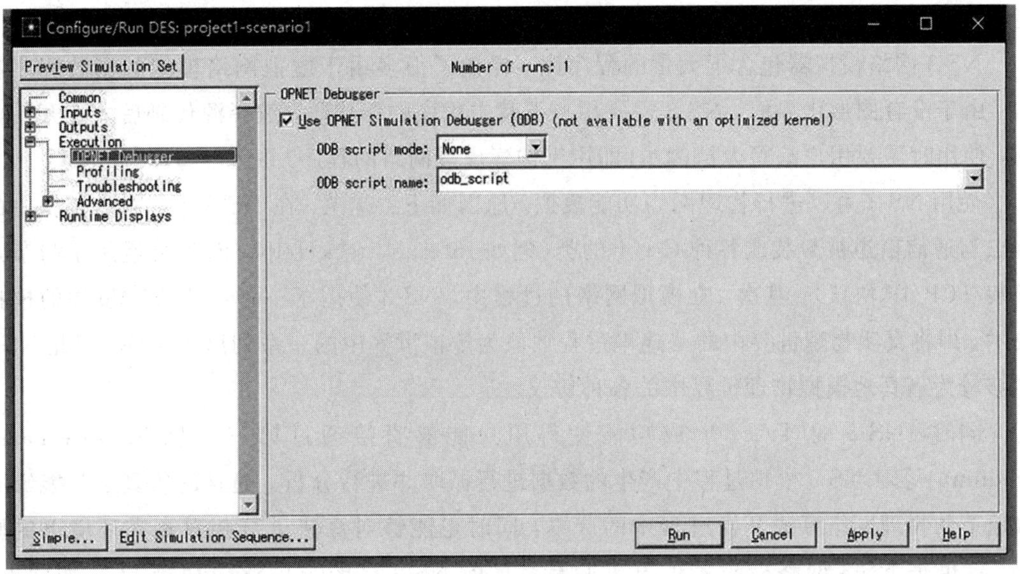

图 5.37 运行设置

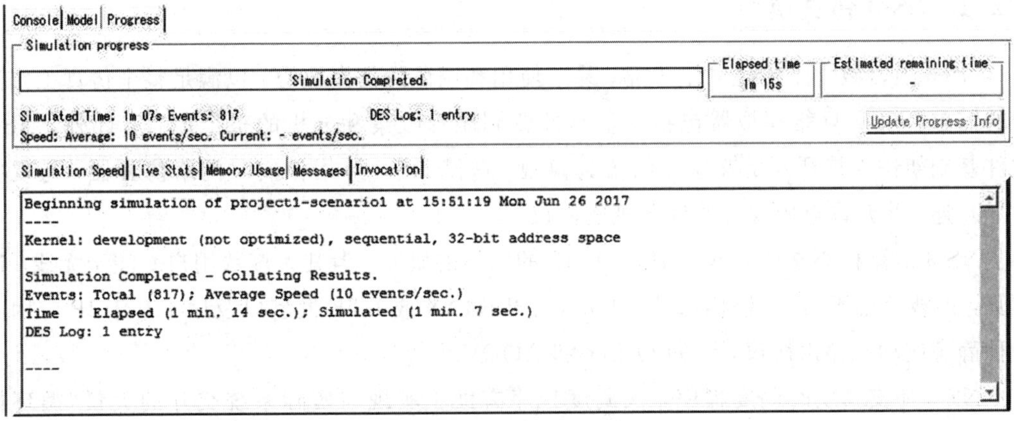

图 5.38 仿真运行结果

5.2 NS-3 网络仿真

5.2.1 NS-3 概述

NS-3 是一个离散事件网络模拟器，主要用于研究和教学。NS-3 是免费软件，根据 GNU GPLv2 许可证授权，可公开用于研究、开发。NS-3 项目的目标是为网络研究提供一个首选的开放式模拟环境，这与现代网络研究的模拟需求是一致的。

NS-3 由 C＋＋语言编写，运行于 Linux 系统（如 CentOS、Ubuntu、Fedora 等 Linux 发行版）。由于 NS-3 的某些功能使用了 Linux 系统的某些功能（例如某些物理网络交互功能等），故不推荐在 Windows 系统环境下进行编译与运行。

NS-3 网络模拟器包含了大量的程序库，提供了很多用于虚拟网络模拟的函数程序接口。由于没有图形化界面，NS-3 需要用户下载主程序的源代码，编译源代码后才能开始使用，使用时需要用户编写模拟脚本（即用于构建虚拟网络的程序）并运行脚本。

使用 NS-3 可以进行物理网络功能模拟。原因如下：首先，在 NS-3 中，网络拓扑中的节点与通信信道被封装成各种 C＋＋的类（例如 InternetStackHelper 对象类就用于为节点安装 TCP/IP 协议）；其次，在模拟网络的过程中，NS-3 使用了一种名为离散事件的模拟技术，即将真实物理世界中的一连串过程抽象为虚拟世界中的一系列离散事件，因此 NS-3 能够较为逼真地模拟物理世界中的各种协议。

同时，NS-3 的 Trace 生成功能使得用户能够直接通过第三方软件（wireshark、tcpdump）等对 NS-3 模拟过程中产生的数据进行抓取并进行分析。逼真的仿真工具能够有效地节约物理网络算法开发过程中的成本，同时也能够对算法进行相对真实环境下的验证，这也是 NS-3 网络模拟器的开发目标。目前 NS-3 已经被广泛应用于 5G、物联网、SDN、数据中心等计算机网络的前沿研究领域。

5. 2. 2 NS-3 仿真模型

NS-3 项目致力于构建一个可靠、易于使用和调试的仿真核心，以满足整个仿真工作流程的需求。NS-3 网络模拟器包括从仿真配置到跟踪收集和分析的整个流程。此外，NS-3 软件基础架构支持开发足够逼真的仿真模型，这使 NS-3 可用作实时网络仿真器，与现实世界互连，并允许重用现有的许多现实协议。

NS-3 仿真核心支持对基于 IP 和非 IP 的网络的研究。但其大多数用户专注于无线/ IP 仿真，即涉及用于第 1 层和第 2 层的 WiFi、WiMAX 或 LTE 模型以及用于基于 IP 应用的各种静态或动态路由协议，诸如 OLSR 和 AODV。

NS-3 还支持实时调度程序，该调度程序有助于实现与实际系统交互的大量"循环模拟"用例。例如，用户可以在实际网络设备上发送和接收 NS-3 生成的数据包，NS-3 可以作为互连框架在虚拟机之间添加链接效果。

5. 2. 3 NS-3 的安装

在安装 NS-3 前需要安装一些依赖库。为了防止出现不明错误，在安装库之前可以先更新 apt 安装源的版本：

```
sudo apt-get update
```

首先打开 Ubuntu 的终端（其他 Linux 发行版类似），再键入命令名（例如：sudo apt-get update），按下 Enter 回车键即可，如图 5.39 所示。

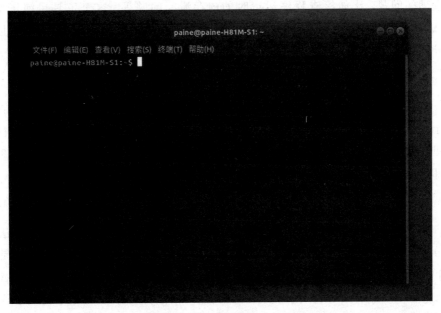

图 5.39 终端界面

1. NS-3 网络模拟相关依赖的安装

NS-3 使用了 C++、Python 语言，因此需要配置编译环境；同时由于 NS-3 使用了大量的第三方依赖库，这些库用于科学计算、调试、可视化、数据存储等，因此在安装 NS-3 并对其进行编译之前需要将其依赖的环境安装完成。下面对 NS-3 依赖的相关软件进行介绍并提供安装命令。

(1) 由于 NS-3 采用 C++开发，因此需要在系统中安装 C++编译器 gcc 与 g++，分别用于 C 与 C++的编译：

> sudo apt-get install gcc g++

(2) 安装 gcc g++3.4 版本，用于某些模块的编译。例如一些 Network Simulation Cradle（nsc）stacks 需要 gcc-3.4：

> sudo apt-get install g++-3.4 gcc-3.4

(3) NS-3 支持 Python 语言的编写，因此需要安装 Python 的编译环境：

> sudo apt-get install Python Python-dev

(4) 安装 NS-3 用于维护代码的源代码版本控制管理系统 Mercurial：

> sudo apt-get install mercurial

(5) 运行 Python 程序需要绑定 NS-3-dev，通过 Bazaar 这个组件进行设置：

> sudo apt-get install bzr

(6) Valgrind 已经在 Linux 应用程序开发社区中被广泛用于调试应用程序，即用于发现内存管理的问题，比如检查程序运行时的内存泄漏问题等。这个工具目前正由 Julian Seward 进行开发，并由 Paul Mackerras 移植到了 Power 架构上。由于 NS-3 也采用了 Valgrind 调试工具，因此需要安装：

    sudo apt-get installgdb valgrind

（7）GSL(GNU Scientific Library)作为三大科学计算库之一，除了涵盖基本的线性代数、微分方程、积分、随机数、组合数、方程求根、多项式求根、排序等，还包含模拟退火、快速傅里叶变换、小波、插值、基本样条、最小二乘拟合、特殊函数等。由于 NS-3 也采用了 GSL 库为主程序进行服务，因此需要安装 GSL 的依赖：

    sudo apt-get install gsl-bin libgsl-dev libgsl23

（8）Flex 和 Bison 是两个用来生成程序的工具，它们生成的程序分别叫作词法分析器和语法分析器。任何一种语言，都是有一定语法规则的，不管是人类的语言，还是计算机语言（如 C/C++编程语言等），因此，可以利用这些已知的规则，来对相应的语言进行分析。Flex 和 Bison 主要用来生成 SQL 语句的词法和语法分析器。NS-3 中使用了语言分析模块，所以需要安装这两个工具：

    sudo apt-get install flex bison libfl-dev

（9）NS-3 在仿真模拟路由器和网关时，对数据的采集和分析是不可缺少的。TcpDump 是 Linux 中强大的网络数据采集分析工具之一。用简单的话来说，Tcpdump 就是根据使用者的定义对网络上的数据包进行截获的包分析工具。NS-3 需安装 Tcpdump：

    sudo apt-get install tcpdump

（10）SQLite 是一款轻型的数据库，是遵守 ACID 的关系型数据库管理系统，它包含在一个相对小的 C 库中。它是 D. RichardHipp 建立的公有领域项目，其设计目标是嵌入式的，而且目前已经在很多嵌入式产品中使用。它占用资源非常少，在嵌入式设备中，可能只需要几百字节的内存就够了。NS-3 网络模拟器中需要安装支持统计特性的数据库软件 SQLite，用于存储数据包：

    sudo apt-get install sqlite sqlite3 libsqlite3-dev

（11）xml 的配置存储软件：

    sudo apt-get install libxml2 libxml2-dev

（12）基于 GTK 的配置系统：

    sudo apt-get install libgtk2. 0-0 libgtk2. 0-dev

（13）VTun 是一个功能很强的软件，可以用来建立 TCP/IP 上的虚拟通道，而且通道的数目可以不受限制，完全依照机器的能力而定，并且在应用上可以作为 VPN、Mobil IP、Shaped Internet access、Ethernet tunnel 与 IP address saving 的基础。NS-3 模拟器中使用了该软件进行 TCP/IP 相关功能的测试，所以需要安装 VTun：

```
sudo apt-get install vtun lxc
```

（14）Uncrustify 是一个代码美化工具，可用于 C、C++、C♯ 和 Java 源代码的美化。它能够利用空格键、Tab 键与空格键或只有 Tab 键进行缩排、添加或删除换行、排列代码等。Uncrustify 具有高配置性，且易于修改。

```
sudo apt-get install uncrustify
```

（15）文档生成器，从源代码中生成说明文档：

```
sudo apt-get install doxygen graphviz imagemagick
sudo apt-get install texlive texlive-extra-utils texlive-latex-extra
sudo apt-get install Python-sphinx dia
```

（16）PyGraphviz 是对 Graphviz 的封装，提供了 Python 接口的调用。Graphviz 是一个开源软件包，提供了对图、点、边的简易操作，所以封装后的 PyGraphviz 可以很容易地用来绘制想要的图形。NS-3 中使用了 PyGraphviz 模块对移动节点的显示等进行开发，因此需要安装：

```
sudo apt-get install Python-pygraphviz Python-kiwi Python-pygoocanvas libgoocanvas-dev
```

注意：对于 Ubuntu 18.04，不再提供 Python-pygoocanvas。NS-3.29 版本及更高版本升级了对 GTK ＋版本 3 的支持，并需要以下软件包：apt-get、install、gir1.2-goocanvas-2.0、Python-gi、Python-gi-cairo、Python-Pygraphviz、Python3-gi、Python3-gi-cairo、Python3-pygraphviz、gir1.2-gtk-3.0、iPython、iPython3。

（17）支持 Openflow 模块，需设置：

```
sudo apt-get install libboost-signals-dev libboost-filesystem-dev
```

（18）OpenMPI 是一种高性能消息传递库，应用于各种操作系统、网络互连以及调度系统中。NS-3 中也使用了该模块进行消息传递，所以需设置：

```
sudo apt-get install openmpi *
```

2. NS-3 网络模拟下载与编译安装

NS-3 可通过 Tarballs 和 Bake 两种方式进行安装。以下以 Tarballs 为例，介绍创建目录、进入目录、下载压缩包、解压的方法。分别输入下列命令：

```
mkdir tarballs
cd tarballs
wget https://www.nsnam.org/releases/ns-allinone-3.29.tar.bz2
tar xjf ns-allinone-3.29.tar.bz2
```

完成后的目录如图 5.40 所示。

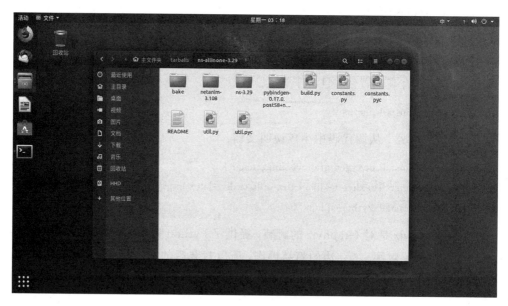

图 5.40　NS-3 安装目录

完成下载与解压操作后，开始 NS-3 的编译安装过程：

cd ns-allinone-3.29

./build.py

cd NS-3.29

./waf distclean

./waf configure -- build-profile＝debug -- enable-examples -- enable-tests

./waf build

编译结果如图 5.41 所示。

```
user@yoka-machine:~/tarballs/ns-allinone-3.28/ns-3.28$ ./waf build
Entering directory `/home/user/tarballs/ns-allinone-3.28/ns-3.28/build'
[   6/1952] Processing command (${PYTHON}): ../bindings/python/ns3modulegen-modular.py ../src/antenna/bindings
-> src/antenna/bindings/ns3module.cc src/antenna/bindings/ns3module.h src/antenna/bindings/ns3modulegen.log
[  15/1952] Processing command (${PYTHON}): ../bindings/python/ns3modulegen-modular.py ../src/aodv/bindings/mo
src/aodv/bindings/ns3module.cc src/aodv/bindings/ns3module.h src/aodv/bindings/ns3modulegen.log
[  32/1952] Processing command (${PYTHON}): ../bindings/python/ns3modulegen-modular.py ../src/applications/bin
64.py ../src/applications/bindings/modulegen_customizations.py -> src/applications/bindings/ns3module.cc src/a
module.h src/applications/bindings/ns3modulegen.log
[  36/1952] Processing command (${PYTHON}): ../bindings/python/ns3modulegen-modular.py ../src/bridge/bindings/
-> src/bridge/bindings/ns3module.cc src/bridge/bindings/ns3module.h src/bridge/bindings/ns3modulegen.log
[  48/1952] Processing command (${PYTHON}): ../bindings/python/ns3modulegen-modular.py ../src/buildings/bindin
-> src/buildings/bindings/ns3module.cc src/buildings/bindings/ns3module.h src/buildings/bindings/ns3modul
[  52/1952] Processing command (${PYTHON}): ../bindings/python/ns3modulegen-modular.py ../src/config-store/bin
64.py ../src/config-store/bindings/modulegen_customizations.py -> src/config-store/bindings/ns3module.cc src/c
module.h src/config-store/bindings/ns3modulegen.log
[ 143/1952] Processing command (${PYTHON}): ../bindings/python/ns3modulegen-modular.py ../src/core/bindings/mo
/src/core/bindings/modulegen_customizations.py -> src/core/bindings/ns3module.cc src/core/bindings/ns3module.h
modulegen.log
[ 148/1952] Processing command (${PYTHON}): ../bindings/python/ns3modulegen-modular.py ../src/csma/bindings/mo
/src/csma/bindings/modulegen_customizations.py -> src/csma/bindings/ns3module.cc src/csma/bindings/ns3module.h
```

图 5.41　NS-3 编译结果

编译完成后，可通过运行 ./test.py-c core 来进行测试。测试后可以看到如图 5.42 所示的部分信息。

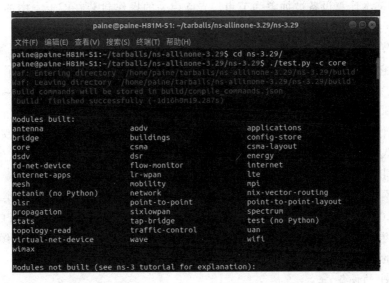

图 5.42 测试信息

运行 Hello-simulator 程序(该程序相当于其他编程语言中的"Hello World"程序),用于检测环境是否可用。输入 ./waf -- run hello-simulator 运行,结果如图 5.43 所示。

图 5.43 Hello Simulator 测试

5.2.4 NS-3 脚本与示例

1. 关键概念

1) 节点

在因特网相关概念中,任何一台连接到网络的计算设备都被称为主机。但 NS-3 网络模拟器是一个针对各种协议的网络模拟器,而非一个专门的因特网模拟器,因此"主机"这个名词并不适用于 NS-3 模拟器。

NS-3 中基本计算设备被抽象为节点。节点相关的操作封装在 C++中的 Node 类中。其中 Node 类提供了用于管理仿真器中网络组件表示的相关方法。

可以将节点设想为一台可以添加各种功能的计算机。为了使一台计算机有效地工作，用户可以给它添加应用程序、协议栈、外设卡及驱动程序等。NS-3 采用了与此类似的模型。

2）信道

现实中计算机可以通过网络相连接。通常把这些网络中数据流的媒介称为信道。例如当把网线插入以太网的接口上时，数据会通过信道将计算机与以太网连接。在 NS-3 的模拟环境中，同样能和现实中一样，把节点连接到代表数据交换信道的对象上。在这里，基本的通信子网这一抽象概念被称为信道，常用的构建方法集成在了 Channel 类中。

Channel（信道）对象类提供了管理通信子网对象和把节点连接至 Channel 的各种方法，开发者可以继承并增加自定义的功能。一个信道实例可以模拟一条简单的线缆，也可以模拟一个复杂的巨型以太网交换机，甚至无线网络中充满障碍物的三维空间。

3）网络中的设备

在现实中，如果想把一台计算机连接到网络上，需要用到有线网卡或者无线网卡，这种能够实现网络功能的外接卡被称为网络接口卡（网卡）。现在大多数计算机出厂时已经配置了网卡，所以用户看不到这些模块。

一张网卡如果缺少控制硬件的软件驱动程序是不能工作的。在 Windows、UNIX（或者 Linux）系统中，外围硬件被划为"设备"。设备通过驱动程序来控制，而网卡通过与硬件对应的网络驱动程序来控制。在 UNIX 和 Linux 系统中，网卡被命名为像 eth0 这样的名字。

同样在 NS-3 中，网络设备这一抽象概念相当于硬件设备和软件驱动的总和。在 NS-3 仿真环境中，网络设备安装在节点上，使节点通过信道和其他节点通信。网络设备构建就是将相关功能封装在 NetDevice 对象类中。NetDevice 类提供了管理连接其他节点和信道对象的各种方法，并且允许开发者以面向对象的方法来自定义。例如，CsmaNetDevice、PointToPointNetDevice、WifiNetDevice 等表示不同网络类型的设备，CsmaNetDevice 被定义为在 csma 信道中工作的设备，而 PointToPointNetDevice 被定义为在 PointToPoint 信道中工作的设备，WifiNetNevice 被定义为在 WiFi 信道中工作的设备。

4）拓扑生成器

在现实的网络中，主机已装有（或者内置）网卡。在 NS-3 中，节点也附加了网络设备。在大型仿真网络中，需要在节点、网络设备和信道之间部署许多连接。

因为把网络设备连接到节点、信道，配置 IP 地址等工作对于 NS-3 来说是很普遍的任务，所以 NS-3 提供了拓扑生成器来使这个工作变得更容易。举例来说：创建一个网络设备，配置一个 MAC 地址，把此网络设备装载到节点上，设置节点的协议栈，以及连接网络设备到一个信道，这些工作都需要许多分立的 NS-3 核心进行操作。而当需要把许多设备连接到多点信道，在网际间将单个网络进行连接时，就需要对 NS-3 核心进行更多的分立操作。拓扑生成器可以用来整合这些大量分立的步骤，使其成为一个简单易用的操作。很明显，这样做可以极大地方便用户。

5）应用程序

计算机软件通常可分为两大类：系统软件和应用软件。系统软件根据计算模型配置和管理计算机中的各种资源，例如内存、处理器周期、硬盘、网络等。系统软件通常并不直接使用这些资源来完成用户任务，用户往往需要运行应用程序来完成一些特定的任务，而应用程序需要使用系统软件控制的资源。

在真实环境中，系统软件通过操作系统来实现。在 NS-3 中并没有真正的操作系统的概念，更没有应用程序与系统调用的概念。但是和计算机上运行应用程序以执行各种任务一样，NS-3 仿真环境通过在节点上运行应用程序来驱动模拟过程。

在 NS-3 中，需要仿真的程序被抽象为应用，封装在 Application 对象类中。这个类提供了管理仿真时用户层应用的各种方法。开发者应当用面向对象的方法自定义和创建新的应用。例如 UdpEchoClientApplication 和 UdpEchoServerApplication，分别用来创建一个基于 UDP 协议的 client、server 应用来发送和回应仿真网络中的数据包。

2. 点对点有线网络

NS-3 提供了一些实例脚本来对常用的函数类以及基本的网络模拟脚本编写形式进行实例演示。本节对 First 脚本进行解释以及演示。该脚本存放于 NS-3 目录 examples/tutorial/first.cc 中，它构建了一个包含两个物理有线节点的点对点传输网络，其链路协议层使用了点对点 PPP 传输分组，如图 5.44 所示。

图 5.44　点对点有线网络示意图

首先，first.cc 脚本中包括了 NS-3 网络模拟器中关键的抽象概念：节点、应用程序、信道、网络设备、拓扑生成器。其次，该脚本也展示了一个网络仿真模拟脚本程序的结构应该包含的成分，即头文件、命名空间、全局变量、主函数。

1）头文件

在 C 语言家族程序中，头文件被大量使用。一般而言，每个 C++/C 程序通常由头文件和定义文件组成。头文件作为一种包含功能函数、数据接口声明的载体文件，主要用于保存程序的声明，而定义文件用于保存程序的实现。

头文件的主要作用是：使多个代码文件中全局变量（函数）重用（防止定义的冲突），对各个被调用函数给出一个描述，其本身不需要包含程序的逻辑实现代码，而只起描述性作用。用户程序只需要按照头文件中的接口声明来调用相关函数或变量，连接器就会从库中寻找相应的实际定义代码。从以上结构来看，头文件是用户应用程序和函数库之间的桥梁和纽带。编译时，编译器首先通过头文件找到对应的函数库，然后把被调用函数的实际内容导出来代替原有函数，进而在硬件层面实现功能。

NS-3 由多模块组成，这些模块提供的 API 统一放入了相关模块的 .h 头文件中供用户进行调用。其中，core 和 network 模块的头文件分别为 NS-3 的核心模块与网络模块，是所有 NS-3 脚本中必须要包含的，类似于 C 语言中的标准输入输出库 STDIO。internet 模块定义了 TCP/IP 协议栈，而 applications 模块定义了应用层相关的功能与操作模型。

```
# include "ns3/core-module. h"              //NS-3 中的核心模块
# include "ns3/network-module. h"           //NS-3 中的网络模块
# include "ns3/internet-module. h"          //NS-3 中的 Internet 模块
# include "ns3/point-to-point-module. h"    //NS-3 中的点对点信道模块
# include "ns3/applications-module. h"      //NS-3 中的应用模块
```

2) 命名空间

命名空间(Name Space)是用来组织和重用代码的。不同的人写的程序不可能所有的变量都没有重名现象。对于库来说，这个问题尤其严重。如果两个人写的库文件中出现同名的变量或函数，使用起来就有问题了。为了解决这个问题，C++中引入了命名空间这个概念，通过使用 namespace xxx 命令，限定用户所使用的库函数或变量只在该命名空间中定义，这样一来就不会引起不必要的冲突了。

整个 NS-3 的脚本都受"ns3"命名空间保护，这样很容易使 NS-3 脚本与非 NS-3 源代码进行隔离。例如需要封装一些功能类，其相关变量或者函数与 NS-3 冲突，就可以在其他命名空间中使用。

```
using namespace ns3;//ns3 命名空间，类似于 C++程序中的 std 命名空间
```

3) 全局变量

下面的代码声明了运行脚本使用的日志系统：

```
LogComponentEnable ("UdpEchoClientApplication", LOG_LEVEL_INFO);
LogComponentEnable ("UdpEchoServerApplication", LOG_LEVEL_INFO);
```

例如后续代码中使用的日志可以打印出来，并且加上 FirstScriptExample 的标识，方便在终端中对不同脚本的日志进行区别。具体代码如下：

```
NS_LOG_COMPONENT_DEFINE ("FirstScriptExample");//声明了一个叫 FirstScriptExample
                                                //的日志构件
```

4) 主函数

脚本中所有的节点定义、信道定义、参数变量的定义以及网络的模拟过程都在主函数中进行编写。

(1) 通用设置。通常每个模块都需要设置读取命令行参数(在运行 xxx. cc--xxx 脚本时输入的一些参数，记录到 argc 中，非必需)、设置最小模拟实践单元、开启 Log 日志组件等。

```
//非默认脚本中的代码
CommandLine cmd;
Cmd. Parse(argc,argv);//读取命令行参数
Time::SetResolution (Time::NS);//设置仿真时间分辨率
//设置这两个组件生效并设置回显 client 和 server 的日志级别为"INFO"级
LogComponentEnable ("UdpEchoClientApplication", LOG_LEVEL_INFO);
LogComponentEnable ("UdpEchoServerApplication", LOG_LEVEL_INFO);
```

(2) 创建网络节点。使用 NodeContainer 类可以一次创建多个节点。

```
//使用生成器对象来帮助配置和管理潜在的对象
NodeContainer nodes;
nodes. Create;//创建两个节点
```

（3）创建网络拓扑并配置通信信道。对于点对点信道，在 NS-3 中，其对应的网络设备就是 PointToPointNetDevice，信道类就是 PointToPointChannel。

对节点配置信道分为两个过程：一是配置信道属性，例如延迟和传播速率；二是创建信道并连接节点。具体过程如下：

```
//建立一个点对点的拓扑助手帮助生成点对点的连接
PointToPointHelper pointToPoint;
//设置 pointToPoint 信道的传输速率属性
pointToPoint. SetDeviceAttribute ("DataRate", StringValue ("5Mbps"));
//设置 pointToPoint 信道的延迟属性
pointToPoint. SetChannelAttribute ("Delay", StringValue ("2ms"));
//创建一个 NetDeviceContainer 来容纳连接的设备(网卡)列表
NetDeviceContainer devices;
//依据属性 pointToPoint 给设备安装网卡并创建信道连接
devices = pointToPoint. Install (nodes);
```

上述代码中，操作都被封装在了 PointToPointHelper 对象类中，例如节点、设备和信道之间的连接关系，为网络设备分配 MAC 地址等。在 NS-3 项目中，通过使用相关 Helper 类，可以自动建立与实际环境中相同的繁琐的配置任务，有利于使用者将精力主要集中在网络的模拟过程上。

（4）安装 TCP/IP 协议。在完成网络拓扑的构建时，需要对网络设备安装上层协议栈。这里，点对点通信使用的是 TCP/IP 协议族。NS-3 中的协议族包括了传输层的 TCP 与 UDP，网络层的 IP、ICMP 等一系列路由协议，它们都被封装在 InternetStackHelper 助手类中。具体操作如下：

```
InternetStackHelper stack;//网络协议栈助手类
stack. Install (nodes);//对节点进行安装
//声明了一个地址生成器对象，设置起始地址和掩码
Ipv4AddressHelper address;
address. SetBase ("10. 1. 1. 0", "255. 255. 255. 0");
//把地址分配给 node 上的 device，将 ip 地址和 Interface 联合封装好后放入
//Ipv4InterfaceContainer 容器中
Ipv4InterfaceContainer interfaces = address. Assign (devices);
```

在这部分中，代码操作过程如下：

① 地址助手类 Ipv4AddressHelper 以 10. 1. 1. 0 为起始 ip 地址，以 255. 255. 255. 0 为网络掩码；

② Ipv4InterfaceContainer 容器会自动为两个网络设备分别配置 ip：10. 1. 1. 1 和 10. 1. 1. 2。

配置完 TCP/IP 协议栈后的网络设备如图 5. 45 所示。

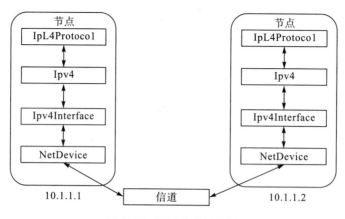

图 5.45   网络设备示意图

（5）创建模拟器应用程序。在完成物理层和网络层的创建后，需要使用 NS-3 提供的应用程序类来模拟应用程序。NS-3 应用层对应的父类是 Application 的 C++ 对象类，其不同子类定义了不同分组收发机制。例如本脚本中的 UdpEcho 模拟了 UDP 协议收发机制，类似的还有 OnOffApplication 使用了 ON/OFF 收发机制等。

```
UdpEchoServerHelper echoServer (9);//创建一个服务器程序，9 是端口号
//在节点 1 上创建 UdpEchoServer 这个应用程序，然后返回一个应用容器 ApplicationContainer
//InstallPriv (node)给 node 安装了 udp 回显服务程序并返回了指向安装程序的指针
ApplicationContainer serverApps = echoServer. Install (nodes. Get (1));
serverApps. Start (Seconds (1.0));
serverApps. Stop (Seconds (10.0));
//对客户端应用程序进行配置
//创建一个客户端程序，利用刚才追踪 ip 的 Ipv4InterfaceContainer 得到接口 1 的 ip 地址，即刚才安装服务器的节点
//设定远程访问服务器端口号为 9
UdpEchoClientHelper echoClient (interfaces. GetAddress (1),9);
echoClient. SetAttribute ("MaxPackets", UintegerValue (1));//最大数据包个数
echoClient. SetAttribute ("Interval", TimeValue (Seconds (1.0)));//发送间隔
echoClient. SetAttribute ("PacketSize", UintegerValue (1024));//数据包大小为 1024B
//在节点 0 中安装客户端程序
ApplicationContainer clientApps = echoClient. Install (nodes. Get (0));//客户端程序安装
clientApps. Start (Seconds (2.0));
clientApps. Stop (Seconds (10.0));
```

（6）启动与结束。

```
Simulator::Run ();
Simulator::Destroy ();
return 0;
```

当建立好 Application 对象后，模拟器通过 Run()函数来执行之前步骤中定义的所有功能和操作，完成后 Destroy()函数用来销毁所有定义的资源，并进行释放。

将脚本放到 scratch 目录下，并运行 waf，这样脚本就会被编译。例如将 first 脚本从文件目录 examples/tutorial/first.cc 复制到 scratch 目录下并重命名为 myfirst.cc，现在使用 waf 命令来编译 myfirst.cc 脚本：

> ./waf

编译成功后的提示：

> Waf：Entering directory′/home/craigdo/repos/NS-3-allinone/NS-3-dev/build′
>
> [614/708] cxx：scratch/myfirst.cc-> build/debug/scratch/myfirst_3.o
>
> [706/708] cxx_link：build/debug/scratch/myfirst_3.o-> build/debug/scratch/myfirst
>
> Waf：Leaving directory′/home/craigdo/repos/NS-3-allinone/NS-3-dev/build′
>
> ′build′finished successfully（2.357s）

现在能够运行这个例子（注意如果在 scratch 目录下编译了应用程序，则必须在 scratch 目录外运行它）：

> ./waf-run scratch/myfirst

输出结果如图 5.46 所示。

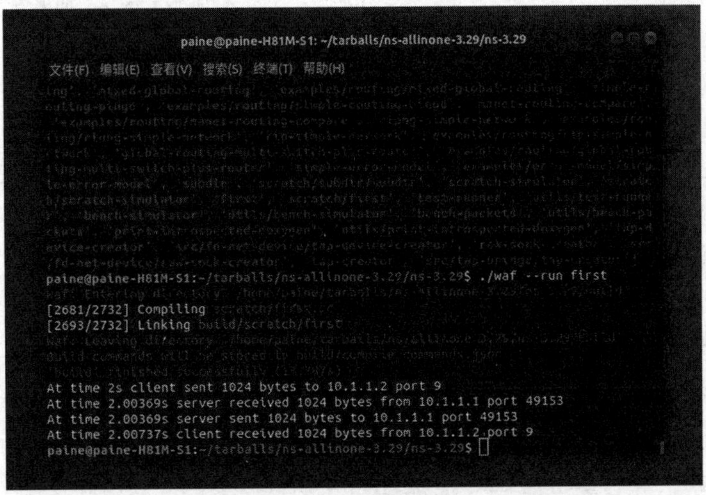

图 5.46　first 脚本运行结果

输出信息显示了 UdpEcho 应用的整个过程。在第 2s 时，客户端，即脚本中的节点 0（10.1.1.1）发送了一个大小为 1024B 的数据包给服务器端节点 1（10.1.1.2），端口为 9。经过 0.003 69 s，服务器端成功接收到数据包后返回一个同样大小的数据包。再经过相同的时间，客户端接收到该返回数据包。

0.003 69 s 是分组从客户端到服务器端的传输延迟（分组从节点发至信道的用时）和传播延迟（分组在信道中的用时）的总和。若脚本中 PPP 信道的传播延迟为 0.002 s。传输速率为 5 Mb/s，则客户端的传输延迟为（结果保留 5 位小数）：

$$传输延迟＝分组大小/传输速率＝\frac{1054×8}{5×10^6}＝0.001\ 686\ 4\ s≈0.001\ 69\ s$$

其中，1054 是 1024B 负载、20B IPv4 分组头、8B UDP 分组头和 2B PPP 分组头大小的总

和。因此，单向延迟是 0.003 69 s。

5.3　OMNeT＋＋网络仿真

5.3.1　OMNeT＋＋介绍

近年来在科学和工业领域里逐渐流行的一种基于组件的模块化开放网络仿真平台 OMNeT＋＋(Objective Modular Network Testbed in C＋＋)，是一个免费的、开源的多协议网络仿真软件，具备强大完善的图形界面接口。除此之外，NS-2/NS-3 和 OPNET 也是常用的网络仿真软件，其对比如表 5.3 所示。

表 5.3　三种网络仿真软件对比表

网络仿真软件	优　点	缺　点
NS-2/NS-3	致力于 OSI 模型的仿真，包括物理层的行为	数据包数量接近运行时的数据包数量，因而无法进行大规模网络的仿真
OPNET	采用网络、节点和过程三层模型实现对网络行为的仿真	对于无线传感器网络的仿真，还需要添加能量模型，而其本身似乎更关注网络 QoS 的性能评价
OMNeT＋＋	强大完善的图形化界面接口和可嵌入式仿真内核，可运行在多个操作系统平台，具备编程、调试和追踪支持等功能	资料过少

5.3.2　OMNeT＋＋安装

1. 安装环境

在 Windows 平台下安装和运行本软件：安装本软件前需要安装好 GCC 编译环境，使用的是 MinGW。

2. 安装步骤

安装过程主要分为两部分：MinGW 的安装和 OMNeT＋＋的安装。

1）MinGW 的安装步骤

(1) 下载好安装包，并按提示进行相应点击。

(2) 当出现 MinGW Installation Manager 时，在左边栏选中"Basic Setup"，在右边栏选择 GCC 和 G＋＋，选择的方式是右键单击"Mark for Installation"；再点击菜单栏中的"Installation"，选择"apply change"，然后让其自动下载安装即可。MinGW 是边下载边安装的，所以最好在网络条件较好的环境下安装。

(3) 配置环境变量：

MINGW_HOME＝D:\MinGW;

LIBRARY_PATH＝%MINGW_HOME%\lib;

C_INCLUDE_PATH＝%MINGW_HOME%\include;

向 Path 变量添加 ％MINGW_HOME％\bin（记得添加英文状态下的分号）。

（4）在 CMD 中输入 gcc-v，如果出现 GCC 版本信息而不是找不到 GCC 命令的信息，即表示安装好了。

2）OMNeT 的安装步骤

（1）将 Omnetpp-4.6 解压到一个文件夹，之后把后两个文件都解压到 Omnetpp-4.6 目录下，解压之后打开 Omnetpp-4.6 文件夹，找到 mingwenv. bat 执行文件并运行。

（2）输入 ./configure 并回车，运行过程和运行结果分别如图 5.47 和图 5.48 所示。

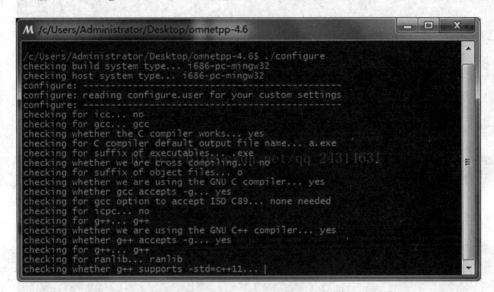

图 5.47　运行过程

图 5.48　运行结果

（3）当页面显示 Good 时，输入 make 并回车，过程和结果分别如图 5.49 和图 5.50 所示。

图 5.49　过程

图 5.50　结果

（4）出现"Start the IDE"时，输入 omnetpp，弹出图 5.51 所示的界面。

图 5.51　运行界面

（5）进入操作界面，如图 5.52 所示。接下来会显示是否安装 Inet 的提示，点击安装，等加载完毕后，就可以看到 Example 与 Workbench 了。

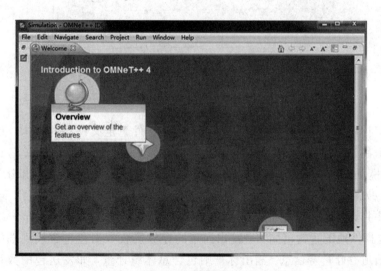

图 5.52　操作界面

5.3.3　Tictoc 示例

一个简单的 OMNeT＋＋工程（Project）中最基本的文件就是 ned 文件、cc 文件以及 ini 文件。为方便初学者掌握，OMNeT＋＋自带 16 个由易到难的仿真示例。本小节在介绍部分基础概念的基础上对 Tictoc1 示例进行解释。读者可以在本小节的基础上，自行学习其他示例。

1. 基础概念

OMNeT++的仿真模型是由一些模块组成的，这些模块分布在网络协议的各层中。最基本的模块叫作 simpleModule（即简单模块）。simpleModule 包含了模型逻辑，模型逻辑用 C++开发。开发算法协议时，需要用 C++实现 simpleModule 中所需的 initialize( )和 handleMessage( )函数。用 C++实现了 simpleModule 所需的模型逻辑后，就可以用 simpleModule 来组成普通的 module，进而实现一个大的网络。在 OMNeT++中用 NED 语言描述（定义）网络。在 IDE 中编写.ned 文件可以在两种模式下进行：一是 design 模式，二是 source 模式。在 design 模式下，可以用连接工具连接节点之间的"门"，相应地会在 source 中自动生成.ned 代码，如图 5.53 所示。

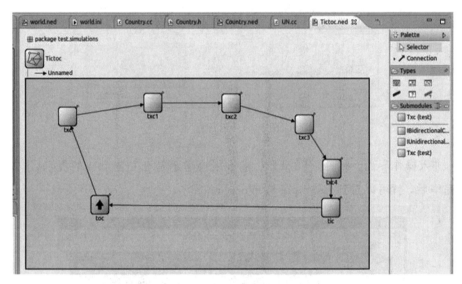

图 5.53　生成.ned 代码

组件和拓扑层次由.ned 文件来定义，但.ned 文件只定义模型的结构，而行为和模块参数的某个子集是开放的。行为由与简单模块相关联的 C++代码来定义。.ned 文件中没有被赋值的模块参数可从.ini 文件中获取它们的值。模型的输出分为向量输出（omnetpp.vec）和标量输出（omnetpp.sca），前者用 Plove 程序绘图，后者用 Scalars 程序绘图。输出结果主要根据时间来捕获行为，包含若干输出向量（<timestamp, value>），可在.ini 文件中选择性地配置输出向量。输出向量的存储接收数据包包含端到端的延迟、丢弃的数据包或信道吞吐量等信息。输出标量则包含总体统计量，如发送包的数目、丢弃包的数目或吞吐量峰值等，可调用 recodScala( )函数查看。OMNeT++使用消息表示事件的发生，各个模块之间可以通过 gates 连接，构成层次复合模块。每个仿真模型是一个复合模块类型的实例。

1）简单模块 cSimpleModule 类

cSimpleModule 类是 OMNeT 类库中的一个基本类，其实现包括：模块类的声明、模块类型注册（Define_Module( )）和模块类的实现。需要注意的是：handleMessage( )是虚拟成员函数，用户须在自己的模块类中添加消息处理代码，改写此函数；如果用户希望模块不通过其他模块的消息来启动，就在 initialize()函数中调用消息，以激活对虚拟成员函数的调用。

2）初始化函数 initialize()和终结函数 finish()

所有模块都有用于模块初始化的 initialize()函数。复合模块的 initialize()函数在其子模块的 initialize()函数被调用之前调用。finish()函数则主要用于仿真结束时的统计数据记录，只有模块无异常结束时才被调用。复合模块与其子模块的 finish()函数的调用顺序与 initialize()函数相反。

3）自定义消息类

建立一个自定义消息 .msg 文件后，使用消息子类编译器处理后可生成包含消息类声明的 tictoc_m.h 文件和包含消息类成员函数的 tictoc_m.cc 文件。自定义消息基本格式如表 5.4 所示。

表 5.4　自定义消息基本格式

自定义消息基本格式
message tictoc
{
int source;
int destination;
int hopCount =0
}

综上所述，一个模型的建立过程就是通过继承 cSimpleModule 子类、重定义 handleMessage()等虚拟成员函数、Define_Module()注册来实现的。模块间大多使用 cMessage 类或其子类进行消息的传递与通信，即 send() 函数向其他模块进行消息传递；而对于一些不用在 .ned 文件中建立连接的消息传递，可使用 sendDirect()函数来完成。自定义消息可通过 scheduleAt(simtime_t time，cMessage ∗ msg) 进行传递，通过 cancelEvent(cMessage ∗ msg) 取消。

2. Tictoc1 示例

这里通过 .ned 文件、.cc 文件和 .ini 文件，描述一个模型的创建过程与最终呈现效果，它们的文件格式分别如表 5.5、表 5.6 和表 5.7 所示。

表 5.5　.ned 文件

.ned 文件
simple Txc1
{//声明 Txc1 模块的门为双向门
gates:
input in;
output out;
}
network Tictoc1

. ned 文件

{//声明 Tictoc1 模型由两个子模块组成，分别为 tic 和 toc，子模块都由简单模块 Txc1 派生而来
　　　submodules：
　　　　　tic：Txc1；
　　　　　toc：Txc1；
　//描述各子模块间的连接方式
　　　connections：
　　　tic. out —> {　delay＝100ms；}—> toc. in；
　　　//信道类型为 ned. DelayChannel，延迟 100ms
　　　tic. in <—{　delay＝100ms；} <— toc. out；
　}

Tictoc1 模型描述的图形如图 5.54 所示。

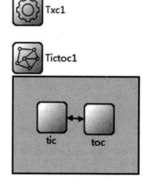

图 5.54　Tictoc1 模型描述的图形

表 5.6　. cc 文件

. cc 文件

//定义头文件
＃include <string. h>
＃include <omnetpp. h>
//定义 Txc
class Txc1 ：public cSimpleModule
{
　protected：
　　virtual void initialize()；
　　virtual void handleMessage(cMessage ＊msg)；
}；

. cc 文件
//与 . ned 文件定义的 Txc1 建立联系
Define_Module(Txc1);
//Txc 的初始化
void Txc1∷initialize()
{//定义消息首先由 tic 发出
if (strcmp("tic", getName()) == 0)
{//创建新消息 tictocMsg，并由 tic 的 out 门发出
cMessage ∗ msg = new cMessage("tictocMsg");
send(msg, "out");
}
}
//消息处理
void Txc1∷handleMessage(cMessage ∗ msg)
{ //将消息 msg 从输出门发送出去
send(msg, "out");
}

表 5.7　. int 文件

. ini 文件
［General］
［Config Tictoc1］
network＝Tictoc1

上述文件创建完成后，点击"运行"，控制台出现如图 5.55 所示的页面，并弹出如图 5.56 所示的模型通信图。

```
Starting...

$ cd E:/omnet/omnetpp-4.6-src-windows/omnetpp-4.6/samples/tict
$ tictoc.exe -r 0 -c Tictoc1 omnetpp.ini

OMNeT++ Discrete Event Simulation  (C) 1992-2014 Andras Varga,
Version: 4.6, build: 141202-f785492, edition: Academic Public
See the license for distribution terms and warranty disclaimer
Setting up Tkenv...
Loading NED files from .: 17

Loading images from E:\omnet\omnetpp-4.6-src-windows\omnetpp-4

Plugin path: ./plugins
```

图 5.55　控制台页面

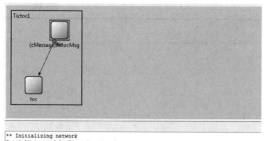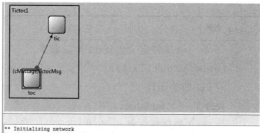

图 5.56 模型通信图

5.3.4 实例

以 P2P 存储网络中的 Chord 环为网络拓扑模型，建立一个 P2P 存储网络模型，再加入网络攻击节点和副本因子的设定，可以实现不同攻击环境下的节点失效仿真，进而得到在网络增加副本节点数前后，网络相关性能的变化情况。

1. 网络拓扑设置

建立数据存储网络模型需要输入物理网络的拓扑信息，如表 5.8 与图 5.57 所示。这些信息主要包括：

（1）配置网络标识符长度（与网络实际规模相关）。

（2）配置信道信息（与实际传输率和传输时延相关）。

（3）配置失效区域信息。

（4）配置节点信息。

表 5.8 网络模型

.ned 文件

network UniReplication
{//根据网络规模、副本因子数、发包数和攻击节点自行设定
    parameters：
        double m @prompt("Identifier length")；
        double r @prompt("Replication numbers")；
        double counter @prompt("packet numbers")；
        double ChurnArea @prompt("churn rate")；
    types：
        channel Channel extends ned. DatarateChannel {
            ...
        }
//子模型设定为 Node 模型，再在其中对参数和传输门进行定义
    submodules：
        node[2^m]：Node{
            ...

.ned 文件

```
                }
    //用循环实现各个子模型间的连接设定
        connections：
            for i=0..2^m-1{
                node[i%(2^m)].port[1] <--> Channel <--> node[(i+1)%(2^m)].port[0];
            }
```

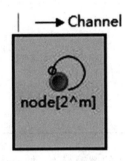

图 5.57　模型图

2. 网络仿真模块设计

1）功能设计

（1）节点模块的设计主要分为消息队列设计、节点设计和传输包设计。

（2）消息队列设计主要是设计消息的初始化、处理和调度功能函数。

（3）节点设计是复合模块，需要将消息队列和节点属性块结合，再规定两个子模块间的"进出门"连接关系。

（4）传输包主要是设定其源地址、目的地址、key 值和跳数属性。

2）消息队列设计

先定义消息队列文件——QUEUE.ned，如表 5.9 所示。该文件包含 parameter、gates、connections 等配置项，其中 parameter 包括队列长度、繁忙状态、出队时间等 signal，主要是配合后面的 statistic 来统计仿真过程中的参数指标（如时延、跳数等）。

表 5.9　QUEUE.ned 文件

QUEUE.ned

```
    simple L2Queue
    {
        parameters：
            int frameCapacity=default(0);
            @display("i=block/queue;q=queue");
            @signal[qlen](type="long");
```

QUEUE. ned

```
        @signal[busy](type="bool");
        @signal[queueingTime](type="simtime_t");
        @statistic[qlen](title="queue length"; record=vector?, timeavg, max; interpola-
tionmode=sample-hold);
        @statistic[busy](title="server busy state"; record=vector?, timeavg; interpola-
tionmode=sample-hold);
        @statistic[queueingTime](title="queueing time at dequeue"; unit=s; interpola-
tionmode=none);
    gates：
        input in;
        output out;
        inout line;
}
```

再定义 QUEUE. cc 文件设计模块的逻辑行为，如处理 gate 传入的消息、初始化等，如表 5.10 所示。在 QUEUE. cc 文件中首先是构造函数和析构函数的定义，主要是对头文件定义的 cMessage 类型的成员 endRxEvent 的定义；其次是对消息初始化函数定义，包括一些 parameter 和 signal 的初始化工作；接着定义处理函数 handleMessage()，它相当于模块的 main 函数，每次消息(cMessage)的传入都会激活 handleMessage() 函数来进行处理(相当于异步 callback)。handleMessage() 函数首先判断消息是否是 endTransmissionEvent：如果是，输出 "传输完成" 并统计相关参数值；否则，判断消息到达口是 in 门还是 out 门。如果是 in 门，则依据容量和队列长度是否达到最大值决定此条消息是否被丢弃，不被丢弃时需要判断信道占用情况；如果是 out 门，直接从 out 发送消息。换句话说就是：以 endRxEvent 作为触发事件，当 server 完成了接收 packet 的过程后，就开始统计相关数据(冲突的 frame 或者成功接收的 packet)，并将一些变量重置(channelBusy 等)；当 msg 不为 endRxEvent 时，即为其他模块发送过来的 packet，此时需要判断是否冲突。

表 5.10　QUEUE. cc 文件

代码：QUEUE. cc 文件

```
//定义头文件
# include <stdio. h>
# include <string. h>
# include <omnetpp. h>
//定义 Queue
class L2Queue：public cSimpleModule
{
private：
long frameCapacity;
cQueue queue;
```

代码：QUEUE. cc 文件

```
...
simsignal_t qlenSignal；
public：
L2Queue()；
virtual～L2Queue()；
protected：
virtual void initialize()；
virtual void handleMessage(cMessage * msg)；
virtual void startTransmitting(cMessage * msg)；
virtual void displayStatus(bool isBusy)；
}；
//与 . ned 文件定义的 L2Queue 建立联系
Define_Module(L2Queue)；
//对上面提到的方法进行重写
Queue：：L2Queue()
{
endTransmissionEvent = NULL；
}
Queue：：～ L2 Queue()
{
cancelAndDelete(endTransmissionEvent)；
}
//Queue 初始化
void L2Queue：：initialize()
{
queue. setName("queue")；
endTransmissionEvent = new cMessage("endTxEvent")；
...
emit(busySignal,false)；
}
//消息传送
void L2Queue：：startTransmitting(cMessage * msg)
{
if(ev. isGUI()) displayStatus(true)；
...
scheduleAt(endTransmission,endTransmissionEvent)；
}
//消息处理
void L2Queue：：handleMessage(cMessage * msg)
{
```

代码：QUEUE. cc 文件

```
    if(msg == endTransmissionEvent)
    {
        ...
    }
    else if(msg->arrivedOn("line$i"))
    {
        ...
    }
    else {
            ...
        }
    }
    //消息表示
    void L2Queue::displayStatus(bool isBusy)
    {
    getDisplayString(). setTagArg("t",0, isBusy ? "transmitting" : "idle");
    getDisplayString(). setTagArg("i",1, isBusy ? (queue. length()>=3 ? "red" : "yellow") : "");
    }
```

3）节点设计

节点设计主要指对节点中的 parameters、gates、submodules 和 connections 进行设计。其中 parameters 中定义了 address、m、r、counter、ChurnArea、appType 等属性；gates 定义为 inout［］数组；submodules 分别定义 app 和 queue，它们分别类似于 IAPP 和QUEUE；connections 定义两个子模块进出门的对应关系。节点模型图如图 5.58 所示，节点设计文件如表 5.11 所示，接口设计文件如表 5.12 所示，控制模块文件如表 5.13 所示。

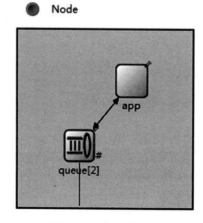

图 5.58　节点模型图

表 5.11 节点设计文件

代码：节点设计文件

```
module Node
{
    parameters：
        int address；
        int m；
        int r；
        int counter；
        int ChurnArea；
        string appType；
        @display("i=misc/node_vs,blue")；
    gates：
        inout port[]；
    submodules：
        app：<appType> like IApp {
            parameters：
            ...
            gates：
                in[sizeof(port)]；
                out[sizeof(port)]；
        }
        queue[2]：L2Queue {
            parameters：
                @display("p=76,137,row")；
        }
    connections：
        app.out[0]--> queue[0].in；
    ...
        queue[1].line <--> port[1]；
}
```

表 5.12　接口设计文件

代码：接口设计文件

```
moduleinterface IApp
{
        parameters：
            int m；
            int r；
            int counter；
            int address；
            int ChurnArea；
        gates：
            input in[]；
            output out[]；
}
```

表 5.13　控制模块文件

代码：控制模块文件

```
simple UniReplication like IApp
{
parameters：
int m；
int r；
int counter；
int address；
int ChurnArea；
volatile double sendIaTime @unit(s) = default(0.001s)；
@signal[hopCount](type="long")；
@signal[sourceAddress](type="long")；
@signal[endToEndDelay](type="simtime_t")；
@statistic[hopCount](title="hop count of arrived packets"；interpolationmode=none；record=vec-
tor?，mean，max)；
@statistic[sourceAddress](title="source address of arrived packets"；interpolationmode=none；
record=vector?)；
@statsitic[endToEndDelay](title="end-to-end delay of arrived packets"；unit=s；record=vector，
mean，max；interpolationmode=none)；
gates：
input in[]；
output out[]；
}
```

3. 仿真 ini 文件设置

设置有 64 个节点的存储网络，其上有两个存储节点，网络中的消息数为 200。具体的配置文件如表 5.14 所示。

表 5.14　配置文件

代码：omnetpp.ini

［Config Module］

network ＝ chord_networks.UniReplication

＊＊.m＝6

＊＊.r＝1

＊＊.counter＝200

＊＊.appType＝"UniApp"

＊＊.ChurnArea＝2

record-eventlog＝false

4. 项目添加与运行

（1）添加项目，点击"File"→"New"，创建 OMNeT＋＋Project 项，选择项目想要放置的文件夹，如图 5.59 所示。

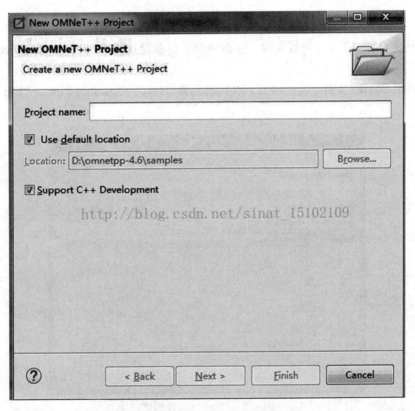

图 5.59　选择项目所在文件夹

（2）右键点击刚刚创建的项目文件，再点击"New"→"Network description files（NED）"，如图 5.60 所示。

图 5.60 构建 . ned 文件

（3）创建 OMNeT＋＋配置文件，点击项目，以右键选择"New"→"Initialization File"→"Finish"。

（4）创建 Source 文件，点击项目，以右键选择"New"→"Source File"→"Finish"，如图5.61 所示。

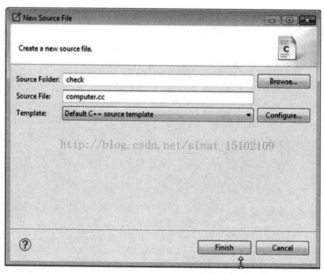

图 5.61 Source 文件创建

（5）点击右键选择"Build Project"，然后选择"Run As"→"OMNeT＋＋ sitimulation"，如图 5.62 所示。

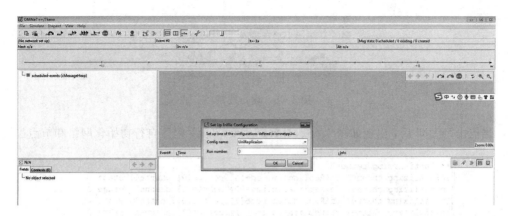

图 5.62 主界面

（6）设定仿真时间，如图 5.63 所示。

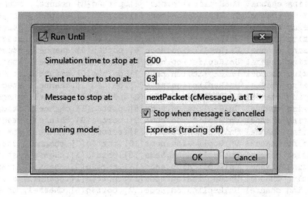

图 5.63 仿真时间设定

（7）网络模型如图 5.64 所示。

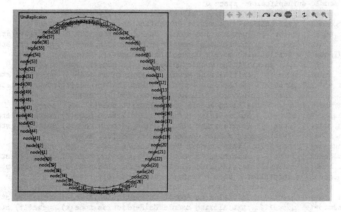

图 5.64 网络模型

（8）有两种运行方式，一种是直接点击"EXPRESS"，等待程序运行结束；另一种则是点击"STEP"，可以观测数据的动态转发情况。运行按钮如图 5.65 所示。考虑到网络规模较小，可以直接按"EXPRESS"运行，观察最终结果。

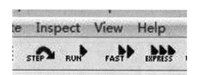

图 5.65 运行按钮

当点击"RUN"后，出现如图 5.66、图 5.67 所示界面，程序自行初始化网络和节点配置。

```
** Initializing network
Initializing channel UniReplicaion.node[0].port$o[0].channel, stage 0
Initializing channel UniReplicaion.node[0].port$o[1].channel, stage 0
Initializing channel UniReplicaion.node[1].port$o[0].channel, stage 0
Initializing channel UniReplicaion.node[1].port$o[1].channel, stage 0
Initializing channel UniReplicaion.node[2].port$o[0].channel, stage 0
Initializing channel UniReplicaion.node[2].port$o[1].channel, stage 0
Initializing channel UniReplicaion.node[3].port$o[0].channel, stage 0
Initializing channel UniReplicaion.node[3].port$o[1].channel, stage 0
Initializing channel UniReplicaion.node[4].port$o[0].channel, stage 0
Initializing channel UniReplicaion.node[4].port$o[1].channel, stage 0
Initializing channel UniReplicaion.node[5].port$o[0].channel, stage 0
Initializing channel UniReplicaion.node[5].port$o[1].channel, stage 0
Initializing channel UniReplicaion.node[6].port$o[0].channel, stage 0
Initializing channel UniReplicaion.node[6].port$o[1].channel, stage 0
Initializing channel UniReplicaion.node[7].port$o[0].channel, stage 0
Initializing channel UniReplicaion.node[7].port$o[1].channel, stage 0
Initializing channel UniReplicaion.node[8].port$o[0].channel, stage 0
Initializing channel UniReplicaion.node[8].port$o[1].channel, stage 0
Initializing channel UniReplicaion.node[9].port$o[0].channel, stage 0
Initializing channel UniReplicaion.node[9].port$o[1].channel, stage 0
Initializing channel UniReplicaion.node[10].port$o[0].channel, stage 0
Initializing channel UniReplicaion.node[10].port$o[1].channel, stage 0
Initializing channel UniReplicaion.node[11].port$o[0].channel, stage 0
Initializing channel UniReplicaion.node[11].port$o[1].channel, stage 0
Initializing channel UniReplicaion.node[12].port$o[0].channel, stage 0
```

图 5.66 网络初始化

```
Initializing module UniReplicaion, stage 0
UniReplicaion.node[0]: Initializing module UniReplicaion.node[0], stage 0
UniReplicaion.node[0].app: Initializing module UniReplicaion.node[0].app, stage 0
UniReplicaion.node[0].queue[0]: Initializing module UniReplicaion.node[0].queue[0], stage 0
UniReplicaion.node[0].queue[1]: Initializing module UniReplicaion.node[0].queue[1], stage 0
UniReplicaion.node[1]: Initializing module UniReplicaion.node[1], stage 0
UniReplicaion.node[1].app: Initializing module UniReplicaion.node[1].app, stage 0
UniReplicaion.node[1].queue[0]: Initializing module UniReplicaion.node[1].queue[0], stage 0
UniReplicaion.node[1].queue[1]: Initializing module UniReplicaion.node[1].queue[1], stage 0
UniReplicaion.node[2]: Initializing module UniReplicaion.node[2], stage 0
UniReplicaion.node[2].app: Initializing module UniReplicaion.node[2].app, stage 0
UniReplicaion.node[2].queue[0]: Initializing module UniReplicaion.node[2].queue[0], stage 0
UniReplicaion.node[2].queue[1]: Initializing module UniReplicaion.node[2].queue[1], stage 0
UniReplicaion.node[3]: Initializing module UniReplicaion.node[3], stage 0
UniReplicaion.node[3].app: Initializing module UniReplicaion.node[3].app, stage 0
UniReplicaion.node[3].queue[0]: Initializing module UniReplicaion.node[3].queue[0], stage 0
UniReplicaion.node[3].queue[1]: Initializing module UniReplicaion.node[3].queue[1], stage 0
UniReplicaion.node[4]: Initializing module UniReplicaion.node[4], stage 0
UniReplicaion.node[4].app: Initializing module UniReplicaion.node[4].app, stage 0
UniReplicaion.node[4].queue[0]: Initializing module UniReplicaion.node[4].queue[0], stage 0
UniReplicaion.node[4].queue[1]: Initializing module UniReplicaion.node[4].queue[1], stage 0
UniReplicaion.node[5]: Initializing module UniReplicaion.node[5], stage 0
UniReplicaion.node[5].app: Initializing module UniReplicaion.node[5].app, stage 0
UniReplicaion.node[5].queue[0]: Initializing module UniReplicaion.node[5].queue[0], stage 0
UniReplicaion.node[5].queue[1]: Initializing module UniReplicaion.node[5].queue[1], stage 0
```

图 5.67 节点初始化

（9）当需要强制结束仿真时，可点击图 5.68 所示的"STOP"按钮。

图 5.68 仿真结束按钮

5. 查看仿真相关数据

（1）仿真结束后，可在仿真界面勾选节点编号，查看每次消息的发送和接收节点，如图 5.69 所示。仿真结果界面如图 5.70 所示。

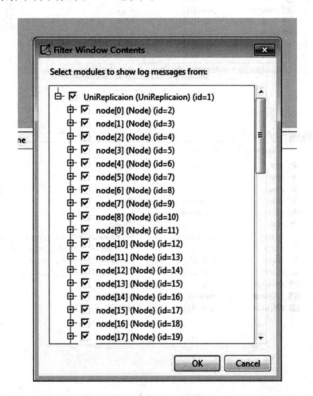

图 5.69 结果选择界面

```
starting transmission of(MyPacket)node-13-is looking for key
** Event #79  t=0.001  UniReplicaion.node[14].queue[1] (L2Queue, id=110), on `{node-14-is looking for key}' (MyPacket, id=221)
Received (MyPacket)node-14-is looking for key
starting transmission of(MyPacket)node-14-is looking for key
** Event #80  t=0.001  UniReplicaion.node[15].queue[1] (L2Queue, id=113), on `{node-15-is looking for key}' (MyPacket, id=223)
Received (MyPacket)node-15-is looking for key
starting transmission of(MyPacket)node-15-is looking for key
** Event #81  t=0.001  UniReplicaion.node[16].queue[1] (L2Queue, id=116), on `{node-16-is looking for key}' (MyPacket, id=225)
Received (MyPacket)node-16-is looking for key
starting transmission of(MyPacket)node-16-is looking for key
** Event #82  t=0.001  UniReplicaion.node[17].queue[1] (L2Queue, id=119), on `{node-17-is looking for key}' (MyPacket, id=228)
Received (MyPacket)node-17-is looking for key
```

图 5.70 仿真结果界面

（2）查看每个节点的参数，如图 5.71 和图 5.72 所示。

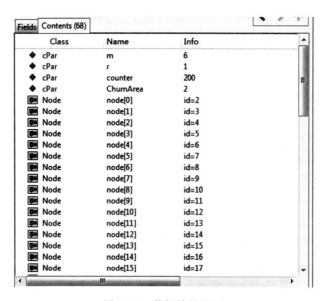

图 5.71　数据结果界面

Fields	Contents (13)		
	Class	**Name**	**Info**
◆	cPar	address	43
◆	cPar	m	6
◆	cPar	r	1
◆	cPar	counter	200
◆	cPar	ChurnArea	2
◆	cPar	appType	"UniApp"
□	cGate	port$i[0]	<-- node[42].port$o[1], (chord_uni.ne
□	cGate	port$i[1]	<-- node[44].port$o[0], (chord_uni.ne
□	cGate	port$o[0]	--> node[42].port$i[1], (chord_uni.ne
□	cGate	port$o[1]	--> node[44].port$i[0], (chord_uni.ne
■	UniApp	app	id=195
■	L2Queue	queue[0]	id=196
■	L2Queue	queue[1]	id=197

图 5.72　参数界面

　　至此，所有关于网络模型的建立和仿真结果收集的过程介绍完毕。

参 考 文 献

[1] PAUL E, RENYI A. On random graphs I[J]. Publ. Math. Debrecen, 1959, 6: 290 – 297.

[2] WATTS D J,STROGATZ S H. Collective dynamics of "small-world"networks[J]. Nature, 1998, 393(6684): 440.

[3] BARABÁSI A L, ALBERT R. Emergence of scaling in random networks[J]. Science, 1999, 286 (5439): 509-512.

[4] ABBOTT R. Emergence explained: Abstractions: Getting epiphenomena to do real work[J]. Complexity, 2006, 12(1): 13-26.

[5] DADLANI A, KUMAR M S, MURUGAN S, et al. System dynamics of a refined epidemic model for infection propagation over complex Networks[J]. IEEE Systems Journal, 2017, 10(4): 1316-1325.

[6] FAN W L, LIU Z G, HU P, et al. Cascading failure model in power grids using the complex network theory[J]. IET Generation Transmission & Distribution, 2016, 10(15):3940-3949.

[7] ZHAO K, KUMAR A, HARRISON T P, et al. Analyzing the resilience of complex supply network topologies against random and targeted disruptions[J]. IEEE Systems Journal, 2011, 5(1): 28-39.

[8] 齐小刚,张碧雯,刘立芳,等. 复杂信息网络的弹性评估和优化方法研究[J]. 计算机科学与探索, 2018(8): 1252-1262.

[9] WANG B, ZHANG Z, QI X, et al. Identify critical nodes in network cascading failure based on data analysis[J]. Journal of Network and Systems Management, 2020, 28(1): 21-34.

[10] QI X G, WANG B C, LIU L F. Fault diagnosis based on dial-test data in datacenter networks [J]. Journal of Network and Systems Management, 2019, 30(5): 1035-1043.

[11] 丁琳,刘莹慧. 拓扑对复杂通信网络级联故障传播的影响[J]. 南华大学学报(自然科学版), 2016(4).

[12] MIORANDI D, SICARI S, PELLEGRINI F D, et al. Internet of things: Vision, applications and research challenges[J]. Ad Hoc Networks, 2012, 10(7): 1497-1516.

[13] CHEN L, KRONGOLD B, Evans J. Theoretical characterization of nonlinear clipping effects in IM/DD optical OFDM systems[J]. IEEE Transactions on Communications, 2012, 60(8): 2304-2312.

[14] 蓝羽石,张杰勇. 基于超网络理论的网络中心化 C4ISR 系统结构模型和分析方法[J].系统工程理论与实践, 2016, 36(5): 1239-1251.

[15] 刘婷,胡宝清. 基于聚类分析的复杂网络中的社团探测[J]. 复杂系统与复杂性科学, 2007, 4(1): 28-35.

[16] NEWMAN M E J. Scientific collaboration networks. II. shortest paths, weighted networks, and centrality[J]. Physical Review E, 2001, 64(1): 016132.

[17] 张培培,何阅,周涛,等. 一个描述合作网络顶点度分布的模型[J]. 物理学报,2006, 55(1): 60-67.

[18] ADAMIC L A, HUBERMAN B A. Power-law distribution of the World Wide Web[J]. Science, 2000,287(5461): 2115.

[19] STROGATZ S. Synchronization: A universal concept in nonlinear sciences[J]. Physics Today, 2003, 56(1):

47-47.

[20] MOTTER A E, MYERS S A, ANGHEL M, et al. Spontaneous synchrony in power-grid networks[J]. Nature Physics, 2013, 9(3): 191-197.

[21] DOROGOVTSEV S N, MENDES J F F, SAMUKHIN A N. Size-dependent degree distribution of a scale-free growing network[J]. Physical Review E, 2001, 63(6): 062101-1-06210-4.

[22] FU C, WANG Y, GAO Y, et al. Complex networks repair strategies: Dynamic models[J]. Physica A Statistical Mechanics & Its Applications, 2017, 482: 401-406.

[23] FU C, WANG Y, WANG X Y. Research on complex networks' repairing characteristics due to cascading failure[J]. Physica A: Statistical Mechanics and its Applications, 2017, 482: 317-324.

[24] 刘克胜, 张维明. 通信网可靠性指标系统分析与综合评估研究[J]. 计算机应用研究, 1999, 16(12): 7-10.

[25] 饶育萍, 林竞羽, 侯德亭. 基于最短路径数的网络抗毁评价方法[J]. 通信学报, 2009, 30(4): 113-117.

[26] EKICI E, AKYILDIZ I F, BENDER M D. A distributed routing algorithm for datagram traffic in LEO satellite networks[J]. IEEE/ACM Transactions on Networking, 2001, 9(2): 137-147.

[27] 马久龙, 齐小刚, 陈春绮. 基于拥塞避免的卫星网络路由算法[J]. 吉林大学学报(理学版), 2019, 57(02): 173-178.

[28] CHEN C, EKICI E. A routing protocol for hierarchical LEO/MEO satellite IP networks[J]. Wireless Networks, 2005, 11(4): 507-521.

[29] 齐小刚, 马久龙, 刘立芳. 基于拓扑控制的卫星网络路由优化[J]. 通信学报, 2018, 39(02): 11-20.

[30] JI X, LIU L, ZHAO P, et al. A destruction-resistant on-demand routing protocol for LEO satellite network based on local repair[C]// International Conference on Fuzzy Systems and Knowledge Discovery. IEEE, 2015: 2013-2018.

[31] CHEN D, LV L, SHANG M S, et al. Identifying influential nodes in complex networks[J]. Physica A Statistical Mechanics & Its Applications, 2012, 391(4): 1777-1787.

[32] 刘立芳, 吴丹, 郎晓光, 等. GEO/LEO 卫星网络的数据传输与抗毁性技术[J]. 西安电子科技大学学报(自然科学版), 2018(1): 1-5, 54.

[33] GAVRILOVSKA L, DENKOVSKI D, RAKOVIC V, et al. Medium access control protocols in cognitive radio networks[J]. Wireless Communications & Mobile Computing, 2015, 10(1): 31-49.

[34] AKYILDIZ I F, LEE W Y, VURAN M C, et al. NeXt generation/dynamic spectrum access/cognitive radio wireless networks: a survey[J]. Computer networks, 2006, 50(13): 2127-2159.

[35] 齐小刚, 郑圣瑜, 刘立芳, 等. 考虑恶意节点的 CRN 合作频谱感知方法[J]. 通信学报, 2015, 36(6): 22-30.

[36] QI X G, LI M Z, LIU L F. Topology control based on steiner tree in cognitive radio networks[C]// 2017 International Conference on Smart Grid and Electrical Automation (ICSGEA). IEEE Computer Society, 2017.

[37] AKYILDIZ I F, LEE W Y, CHOWDHURY K R. CRAHNs: Cognitive radio ad hoc networks[J]. AD hoc networks, 2009, 7(5): 810-836.

[38] 刘权, 赵光胜, 王晓东, 等. 认知无线电网络信道交汇研究综述[J]. 软件学报, 2014, 25(3): 606-630.

[39] THEIS N C, THOMAS R W, DASILVA L A. Rendezvous for cognitive radios[J]. IEEE Transactions on Mobile Computing, 2011, 10(2): 216-227.

[40] PAUL R, CHOI Y J. Adaptive rendezvous for heterogeneous channel environments in cognitive radio networks[J]. IEEE Transactions on Wireless Communications, 2016, 15(11): 7753.

[41] BIAN K, PARK J M. Maximizing rendezvous diversity in rendezvous protocols for decentralized cognitive radio networks[J]. IEEE Transactions on Mobile Computing, 2013, 12(12): 1294-1307.

[42] BIAN K, PARK J M. Asynchronous channel hopping for establishing rendezvous in cognitive radio networks, 2011[C]//Infocom, IEEE. IEEE, 2011, 28(6): 236-240.

[43] KOU Y C. Quorum-based power-saving multicast protocols in the asynchronous ad hoc network [J]. Computer Networks, 2010, 54(11): 1911-1922.

[44] QI X, GAO R, LIU L, et al. ADFC-CH: adjusted disjoint finite cover rendezvous algorithms for cognitive radio networks[J]. Wireless Networks, 2018(24): 2621.

[45] JIA J, ZHANG Q. Rendezvous protocols based on message passing in cognitive radio networks[J]. IEEE Transactions on Wireless Communications, 2013, 12(11):5594-5606.

[46] YU L, LIU H, LEUNG Y W, et al. Multiple radios for fast rendezvous in cognitive radio networks[J]. IEEE Transactions on Mobile Computing, 2015, 14(9): 2857-2862.

[47] QI X G, LIU L F, CAI G Y, et al. A topology evolution model based on revised pageRank algorithm and node importance for wireless sensor networks[J]. Mathematical Problems in Engineering, 2015(pt. 18): 165136.1-165136.7.

[48] LI Z, SHEN H. A QoS-oriented distributed routing protocol for hybrid wireless networks[J]. IEEE Transactions on mobile computing, 2014, 13(3): 693-708.

[49] SABET M, NAJI H R. A decentralized energy efficient hierarchical cluster-based routing algorithm for wireless sensor networks[J]. AEU-International Journal of Electronics and Communications, 2015, 69(5): 790-799.

[50] FABREGA J, MARTÍ-FARRÉ J, MUNOZ X. Layer structure of De Bruijn and Kautz digraphs. An application to deflection routing[J]. Electronic Notes in Discrete Mathematics, 2016, 54: 157-162.

[51] HU X, HE X, RAO D. A methodology for investigating the capabilities of command and coordination for system of systems operation based on complex network theory [J]. Complex Systems & Complexity Science, 2015, 12(2): 9-17.

[52] WILLIAMS, VASSILEVSKA V. Multiplying matrices faster than coppersmith-winograd [J]. Proceedings of the Annual Acm Symposium on Theory of Computing, 2012, 129(8): 887-898.

[53] 张冬艳, 胡铭曾, 张宏莉. 基于测量的网络性能评价方法研究[J]. 通信学报, 2006, 27(10): 74-79.

[54] 罗小明, 朱延雷, 何榕. 基于 SEM 的武器装备作战体系贡献度评估方法[J]. 装备学院学报, 2015(5): 1-6.

[55] 吴俊, 谭索怡, 谭跃进, 等. 基于自然连通度的复杂网络抗毁性分析[J]. 复杂系统与复杂性科, 2014, 11(1): 77-86.

[56] WU Z, LIN Y, WANG J, et al. Link prediction with node clustering coefficient [J]. Physica A Statistical Mechanics & Its Applications, 2016, 452: 1-8.

[57] PENG Z, RADCLIFFE P. Modeling and simulation of Ethernet Passive Optical Network (EPON) experiment platform based on OPNET Modeler [C]//IEEE, International Conference on Communication Software and Networks. IEEE, 2011: 99-104.

[58] LI X, PENG M, CAI J, et al. OPNET-based modeling and simulation of mobile Zigbee sensor networks [J]. Peer-to-Peer Networking and Applications, 2016, 9(2): 414-423.

[59] HEIDARZADEH M, NASERI P, SHAMSHIRI M, et al. Evaluating the factor structure of the persian version of posttraumatic growth inventory in cancer patients [J]. Asian Nursing Research, 2017, 11(3): 180-186.

[60] LIU J, XIONG Q Y, SHI X, et al. Load-redistribution strategy based on time-varying load against cascading failure of complex network[J]. Chinese Physics B, 2015, 24(7): 371-377.

[61] LI Z, XIE G, KAI H, et al. Churn-resilient protocol for massive data dissemination in P2P networks[J]. IEEE Transactions on Parallel & Distributed Systems, 2011, 22(8): 1342-1349.

[62] 刘立芳, 侯力元, 齐小刚. 基于 Chord 网络模型的改进数据复制方法[J]. 重庆邮电大学学报(自然科学版), 2017, 29(05): 688-695.

[63] ALMASHOR M, KHALIL I, TARI Z, et al. Enhancing availability in content delivery networks for mobile platforms[J]. IEEE Transactions on Parallel & Distributed Systems, 2015, 26(8): 2247-2257.

[64] CHEN H, JIN H, LUO X, et al. BloomCast: Efficient and effective full-text retrieval in unstructured P2P networks[J]. IEEE Transactions on Parallel & Distributed Systems, 2011, 23(2): 232-241.

[65] 齐小刚, 杨伟, 刘立芳, 等. 结构化 P2P 网络一致性维护策略[J]. 控制与决策, 2018, 33(04): 577-590.

[66] ROUSSOPOULOS M, BAKER M. CUP: Controlled update propagation in Peer-to-Peer networks[J]. Computer Science, 2002, 21(6): 1-6.

[67] 孙新, 李庆洲, 赵璞, 等. 对等网络中一种优化的副本分布方法[J]. 计算机学报, 2014, 37(6): 1424-1434.

[68] HU Y, BHUYAN L N, FENG M. Maintaining data consistency in structured P2P systems[J]. IEEE Transactions on Parallel & Distributed Systems, 2012, 23(11): 2125-2137.

[69] SHEN H, LIU G. A geographically aware poll-based distributed file consistency maintenance method for P2P systems[J]. IEEE Transactions on Parallel & Distributed Systems, 2013, 24(11): 2148-2159.

[70] NAKASHIMA T, FUJITA S. Tree-based consistency maintenance scheme for Peer-to-Peer file sharing systems[J]. Ieice Transactions on Information & Systems, 2013, E97.D(12): 187-193.